プリント形式のリアル過去問で本番の臨場感！

岡山県

金光学園中学校

2025年春受験用

解答集

本書は，実物をなるべくそのままに，プリント形式で年度ごとに収録しています。
問題用紙を教科別に分けて使うことができるので，本番さながらの演習ができます。

■ 収録内容

・解答集（この冊子です）

書籍ＩＤ番号，この問題集の使い方，最新年度実物データ，リアル過去問の活用，解答例と解説，ご使用にあたってのお願い・ご注意，お問い合わせ

・2024（令和６）年度 ～ 2020（令和２）年度　学力検査問題

○は収録あり

年度	'24	'23	'22	'21	'20	
■ 問題(教科型･適性検査型)	○	○	○	○	○	
■ 解答用紙(書き込み式)	○	○	○	○	○	
■ 配点						

算数に解説があります

注)問題文等非掲載:2024年度教科型国語の一，2023年度適性検査型IIの課題1，2022年度適性検査型Ｉの課題2，2021年度教科型国語の一，2020年度教科型国語の四

問題文などの非掲載につきまして

著作権上の都合により，本書に収録している過去入試問題の本文や図表の一部を掲載しておりません。ご不便をおかけし，誠に申し訳ございません。

本文の一部を掲載できなかったことによる国語の演習不足を補うため，論説文および小説文の演習問題のダウンロード付録があります。弊社ウェブサイトから書籍ＩＤ番号を入力してご利用ください。

なお，問題の量，形式，難易度などの傾向が，実際の入試問題と一致しない場合があります。

教英出版

■ 書籍ＩＤ番号

入試に役立つダウンロード付録や学校情報などを随時更新して掲載しています。
教英出版ウェブサイトの「ご購入者様のページ」画面で，書籍ＩＤ番号を入力してご利用ください。

書籍ＩＤ番号　108431

（有効期限：2025年9月30日まで）

【入試に役立つダウンロード付録】
「要点のまとめ(国語／算数)」
「課題作文演習」ほか

■ この問題集の使い方

年度ごとにプリント形式で収録しています。針を外して教科ごとに分けて使用します。①片側，②中央のどちらかでとじてありますので，下図を参考に，問題用紙と解答用紙に分けて準備をしましょう（解答用紙がない場合もあります)。

針を外すときは，けがをしないように十分注意してください。また，針を外すと紛失しやすくなりますので気をつけましょう。

① 片側でとじてあるもの

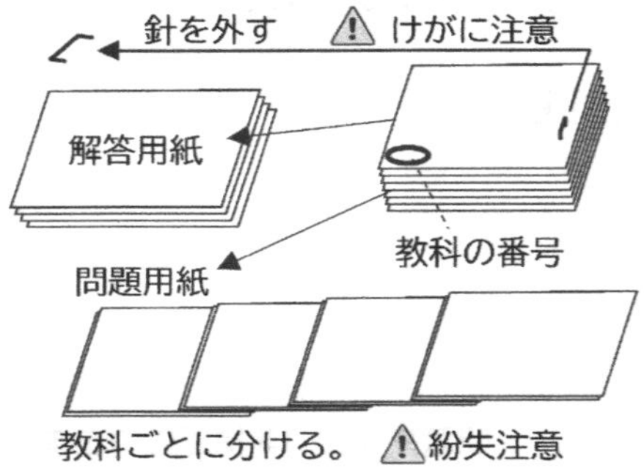

② 中央でとじてあるもの

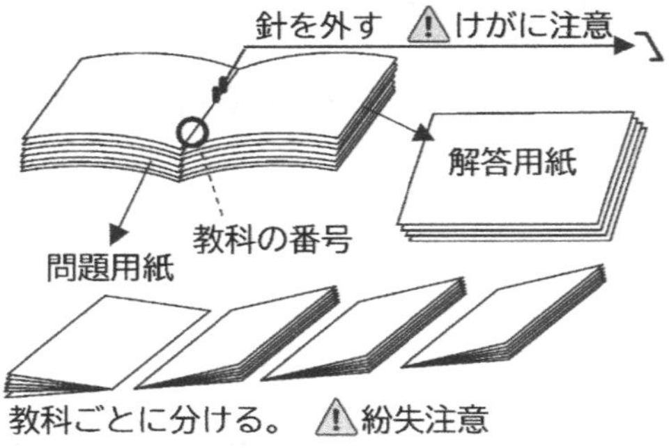

※教科数が上図と異なる場合があります。
解答用紙がない場合や，問題と一体になっている場合があります。
教科の番号は，教科ごとに分けるときの参考にしてください。

■ 最新年度 実物データ

実物をなるべくそのままに編集していますが，収録の都合上，実際の試験問題とは異なる場合があります。実物のサイズ，様式は右表で確認してください。

問題用紙	Ｂ４片面プリント(書込み式)
解答用紙	

リアル過去問の活用

～リアル過去問なら入試本番で力を発揮することができる～

本番を体験しよう！

問題用紙の形式（縦向き／横向き），問題の配置や余白など，実物に近い紙面構成なので本番の臨場感が味わえます。まずはパラパラとめくって眺めてみてください。「これが志望校の入試問題なんだ！」と思えば入試に向けて気持ちが高まることでしょう。

入試を知ろう！

同じ教科の過去数年分の問題紙面を並べて，見比べてみましょう。

①　問題の量

毎年同じ大問数か，年によって違うのか，また全体の問題量はどのくらいか知っておきましょう。どのくらいのスピードで解けば時間内に終わるのか，大問ひとつにかけられる時間を計算してみましょう。

②　出題分野

よく出題されている分野とそうでない分野を見つけましょう。同じような問題が過去にも出題されていることに気がつくはずです。

③　出題順序

得意な分野が毎年同じ大問番号で出題されていると分かれば，本番で取りこぼさないように先回りして解答することができるでしょう。

④　解答方法

記述式か選択式か（マークシートか），見ておきましょう。記述式なら，単位まで書く必要があるかどうか，文字数はどのくらいかなど，細かいところまでチェックしておきましょう。計算過程を書く必要があるかどうかも重要です。

⑤　問題の難易度

必ず正解したい基本問題，条件や指示の読み間違いといったケアレスミスに気をつけたい問題，後回しにしたほうがいい問題などをチェックしておきましょう。

問題を解こう！

志望校の入試傾向をつかんだら，問題を何度も解いていきましょう。ほかにも問題文の独特な言いまわしや，その学校独自の答え方を発見できることもあるでしょう。オリンピックや環境問題など，話題になった出来事を毎年出題する学校だと分かれば，日頃のニュースの見かたも変わってきます。

こうして志望校の入試傾向を知り対策を立てることこそが，過去問を解く最大の理由なのです。

実力を知ろう！

過去問を解くにあたって，得点はそれほど重要ではありません。大切なのは，志望校の過去問演習を通して，苦手な教科，苦手な分野を知ることです。苦手な教科，分野が分かったら，教科書や参考書に戻って重点的に学習する時間をつくりましょう。今の自分の実力を知れば，入試本番までの勉強の道すじが見えてきます。

試験に慣れよう！

入試では時間配分も重要です。本番で時間が足りなくなってあわてないように，リアル過去問で実戦演習をして，時間配分や出題パターンに慣れておきましょう。教科ごとに気持ちを切り替える練習もしておきましょう。

心を整えよう！

入試は誰でも緊張するものです。入試前日になったら，演習をやり尽くしたリアル過去問の表紙を眺めてみましょう。問題の内容を見る必要はもうありません。どんな形式だったかな？受験番号や氏名はどこに書くのかな？…ほんの少し見ておくだけでも，志望校の入試に向けて心の準備が整うことでしょう。

そして入試本番では，見慣れた問題紙面が緊張した心を落ち着かせてくれるはずです。

※まれに入試形式を変更する学校もありますが，条件はほかの受験生も同じです。心を整えてあせらずに問題に取りかかりましょう。

2024 解答例 令和6年度 金光学園中学校【教科型】【適性検査型】

《国　語》

一　問1．A．エ　B．ア　C．オ　　問2．「刺身」の好きな人に「死んだ魚は好きですか」と聞いても、同じものなのに、「好きだ」と言わないこと。　　問3．刺身…肉汁　死んだ魚…リンパ液〔別解〕体液　　問4．イ
問5．人にものを伝え、人からものを伝えてもらう　　問6．言葉で考え、言葉で感じること。
問7．話しかける相手がいないのに、言葉をしゃべること。　　問8．イ

二　①かおく　②くだもの　③しりぞ　④ぜっさん　⑤そんぞく　⑥盛　⑦湖面　⑧沿道
⑨横着　⑩拝　⑪収　⑫帯　⑬逆　⑭捨　⑮発揮

三　問1．A．ウ　B．オ　C．ア　　問2．ニッポンジンには、名字に田や植物に関係がある字がつく人が多い
問3．花だんの花は、花がキレイだから大事にされているが、雑草は花がキレイじゃないだけでひっこ抜かれる
問4．イ　　問5．クスリ～てくる　　問6．花だんや鉢で育った花　　問7．エ　　問8．ウ

四　問1．A．エ　B．ア　　問2．4→2→1→3　　問3．おっしゃいました

五　問1．自分を正しく導いてくれる先生が好きだ　　問2．塩からいものにたとえられておこった。　　問3．エ
問4．(1)自分の耳に快い　(2)お砂糖のように好きでございます

《算　数》

1　(1)6　　(2)$3\frac{1}{3}$　　(3)7　　(4)$\frac{3}{4}$

2　(1)105　　(2)129　　(3)5：6　　(4)2024　　(5)30　　(6)17　　(7)5　　(8)132，42　　(9)8　　(10)1.57

3　ア．240　　イ．210　　ウ．13　　エ．20

4　(1)24　　※(2)270

※5　2510

6　(1)2　　(2)11

※の考え方は解説を参照してください。

《理　科》

1　問1．A．肝臓　C．大腸　　問2．B→D→C　　問3．エ　　問4．○…ア　●…イ　▲…エ　□…ウ

2　問1．ウ　　問2．ウ　　問3．(1)イ　(2)雨が降る。／くもる。などから1つ　(3)雲は西から東に移動するため。
問4．(1)集中豪雨　(2)アメダス　(3)ハザードマップ

3　問1．電流　　問2．A．直列つなぎ　B．へい列つなぎ　C．へい列つなぎ　D．直列つなぎ
問3．(1)①大きく　②大きく　(2)0.6

4　問1．①100　②0　③気体　④固体（③と④は順不同）　　問2．記号…イ　理由…水が氷に変化している間は，水がすべてこおるまで温度は0℃のままだから。　　問3．①水じょう気　②空気　③じょう発

《社　会》

1 問1．⑴ア　⑵暖流と寒流が交わる場所で多くの魚が集まるから。／利根川の下流でプランクトンが多いから。／大陸だなが広がっているから。などから1つ　⑶ウ　⑷利根川　⑸太平洋ベルト　問2．貿易まさつ
問3．南海トラフ　問4．A．イ　B．ア　C．ウ

2 ①ＡＩ　②盆地　③トレーサビリティ　④○　⑤新潟県

3 問1．A．厚生労働省　B．文部科学省　C．財務省　D．国土交通省　問2．閣議　問3．ウ
問4．所得税

4 問1．ウ　問2．⑴征夷大将軍　⑵十二単〔別解〕女房装束　⑶奈良県　⑷書院造　問3．命をかけて戦ったのに，ほうびが少なかったから。

5 問1．鎖国　問2．出島　問3．⑴フランシスコ＝ザビエル　⑵島原・天草一揆　⑶解体新書
問4．文明開化

《適性検査Ⅰ》

課題1　⑴右図　⑵A．花子　B．太郎　C．次郎
⑶1位…太郎　2位…花子　3位…次郎

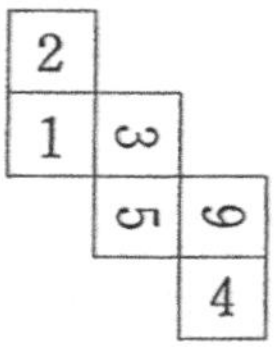

課題2　21

課題3　5，72，5

※**課題4**　マヨネーズ…6　トマトケチャップ…4　必要な金額…2338

課題5　⑴ア．2　イ．3　ウ．比例　エ．2　オ．比例　⑵51〔別解〕50　⑶移動するきょりを正確に調べるため。　⑷アゲハ，エンマコオロギ　⑸224　⑹成分…こん虫は，ウシ・ブタ・ニワトリに比べて，タンパク質・鉄分・カルシウムのすべてを多く含んでいる。　生産条件…こん虫は，ウシ・ブタ・ニワトリに比べて，必要なエサの量・必要な水の量・必要な土地の広さが全て少ない。

※の考え方は解説を参照してください。

《適性検査Ⅱ》

課題1　⑴読み方…いし　賛成の意思表示をする。／彼はとても意志が強い。　⑵起こりそうなことに対する準備をして、心配をなくすため。　⑶昨年のマラソン大会ではとちゅうで走れなくなったが、今年は毎日練習をしたので見事完走することができた。　⑷失敗は次をよりよくするために必要なデータを得る貴重な経験であり、それをもとに、なぜ失敗したのか、どうすればよいのかを検討し、成功率をあげようと考えていけばよい。

課題2　〈作文のポイント〉
・最初に自分の主張、立場を明確に決め、その内容に沿って書いていく。
・わかりやすい表現を心がける。自信のない表現や漢字は使わない。
さらにくわしい作文の書き方・作文例はこちら！→https://kyoei-syuppan.net/mobile/files/sakupo.html

課題3　⑴たくさんの企業を起こし，今の日本経済に大きな影響を与えた　⑵金額を大きく数字で示すことで，外国の人にも金額がわかりやすくなっている。　⑶新型コロナウイルスの流行により，医療や経済的に困った人を助けるためにお金が必要だったから。　⑷支払いがしやすくて早い。／プリペイド式であれば，お金の使い過ぎを防ぐことができる。／現金と違い，直接接触しないので感染対策になる。などから2つ

《教科型》

1 (1) 与式＝24÷８×２＝３×２＝**６**

(2) 与式より，$\frac{3}{5}$×□＝５－３　　□＝２×$\frac{5}{3}$＝$\frac{10}{3}$＝**$3\frac{1}{3}$**

(3) 与式＝130－(46－５)×３＝130－41×３＝130－123＝**７**

(4) 与式＝１－$\frac{1}{4}$＝$\frac{4}{4}$－$\frac{1}{4}$＝**$\frac{3}{4}$**

2 (1) ２つの数の最小公倍数を求めるときは，右の筆算のように割り切れる数で次々に割っていき，割った数と割られた結果残った数をすべてかけあわせればよい。よって，求める最小公倍数は，

５) 15　35
　　３　７

５×３×７＝**105**

(2) ２時間９分＝２$\frac{9}{60}$時間＝２$\frac{3}{20}$時間＝$\frac{43}{20}$時間だから，60×$\frac{43}{20}$＝**129**(km)進む。

(3) $\frac{2}{3}$：$\frac{4}{5}$＝$\frac{1}{3}$：$\frac{2}{5}$＝($\frac{1}{3}$×15)：($\frac{2}{5}$×15)＝**５：６**

(4) この商品の消費税を除いた金額は184÷$\frac{10}{100}$＝1840(円)だから，支払う金額は1840×(１＋$\frac{10}{100}$)＝**2024**(円)

(5) 時計の短針は12時間で360°動くから，１時間に360°÷12＝30°動く。よって，午前９時10分から午前10時10分までの１時間に，短針は**30°**動く。

(6) **【解き方】11から20までの連続する整数の列を２つ使って右のような筆算が書けるから，11から20までの連続する整数の和は，$\frac{31\times10}{2}$＝155である。**

　　11＋12＋13＋……＋20
＋)　20＋19＋18＋……＋11
　　31＋31＋31＋……＋31

11から20までの連続する整数の和と，１つだけまちがえて引いたときの計算結果の差は155－121＝34である。この差は，まちがえて引いた数の２倍になるから，求める数は34÷２＝**17**である。

(7) 図ｉにおいて，12＋ａ＋㋐＝ａ＋８＋９だから，㋐＝ａ＋17－12－ａ＝**５**

図ｉ

12		11
a	8	9
㋐		

(8) **【解き方】折り返した角は等しいことを利用する。**

図ⅱにおいて，∠ＢＣＡ＝∠ＥＣＡ＝24°だから，

∠ＦＣＤ＝90°－24°×２＝42°

三角形ＦＣＤにおいて，三角形の１つの外角は，これととなり合わない２つの内角の和に等しいから，

①＝42°＋90°＝132°

三角形ＡＦＥについても同様に，②＋90°＝132°より，②＝132°－90°＝**42°**

図ⅱ

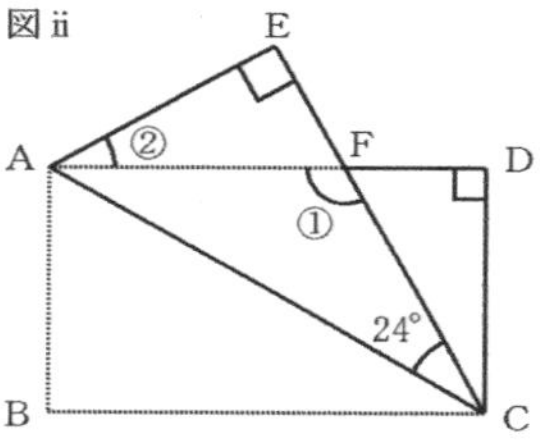

図ⅲ

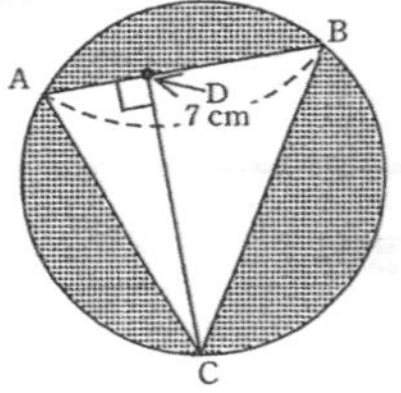

(9) 図ⅲにおいて，三角形ＡＢＣの面積は５×５×3.14－50.5＝28(㎠)だから，７×ＣＤ÷２＝28が成り立つ。よって，ＣＤ＝28÷７×２＝**８**(cm)

(10) この立体の体積は，底面の半径が１cm，高さが２cmの円柱の体積の$\frac{90}{360}$＝$\frac{1}{4}$(倍)だから，１×１×3.14×２÷４＝**1.57**(㎤)

3 **【解き方】同じ時間に進む道のりは，走る速さに比例する。**

Ａさんは最初の10分で2.4km＝(2.4×1000)ｍ＝2400ｍ進んだので，毎分2400÷10＝**240**(ｍ)で走った。

Ａさんが10分走った後の５分は最初の$\frac{1}{2}$倍の速さで走ったから，この５分間に進んだ道のりは2400×$\frac{5}{10}$×$\frac{1}{2}$＝600(ｍ)である。最後の５分間は最初と同じ速さで走ったから，この５分間に進んだ道のりは2400×$\frac{5}{10}$＝1200(ｍ)である。よって，このランニングコースの道のりは2400＋600＋1200＝4200(ｍ)だから，Ｂさんの速さは，4200÷20＝210より，毎分**210**ｍである。

スタートして10分後，２人の間の道のりは(240－210)×10＝300(m)である。ここから５分間，２人の間の道のりは１分あたり210－240×$\frac{1}{2}$＝90(m)ずつちぢまるから，300÷90＝$\frac{10}{3}$＝３$\frac{1}{3}$(分後)→３分($\frac{1}{3}$×60)秒後＝３分20秒後に，Ｂさんが Ａさんに追いつく。したがって，Ｂさんはスタートしてから10分＋３分20秒＝**13分20秒後**に，Ａさんに追いついた。

4 ⑴ **【解き方】(箱の高さ)＝(箱の体積)÷(底面積)で求める。**

箱の底面積は18×18＝324(㎠)だから，箱の高さは7776÷324＝**24**(㎝)である。

⑵ **【解き方】リボンの長さは，１辺の長さが18㎝の正方形の周りの長さと，縦が24㎝，横が18㎝の長方形の周りの長さの２倍と，ちょう結びの部分の長さの和である。**

使ったリボンの長さは，18×４＋{(18＋24)×２}×２＋30＝72＋168＋30＝**270**(㎝)

5 **【解き方】ＡさんとＣさんの代金の差は，クッキー15－５＝10(枚)と，プリン９－４＝５(個)の代金に等しい。**

ＡさんとＢさんの代金の差はクッキー９－５＝４(枚)と，プリン６－４＝２(個)の代金の差に等しく，これが1580－960＝620(円)となる。10÷４＝2.5，５÷２＝2.5より，ＡさんとＣさんの代金の差は620×2.5＝1550(円)だから，Ｃさんの代金は960＋1550＝**2510**(円)である。

6 ⑴ **【解き方】51を素因数分解すると，51＝３×17となるから，分子が17の倍数であり，３の倍数でなければ，約分したときの分母が３になる。**

分子が17の倍数になる分数は，$\frac{17}{51}$，$\frac{34}{51}$の２個あり，17と34はともに３の倍数ではない。よって，**２個**ある。

⑵ **【解き方】$\frac{1}{17}=\frac{3}{51}$，$\frac{2}{3}=\frac{34}{51}$だから，分子が４以上33以下の，３または17の倍数の個数を求めればよい。**

４以上33以下の３の倍数は，６，９，12，15，18，21，24，27，30，33の10個ある。４以上33以下の17の倍数は，17の１個ある。よって，約分できる分数は，10＋１＝**11**(個)ある。

《適性検査型　適性検査Ⅰ　算数分野の解説》

課題１

⑴　立方体の展開図では，となりの面にくっつくのならば面を90°だけ回転移動させることができる。したがって，図３の展開図を右の図Ⅰのように変形し，各面に記号をおく。図２の置き方から，１と６の面を底面，その他の４面を側面とする。１の数字の右側が向く面は３の面だから，イは３である。図１より，側面の数字の下側はすべて１の面を向いていて，ア，イ，ウ，エはすべて側面だから，ア，イ，ウ，エはそれぞれ２，３，５，４であり，向きも決まる。

５の数字の上側が６の数字の上側と接するので，オに入る６の数字の向きもそのようにすればよい。よって，図Ⅱのように展開図が完成する。

図Ⅰ

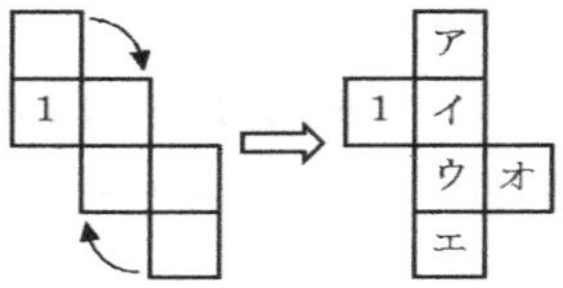

図Ⅱ

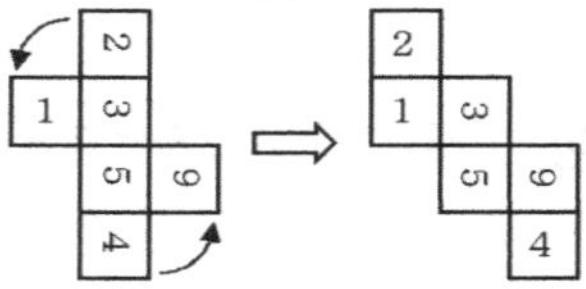

⑵　花子さんの発言より，花子さんは１回休みのマスから偶数進んだマスにいるから，花子さんのこまはAかCにある。次郎さんの発言より，次郎さんは「１回休み」のマスには止まっていないから，「１マス進む」のマスに止まっていない限り，次郎さんが進んだマス目の合計は３の倍数である。３回とも１が出た場合と３回とも２が出た場合だけ次郎さんは「１マス進む」のマスに止まるが，それだとA，B，Cのどのマスよりも前で止まってしまう。スタートからの数を数えると，Aは10マス目，Bは11マス目，Cは12マス目で，３の倍数は12だけだから，次郎さんのこまはCにある。

よって，花子さんのこまはAにあり，太郎さんのこまはBにある。

⑶　１位はどちらの予想ともあっていなかったので，太郎さんである。したがって，岡山さんの予想の３位と金光さんの予想の２位はあっていなかったことがわかる。どちらの予想も１つの順位だけあっていたので，岡山さんの予想の２位である花子さんと，金光さんの予想の３位である次郎さんはあっていたことになる。

課題２

正方形を６回切り取って，全部で７個の正方形ができたとき，右の図のように切り取れる。最後に残った正方形が，６回目に切り取った正方形と同じ大きさで，最後に残った正方形の１辺の長さが１cmなので，５回目に切り取った正方形の１辺の長さは１＋１＝２(cm)である。同様にして長さを書き入れていくと，右の図のようになる。もとの長方形の長い辺の長さは，13＋８＝21(cm)である。

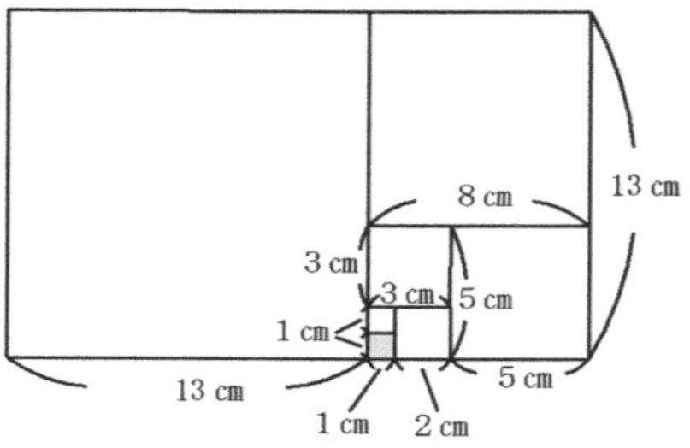

課題３

このプログラムで正多角形をかくには，まっすぐに進む長さを正多角形の１辺の長さにし，左に回る角度を正多角形の外角の大きさにし，くり返す回数を正多角形の頂点の数にすればよい。どのような多角形でも外角の和は360°になるので，正五角形の１つの外角は360°÷５＝72°である。よって，正五角形をかくには，③の長さを５cm，角度を72°に変えて，③を続けて５回以上くり返せばよい。

課題４

オーロラソース４人分をつくるのにマヨネーズが30g必要なので，150人分をつくるのに必要なマヨネーズは，30÷４×150＝1125(ｇ)である。マヨネーズは１本200gで売っているので，1125÷200＝５余り125より，５本と125gを買えばよい。つまり，マヨネーズは５＋１＝６(本)必要である。マヨネーズは１本270円で，５本以上買うと10%引きになるので，270×６×（１－0.1）＝1458(円)必要である。トマトケチャップも同様に考えると，オーロラソース４人分をつくるのに必要なトマトケチャップは25gなので，150人分では，25÷４×150＝937.5(ｇ)必要である。トマトケチャップは１本300gで売っているので，937.5÷300＝３余り37.5より，３本と37.5gを買えばよい。つまり，トマトケチャップは３＋１＝４(本)必要である。トマトケチャップは１本220円なので，220×４＝880(円)必要である。よって，これらを買うために必要な金額は合わせて1458＋880＝2338(円)である。

金光学園中学校【教科型】【適性検査型】

《国　語》

一　問１．A．オ　B．エ　C．ウ　問２．ア　問３．人様に迷惑をかけない　問４．イ　問５．地下水は目に見えないので、その様子などがわかりにくく、ルールをつくると損や得をする人が出てくるため、調整が難しいから。　問６．エ　問７．地元の水の状況を知り、一〇年後も一〇〇年後もその水を使えるようにする
問８．ウ　問９．エ

二　①せけん　②ぶっか　③ふんき　④やさ　⑤おんこう　⑥祝福　⑦重複　⑧総意　⑨俳優
⑩原則　⑪順序　⑫対策　⑬感激　⑭郵便　⑮深刻

三　問１．A．イ　B．ア　C．ウ　問２．イ　問３．急にだきしめられておどろき、てれくさい気持ち。
問４．自分が家族にいらだちをぶつけていたころを思い出して、いとおしくなる　問５．エ　問６．今の農業には、つよい意志と広い世界を知ることが必要であるし、今後他にやりたいことや夢も出てくるだろう
問７．ウ　問８．ア　問９．D

四　問１．(1)「あなたと争うつもりはございません」という意思を表すため。　(2)あいさつをしたのに無視された。
問２．人間はニホ～ということ　問３．足　問４．まったく新

五　問１．イ　問２．夏休み　問３．ほめてくださった　問４．径→経

《算　数》

1　(1)12　(2)15　(3)8　(4)31.4　(5)$\frac{1}{7}$

2　(1)1，2，3，6　(2)15　(3)43.4　(4)50　(5)89　(6)12，81　(7)○，◎　(8)60

3　5

※4　20

5　(1)2，4　(2)12

※6　1275

※の考え方は解説を参照してください。

《理　科》

1　問１．①へそのお　②たいばん　問２．イ→エ→ア→ウ　問３．(1)B，D　(2)拍動　問４．肝臓

2　問１．(1)たい積する前，川を流れている間に角がけずられた。　(2)水中　(3)ア　(4)ウ　問２．(1)外側　(2)○
(3)角ばった　問３．海の底でたい積した地層に大きな力が加わって，大地がおし上げられたから。

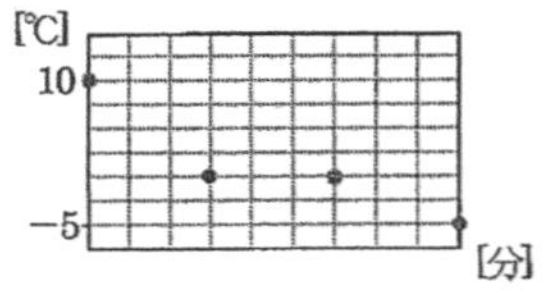

3　問１．(1)ウ　(2)図１　(3)水はおされても体積が変わらないが，空気はおされると体積が小さくなるから。　問２．(1)ウ　(2)エ　(3)ア．大き　イ．軽い　問３．右グラフ

4　問１．目玉クリップとおもりまでの距離を短くする。／おもりの位置を上げる。／棒Bをはさむ位置をおもりに近づける。などから１つ　問２．イ　問３．ア．C　イ．A　ウ．A　エ．C　問４．(1)L　(2)97

《社　会》

1 問１．韓国／ロシア　問２．エ　問３．⑴貿易摩擦　⑵国内の産業がおとろえる。　問４．⑴愛知県　⑵太平洋に面しているため，輸出入に有利だから。　問５．ア　問６．⑴米　⑵ウ

2 ①○　②黒潮　③雪　④天然　⑤○

3 問１．⑴国民が主権者として裁判へ関心をもつとともに，国民の感覚や視点を裁判にいかすため。　⑵３回
問２．⑴高等裁判所　⑵三権分立

4 問１．A．ご恩　B．奉公　問２．C．執権　D．北条　問３．まわりを山や海に囲まれていて，守りやすかったから。

5 問１．A．ウ　B．オ　C．ア　D．イ　E．エ　問２．国学　問３．⑴版画として大量に印刷されたため，安く売られたから。　⑵エ　問４．蘭学〔別解〕洋学

《適性検査Ⅰ》

課題１ ⑴1.2　※⑵41　⑶視角が0.5から１へ２倍になっているとき，視力は2.0から1.0へ$\frac{1}{2}$倍で，視角が0.5から２へ４倍になっているとき，視力は2.0から0.5へ$\frac{1}{4}$倍になっているので，反比例の関係があると考えられる。　⑷１，2.25

課題２ ⑴96　⑵３　※⑶色をつけた位置にくるサイコロ…④
見えている面の目の数の和…50　⑷右図

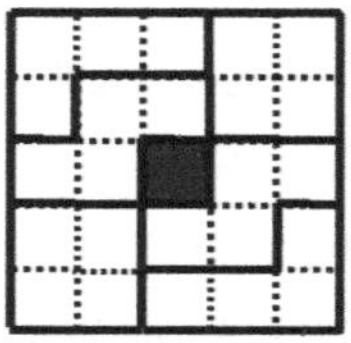

〔別解〕

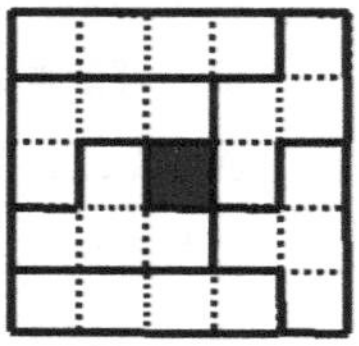

課題３ ⑴記号…ア　説明…針がふりきれないように，大きな電流をはかることができるたんしからつなぐ。
⑵①エ　②ウ　具体例とその説明…階段や長い廊下などのように，はなれた２か所から電気をつけたり消したりするのに使われる。　⑶減る　理由…ラッコに食べられずに増えたウニが海そうを食べることにより，魚のすみかとなる海そうの数が減るから。　⑷録音したワシやタカの鳴き声を流す。／カラスの模型を設置する。／ＣＤなどの光る素材のものをつり下げる。などから１つ

※の説明は解説を参照してください。

《適性検査Ⅱ》

課題１ ⑴（例文）予想外の兄の行動に目をまわした。　⑵（例文）児童会長になるために、自分の決意をみんなの前でアピールした結果、会長選挙で当選することができた。　⑶自己主張ができるひとが優秀だと考えられていること。　⑷フェルメールは、おおきく、おおく、おしゃべりなことに価値をおく現代社会が忘れかけている、ちいさく、すくなく、おとなしいものの価値を思い出させてくれるから。

課題２ 〈作文のポイント〉
・最初に自分の主張、立場を明確に決め、その内容に沿って書いていく。
・わかりやすい表現を心がける。自信のない表現や漢字は使わない。
さらにくわしい作文の書き方・作文例はこちら！→https://kyoei-syuppan.net/mobile/files/sakupo.html

課題３ ⑴A．円安　影響…自給率が低いものの値段が上がり，生活が苦しくなる。（下線部は支出が増えるでもよい）
⑵変化１，２…服装／建物／馬車／髪型　などから２つ　資料には見えない変化…郵便／電報／鉄道／学校　などから１つ　⑶［問題点／注意すること］［個人情報の流出／個人情報をインターネット上に安易に書き込まない。］［ゲームなどへの高額課金／オンラインゲームをする際は，課金のない範囲にとどめる。］［ＳＮＳへの書き込みや投稿によるトラブル／他人を悪く言うような書き込みをしない。］

金光学園中学校

《教科型》

1 (1) 与式＝４＋８＝**12**

(2) 与式より，□×５＋２＝77　□×５＝77－２　□＝75÷５＝**15**

(3) 与式＝$\frac{12}{5}$×５－1.2×５＋２＝12－６＋２＝**8**

(4) 与式＝3.14×(7.5＋2.5)＝3.14×10＝**31.4**

(5) 与式より，0.5－□＝１÷$\frac{14}{5}$　□＝0.5－$\frac{5}{14}$　□＝$\frac{7}{14}$－$\frac{5}{14}$＝$\frac{2}{14}$＝$\mathbf{\frac{1}{7}}$

2 (1) **【解き方】公約数は最大公約数の約数だから，まず最大公約数を求める。**

2) 48　54
3) 24　27
　　8　9

最大公約数を求めるときは，右の筆算のように割り切れる数で次々に割っていき，割った数をすべてかけ合わせる。48と54の最大公約数は２×３＝６だから，公約数は，**1，2，3，6**である。

(2) **【解き方】分速を時速に直して比べる。**

分速１㎞は１分間に１㎞進む速さだから，１時間＝60分では１×60＝60(㎞)進む。よって，時速４㎞の60÷４＝**15**(倍)

(3) **【解き方】(平均)×(人数)＝(合計)となることを利用する。**

Ａさん，Ｂさん，Ｃさんの合計体重は40.2×３＝120.6(kg)，ここにＤさんの体重を加えると，41×４＝164(kg)になるから，Ｄさんの体重は164－120.6＝**43.4**(kg)

(4) **【解き方】花だんの面積は全体の面積の$\frac{3}{5}$×$\frac{1}{12}$＝$\frac{1}{20}$である。**

求める面積は，1000×$\frac{1}{20}$＝**50**(㎡)

(5) **【解き方】時計の長針は１分間に360°÷60＝６°，短針は１分間に360°÷12÷60＝0.5°進むので，長針と短針の作る角度は１分間に６°－0.5°＝5.5°変化する。**

午後４時では，長針と短針の作る角のうち，小さいほうの角度は360°÷12×４＝120°である。午後４時38分では，午後４時から5.5°×38＝209°だけ長針が短針より先に進むので，長針と短針の作る角度は209°－120°＝**89**°である。

(6) **【解き方】過不足算を利用する。**

１人に７枚配ったときと６枚配ったときの１人あたりの差は７－６＝１(枚)であり，このとき必要なクッキーの枚数の差は９＋３＝12(枚)である。よって，子どもの人数は12÷１＝**12**(人)，クッキーの枚数は６×12＋９＝**81**(枚)

(7) **【解き方】右図のように上からＡ行，Ｂ行，Ｃ行，Ｄ行，Ｅ行，左から１列，２列，３列，４列，５列とする。例えば，Ｃ行３列のマス(㋐のマス)であればＣ３のように表す。この解き方では，Ｅ４→Ｅ２→Ｄ５→Ｄ４→Ｂ４→Ａ２→Ａ３→Ｃ３(㋐)→Ｃ２→Ｂ２→Ｂ５(㋑)の順に考える。**

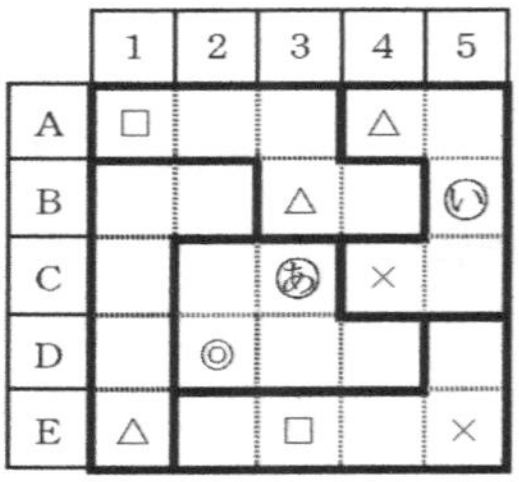

Ｅ行に△，□，×，２列に◎があるから，Ｅ４は◎，Ｅ２は○より，同じ太枠《ふとわく》内のＤ５は△。

４列に△，×，◎，Ｄ行に△があるから，Ｄ４は□，Ｂ４は○。

Ａ行に□，△，２列に◎，同じ太枠内に○があるから，Ａ２は×，同じ太枠内でＡ３は◎。

よって，３列に◎，△，□，Ｃ行に×があるから，㋐は**○**である。

次に，２列は×，◎，○，同じ太枠内に□があるから，Ｃ２は△，Ｂ２は□。

よって，Ｂ行に□，△，○，同じ太枠内に×があるから，㋑は**◎**である。

(8) **【解き方】三角形ＡＢＣはＡＢ＝ＡＣの二等辺三角形で，角ＡＢＣ＝角ＢＣＡ＝20°，三角形ＣＡＤはＡＣ＝**

ＣＤの二等辺三角形で，角ＣＡＤ＝角ＣＤＡ＝(180°－20°)÷２＝80°である。

角ＣＡＢ＝180°－20°×２＝140°，角①＝角ＣＡＢ－角ＣＡＤ＝140°－80°＝**60°**となる。

3　**【解き方】①～⑤の条件から，Ａ～Ｅの候補を具体的にしぼりこんでいく。**

①と③について，Ａは奇数であり，Ａ＋Ｂは偶数だから，Ｂは奇数である。

⑤について，Ｄを２倍するとＥとなるから，(Ｄ，Ｅ)＝(１，２)(２，４)のどちらかである。

②について，Ａ，Ｂが奇数であることと，④のＢ＜ＣであることをふまえてＡの値《あたい》を考える。

Ａが１のとき，２×Ａ＝２となり適さない。Ａが３のとき，２×３＝６より，(Ｂ，Ｃ)＝(１，５)(２，４)となるが，Ｄ，Ｅのどちらかは２だから，(Ｂ，Ｃ)＝(２，４)は適さない。Ａが５のとき，Ａ×２＝10となり，適さない。したがって，Ｃに当てはまる数は**５**である。

4　**【解き方】右図のように容器を２つの直方体①，②に分けて考える。**

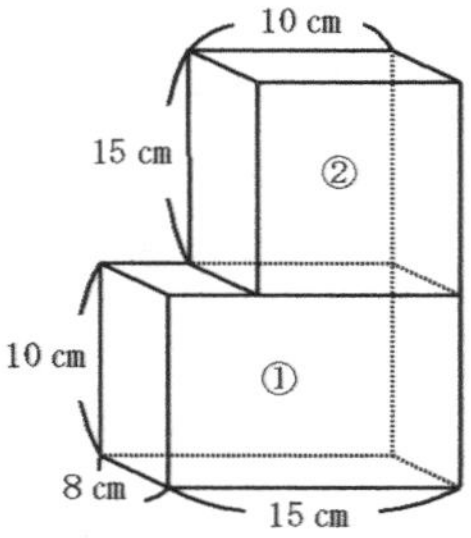

10分間水を注ぐと，容器の中には0.2×10＝２(Ｌ)の水が入る。また，２Ｌ＝2000mL＝2000㎤である。①の容積は８×15×10＝1200(㎤)なので，①は水でいっぱいになり，②に2000－1200＝800(㎤)の水が入ることになる。

②の底面積は８×10＝80(㎠)だから，②の水の深さは800÷80＝10(㎝)となる。

よって，求める水の深さは，10＋10＝**20**(㎝)である。

5　(1)　**【解き方】折り紙Ａの１辺の長さをａとして図１と図２の差を考える。**

図１は縦がａ㎝，横がａ＋４(㎝)の長方形だから，面積はａ×(ａ＋４)＝ａ×ａ＋ａ×４(㎠)

図２は１辺の長さがａ㎝の正方形，縦と横が２㎝とａ㎝の長方形２つ，１辺の長さが２㎝の正方形の面積の和だから，ａ×ａ＋２×ａ×２＋２×２＝ａ×ａ＋ａ×４＋４(㎠)となるので，面積を比べると，図２の方が**４㎠**大きい。

(2)　**【解き方】図１の長方形の面積が192㎠のとき，図２の正方形の面積は192＋４＝196(㎠)である。**

２回かけて196になる数を考えると，14×14＝196となるから，図２の正方形の１辺の長さは14㎝である。

よって，折り紙Ａの１辺の長さは，14－２＝**12**(㎝)

6　**【解き方】まずは太郎さんと先生がすれちがったときの花子さんとの間の道のりを求める。次に，太郎さんと花子さんの間の道のりが１分間にどれだけ大きくなるかを考え，太郎さんと先生がすれちがうまでにかかった時間を求める。**

太郎さんと先生がすれちがったときから１分後に花子さんと先生がすれちがい，１分間で花子さんと先生が進む道のりの和は(60＋90)×１＝150(m)だから，太郎さんと先生がすれちがったとき，花子さんは150m離《はな》れている。

また，太郎さんと花子さんは１分間に80－60＝20(m)だけ差がついていく。よって，150mの差がつくのは出発してから150÷20＝7.5(分後)だから，太郎さんと先生がすれちがったとき，歩きはじめてから7.5分たっている。

したがって，7.5分で太郎さんと先生が進んだ道のりの和が駅から学校までの道のりなので，求める道のりは，

(80＋90)×7.5＝**1275**(m)

《適性検査型　適性検査Ⅰ　算数分野の解説》

課題１

⑴　グラフの縦のめもりは１めもりが１÷５＝0.2(cm)だから，太郎さんの伸びは0.2×３＝0.6(cm)，花子さんの伸びは0.2×９＝1.8(cm)である。よって，伸びた身長の差は，1.8－0.6＝1.2(cm)

⑵　３人の体重について，平均よりも重い分と軽い分を差し引きすれば，０になる。太郎さんと次郎さんの体重について，平均よりも重い分と軽い分を差し引きすると，平均より1.4－0.3＝1.1(kg)だけ軽い。よって，三郎さんは３人の平均体重よりも1.1kgだけ重いことになるから，３人の平均体重は42.1－1.1＝41(kg)となる。

⑶　反比例の関係にある２つの値《あたい》をかけると常に同じ値になることから，以下のように答えてもよい。

視角と視力をかけると，0.5×2.0＝１，１×1.0＝１，２×0.5＝１，５×0.2＝１と一定になっているので，視角と視力は反比例の関係にあると考えられる。

⑷　太郎さんの視力は0.3以上0.7未満である。まず視力が0.7の場合を考える。

視力0.7は視力1.5の$\frac{0.7}{1.5}=\frac{7}{15}$(倍)で，視力とランドルト環からの距離は比例の関係にあるので，開いている方向がわかるときの距離も$\frac{7}{15}$倍になる。したがって，視力0.7の場合，$5\times\frac{7}{15}=\frac{7}{3}$＝2.33…(m)で開いている方向がわかるから，2.5mの距離から2.5－0.25＝2.25(m)の距離に近づいたときにわかる。

同様に考えると，視力0.3の場合，$5\times\frac{0.3}{1.5}$＝１(m)で開いている方向がわかるから，1.25mの距離から1.25－0.25＝１(m)の距離に近づいたときにわかる。よって，太郎さんが開いている方向がわかった距離は，１mから2.25mの間となる。

課題２

⑴　１辺の長さが４cmの立方体の１つの面の面積は，４×４＝16(cm²)であり，６つの面があるのだから，表面積は，16×６＝96(cm²)となる。

⑵　サイコロ②の６つの面の目の数を小さい順にａ，ｂ，ｃ，ｄ，ｅ，ｆとすると，ａ＋ｆ＝ｂ＋ｅ＝ｃ＋ｄ＝11となる。ｃとｄは差が１だから，ｃ＋ｄ＝11から１を引くとｃの２倍の値になるので，ｃ＝(11－１)÷２＝５である。よって，サイコロ②の目の数は，３，４，５，６，７，８だから，一番小さな数は３である。

⑶　右図のように，サイコロを置く位置をＡ，Ｂ，Ｃ，Ｄとする。見えている面の数は，Ａが５つ，ＢとＤが４つ，Ｃが２つだから，Ａが１番多く見えている。したがって，目の数の和が最大であるサイコロをＡに置けばよい。サイコロは向かい合う面の組が３組できるから，すべての面の目の数の和は，(向かい合う面の目の数の和)×３で求められるので，すべての面の目の数の和が最大であるサイコロは④である。

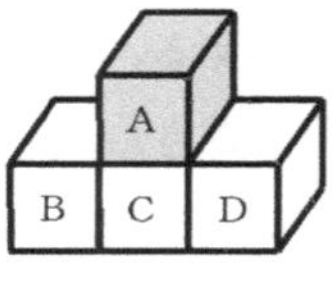

⑵と同様に考えると，④の目の数のうち小さい方から３番目の目の数は，(17－３)÷２＝７だから，④のサイコロの目の数は，１，４，７，10，13，16である。１の目を見えないように置くので，見えている面の目の数の和は，17×３－１＝50となる。

⑷　対称な図形となるように図形をうめていくと考えやすい。

2022 解答例 令和4年度　金光学園中学校【教科型】【適性検査型】

《国　語》

一　問1．A．ア　B．ウ　C．オ　問2．結局、自分たちの食べるものがなくなって困ることになる　問3．イ　問4．③食べものは生きものである　④生きるよろこび　問5．せまい～レタス　問6．食べものとなる生きもののまわりに流れるゆっくりとした時間を尊重すること。　問7．エ　問8．たくさんのいのちのおかげで生きていることへの感謝の気持ち　問9．ウ

二　問1．①不　②非　③無　問2．①母は　②勝つよ　問3．①手　②骨　③目

三　問1．A．イ　B．ア　C．ウ　問2．ア　問3．ウ　問4．足が着かなくなるのがわかると怖い　問5．エ　問6．イ　問7．おれについてこいよ　問8．ふりかえって見た景色が美しいことに感動している。〔別解〕遠くに岸が見えて、泳ぎきれたことに感動している。　問9．エ

四　問1．本を開いてみる気になれず、放り出したままにしていたこと。　問2．こんなに　問3．ア　問4．イ　問5．友情物語の本を貸すことで、わたしともっと仲良くなりたかったからだと考えている。

五　①ふうちょう　②うやま　③こころよ　④とうと　⑤かわら　⑥郷土　⑦推定　⑧納　⑨防災　⑩穀倉　⑪構　⑫異論　⑬忠誠　⑭効果　⑮誤

《算　数》

1　(1)5　(2)$1\frac{2}{3}$　(3)124　(4)$\frac{5}{12}$

2　(1)右図

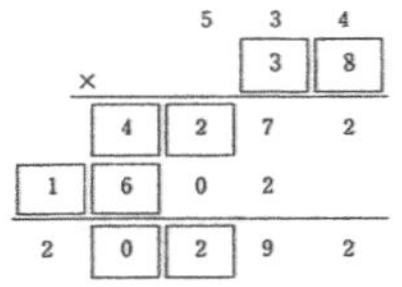

(2)120　(3)45，48　(4)2　(5)1100　(6)720　(7)60　(8)エ　(9)9.42

3

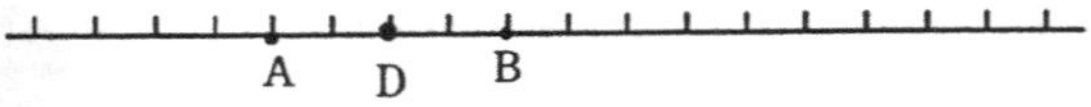

4　右表

	正三角形	正方形	正五角形
線対称	3	4	5
点対称	×	○	×

5　(1)7200，9600　※(2)1200　※(3)2400

6　(1)8　(2)6　(3)24　(4)384

※の考え方は解説を参照してください。

《理　科》

1　問1．(1)ウ　(2)おしべの先にセロハンテープをつけて，花粉がついたセロハンテープをスライドガラスにはる。(3)ア　問2．A．こん虫　B．受粉　問3．アサガオは1つの花にめしべとおしべの両方がある。

2　問1．百葉箱　問2．イ→ウ→ア　問3．ウ　問4．(1)東　(2)45　(3)長くなる

3　問1．イ，エ　問2．(1)オ　(2)①砂糖　②減り方　③大きい　問3．1つ目…液をガラス棒に伝わらせて，少しずつ入れる。　2つ目…ろうとの先の長い方をビーカーの内側につける。

4　問1．右図　問2．(1)自転車の明かり　(2)イ，オ　問3．(1)50　(2)②10　③30　(3)45

《社　会》

1　問１．Ａ．石狩川　Ｃ．信濃川　Ｆ．四万十川　　問２．イ　　問３．Ｂ．(イ)　Ｄ．(ウ)　Ｅ．(ア)
問４．鉄鉱石…(オ)　石炭…(エ)　石油…(カ)　　問５．イ

2　①ＳＮＳ〔別解〕ソーシャル・ネットワーキング・サービス　　②地震　　③○　　④○　　⑤愛知

3　問１．４，25　　問２．ウ　　問３．⑴平和主義　⑵ア

4　問１．⑴織田信長　⑵鉄砲　　問２．⑴エ　⑵ウ　⑶江戸から離れた位置に配置された。　　問３．⑴西郷隆盛
⑵イ　⑶自由民権運動

5　①イ　　②ウ　　③エ　　Ａ．※学校当局により全員正解　　Ｂ．鎖国

《適性検査Ⅰ》

課題１　⑴850　　⑵今いる場所で笛をならして，建物にぶつかってかえってくる音が聞こえるまでの時間をストップウォッチではかる。その時間と音が伝わる速さをかけて，２で割って求める。　※⑶24　※⑷ファ

課題２　⑴(あ)の角の大きさ…150　(い)の角の大きさ…120　(う)の角の大きさ…90
⑵図３の３つの太線の四角形は，どれも向かい合った辺がそれぞれ内側の四角形の対角線の１つと平行であるから平行四辺形であり，太線の四角形の向かい合った辺の長さは等しく，その長さは内側の四角形の対角線の長さと等しい。また，内側の四角形は長方形または正方形であるから，その２本の対角線の長さは等しく，その対角線の長さは図２の円の直径と等しい。つまり図３の３つの太線の四角形のすべての辺の長さは図２の円の直径と等しいので，(ア)，(イ)，(ウ)の長さはすべて等しい。　※⑶75　⑷右図

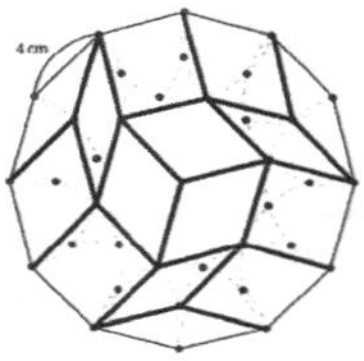

課題３　⑴４℃より温かい水は，温度が高いほど軽くなり，温まった水は上に移動するから。　⑵方法①…残りの白い結晶 10ｇを加えてガラス棒を使ってかき混ぜる。　方法②…氷水を使ってビーカーを冷やす。温度計を使って温度を計り，45℃以下で結晶が出てくるか観察する。　⑶右図　⑷正確な気象予報の情報を得られなくなる。／テレビの衛星放送を見ることができなくなる。／カーナビやスマートフォン等で位置情報が得られなくなる。などから１つ

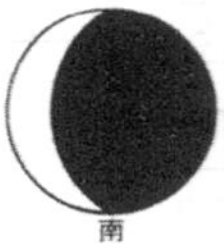

※の説明は解説を参照してください。

《適性検査Ⅱ》

課題１　⑴(例文)遠足の前の日はソワソワして眠れなかった。　⑵同級生が自分の新聞を楽しそうに読んでいる光景。
⑶(例文)簡単に勝てると思っていた陸上の試合で負けたことをきっかけに、練習に真けんに取り組むようになった。　⑷絵は自分で楽しむだけではなく、人に見てもらい、人をよろこばせるという役割もあり、自分の書いた文や絵が、人を動かし、影響を与えることもあるのだということ。

課題２　(例文)私は、地域の人たちと協力して、花時計を作ることを成功させました。学校の近くの公園に花時計を作ることが決まり、小学生がデザインを考え、地域の人といっしょに花を植えることになりました。私は花が好きなので、色々な花の種類を提案しました。すると、園芸農家の方が手入れのしやすさや、植える季節などを考えて、アドバイスをしてくれました。色々な人の意見を取り入れながらデザインが決まっていくのが面白かったです。

課題３　⑴A．北半球　B．北半球の方に工業がさかんな国が多く，資源をたくさん使う〔別解〕北半球の方が人口の多い国がたくさんあり，多くの人が生活している　⑵利点…(資料２の例文)(火力発電より)たくさんの発電所がつくられており，ある程度の広さの土地があれば，発電所をつくることができる点。

(資料３の例文)燃料費や CO_2 対策費がかかっていないので，環境にやさしい点。(下線部は地球温暖化の防止に役立つでもよい)　課題…(資料２の例文)発電所数に比べて合計最大出力が小さく，発電の効率が低いこと。(資料３の例文)発電所の建設費用など，発電にかかる費用が高くなること。　(資料４の例文)雨の日など天候によっては発電量が少なくなるので，安定した電力の供給が難しいこと。

⑶フード・マイレージが大きい理由…世界中の多くの国から食料品を輸入しているので，輸送距離が長くなるから。　地球環境に与える影響…食料品の輸送に多くの資源やエネルギーを使い，二酸化炭素をたくさん出すことになるから。　⑷すぐに食べる商品は，賞味期限や消費期限の長いものを選ばず，並べてある順に買うようにする。／ばら売りや量り売り，少量パックなどを利用して，必要な分だけを買うようにする。／スーパーなどで予約制を取り入れ，事前に必要な分だけを仕入れて売るようにする。

金光学園中学校

《教科型》

1 (1) 与式＝8－3＝5

(2) 与式より，$2\frac{2}{3}$－□＝2－1　　□＝$2\frac{2}{3}$－1＝$1\frac{2}{3}$

(3) 与式より，□－5＝17×7　　□＝119＋5＝124

(4) 与式＝$\frac{5}{4}\times\frac{5}{6}\div\frac{5}{2}=\frac{5}{4}\times\frac{5}{6}\times\frac{2}{5}=\frac{5}{12}$

2 (1) 右のように記号をおく。4×□(□は1けたの整数)の一の位の数が2となるのは，4×3＝12，4×8＝32のときだけである。

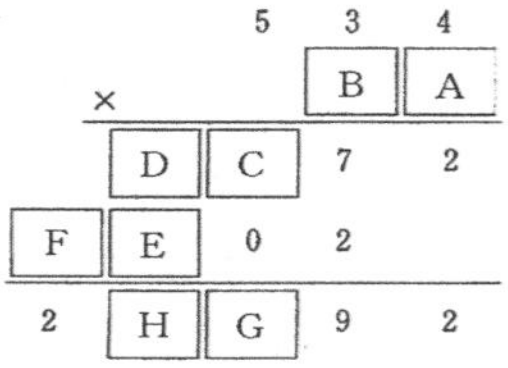

534×3＝1602，534×8＝4272だから，A＝8，B＝3，C＝2，D＝4，E＝6，F＝1とわかる。G＝C＋0＝2＋0＝2より，くり上がりはないので，Hに入る数は，D＋E＝4＋6＝10の一の位の数である0となる。

(2) チーズ2箱の値段は1040－800＝240(円)なので，チーズ1箱の値段は，240÷2＝120(円)

(3) (時間)＝$\frac{(道のり)}{(速さ)}$，(速さ)＝$\frac{(道のり)}{(時間)}$である。行きにかかった時間は，$\frac{30}{40}=\frac{3}{4}$(時間)，つまり，60×$\frac{3}{4}$＝45(分)，帰りにかかった時間は，$\frac{30}{60}=\frac{1}{2}$(時間)，つまり，30分である。よって，往復の30×2＝60(km)進むのにかかった時間は，$\frac{3}{4}+\frac{1}{2}=\frac{5}{4}$(時間)だから，往復したときの平均の速さは，時速(60÷$\frac{5}{4}$)km＝時速48km

平均の速さを，行きと帰りの速さから，時速{(40＋60)÷2}km＝時速50kmと計算するのはよくある間違いなので，気を付けよう。

(4) AがB，BがC，CがAのプレゼントをもらう場合と，AがC，BがA，CがBのプレゼントをもらう場合の2通りある。

(5) 消費税10%を入れた金額は，税をぬいたときの値段の1＋0.1＝1.1(倍)だから，求める金額は，1210÷1.1＝1100(円)

(6) 正六角形は右図のように4つの三角形にわけられる。三角形の内角の和は180°だから，正六角形の角の大きさの和は，180°×4＝720°

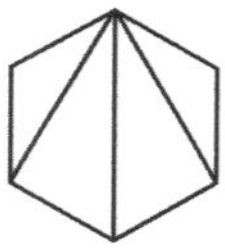

(7) 3点B，D，Eを通る平面で立方体を切断すると，切り口は，右図の太線部分となる。BE＝BD＝DEだから，三角形BDEは正三角形である。よって，角DBE＝60°

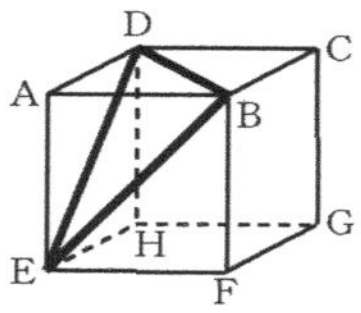

(8) 図3の展開図を，ウを正面の面として山折りで折ると，右図のようになる。よって，アの面と並行な面は，エの面である。

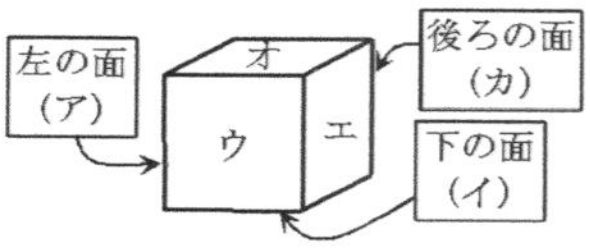

(9) **【解き方】色をつけた部分について，右のように作図し，矢印の向きに移動させて考える。**

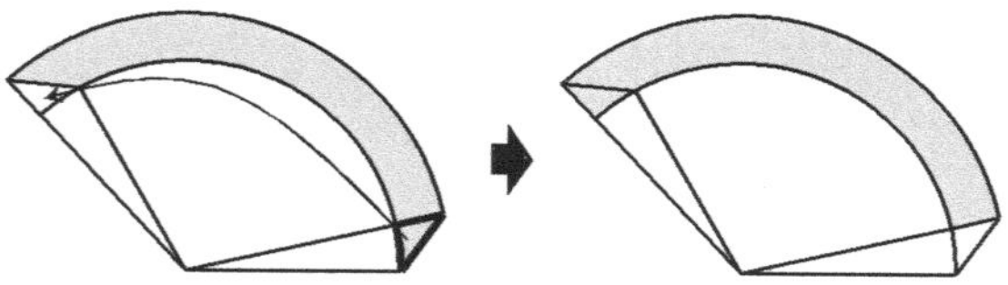

求める面積は，半径が5cm，中心角が120°のおうぎ形の面積から，半径が4cm，中心角が120°のおうぎ形の面積をひけばよいので，5×5×3.14×$\frac{120°}{360°}$－4×4×3.14×$\frac{120°}{360°}$＝(25－16)×3.14×$\frac{1}{3}$＝3×3.14＝9.42(cm²)

3 Pは，AからBまでの4目もり進むのに8秒かかるから，1目もり進むのに2秒かかる。

よって，CはBから右または左に6÷2＝3(目もり)進んだ位置にあり，DはAから右または左に4÷2＝

2(目もり)進んだ位置にある。よって，右図のように，Cは XかY，DはPかQの位置にある。このうち，CとDが10÷2＝5(目もり)だけはなれた位置になるのは，CがY，DがPの位置にあるときだから，Dの位置は解答例のようになる。

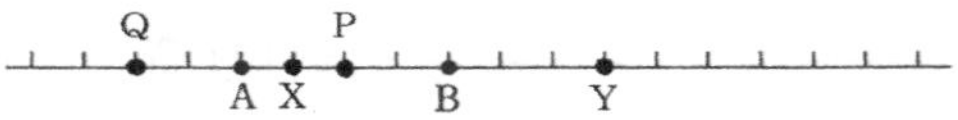

4 1つの直線を折り目として折ったとき，両側がぴったり重なる図形を線対称な図形という。また，ある点を中心に180°回転したとき，もとの形にぴったり重なる図形を点対称な図形という。実際に対称軸をそれぞれにひくと，右図のようになる。

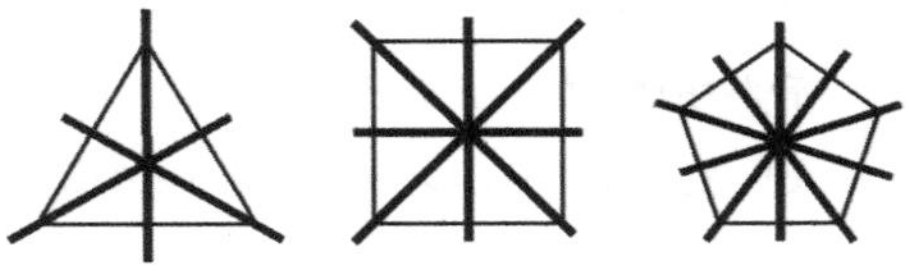

5 (1) 兄は4カ月間で，1800×4＝7200(円)，弟は6カ月間で1600×6＝9600(円)使うことになる。

(2) 兄も6カ月間で9600円まで使えるのだから，兄は6－4＝2(カ月間)で9600－7200＝2400(円)もらっているとわかる。よって，兄も弟も，毎月2400÷2＝1200(円)ずつおこづかいをもらっている。

(3) 兄は4カ月間で1200×4＝4800(円)もらっているから，現在のお金は，7200－4800＝2400(円)

6 (1) **【解き方】1辺が3cmの立方体を前後左右上下から見たときに，見える面をふくむ1辺が1cmの立方体について，赤くぬられた面の数をまとめると，右図のようになる。**

3	2	3
2	1	2
3	2	3

面は全部で6つあるから，3つの面が赤くぬられた1辺が1cmの立方体は，4×6＝24(個)
と求められるが，この数え方は同じ立方体を3回ずつ数えていることになるから，求める個数は，24÷3＝8(個)

(2) (1)の図より，1つの面が赤くぬられた，1辺が1cmの立方体は，各面に1個ずつあるから，全部で1×6＝6(個)ある。これは同じ立方体を複数回数えていないので，正しい。

(3) (1)と同様に，赤くぬられた面の数をまとめると，右図のようになる。
よって，求める個数は，4×6＝24(個)

3	2	2	3
2	1	1	2
2	1	1	2
3	2	2	3

(4) **【解き方】規則性を考える。**

1辺が5cmの立方体をつくった場合，赤くぬられた面の数をまとめると，右図のようになる。
よって，1つの面が赤くぬられた，1辺が1cmの立方体は，1辺が3cmのときは各面に1個ずつ，1辺が4cmのときは各面に2×2＝4(個)ずつ，1辺が5cmのときは各面に3×3＝9(個)ずつ，…と増えていくので，1辺が10cmのときは各面に8×8＝64(個)あるとわかる。
したがって，求める個数は，64×6＝384(個)

3	2	2	2	3
2	1	1	1	2
2	1	1	1	2
2	1	1	1	2
3	2	2	2	3

《適性検査型　適性検査Ⅰ　算数分野の解説》

課題１

⑴　(きょり)＝(速さ)×(時間)なので，求めるきょりは，340×2.5＝850(m)

⑵　音が建物ではね返ることを利用する。音ははね返って，今いる場所から建物を往復しているから，音が移動したきょりを求めたあと，そのきょりを２で割ることに気を付ける。

⑶　資料１より，シの音が出る弦の長さは，レの音が出る弦の長さの$\frac{8}{15}\div\frac{8}{9}=\frac{3}{5}$(倍)だから，求める長さは，$40\times\frac{3}{5}=24$(cm)

⑷　長い方の弦の長さを１とすると，短い方の弦の長さは$\frac{1}{2}$となる。「ことじ」をはずしたときの弦の長さは$1+\frac{1}{2}=\frac{3}{2}$であり，これは$\frac{3}{2}\div 2=\frac{3}{4}$(ファの音が出る弦の長さ)の２倍だから，１オクターブ低いファの音が出る。

課題２

⑴　(あ)がふくまれる四角形について，右のように作図する。対角線と辺が平行になる四角形を作っているので，太線で囲まれた四角形は平行四辺形であるとわかる。

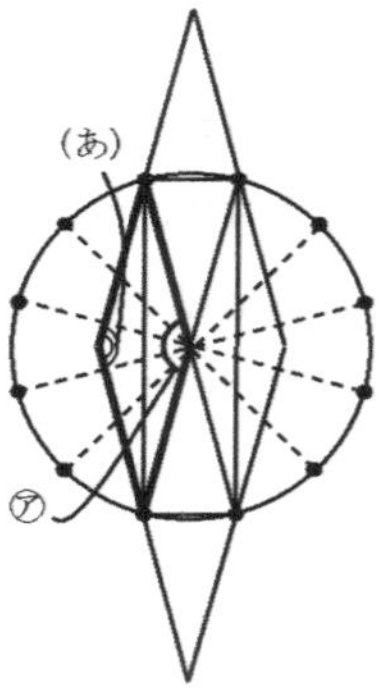

よって，(あ)と㋐の角は等しい。円の内側の四角形の対角線は，円の中心で交わるから，角(あ)＝角㋐＝$360°\times\frac{5}{12}=150°$

同様に考えると，角(い)＝$360°\times\frac{4}{12}=120°$，角(う)＝$360°\times\frac{3}{12}=90°$

⑵　図２の３つの四角形について，対角線の長さがすべて円の直径になっていることに注目する。

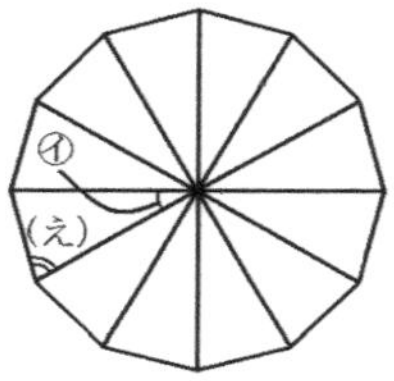

⑶　図５について，右のように記号をおく。12個の三角形はすべて合同な二等辺三角形だから，角㋑＝360°÷12＝30°

角(え)＝(180°－30°)÷２＝75°

図Ⅰ

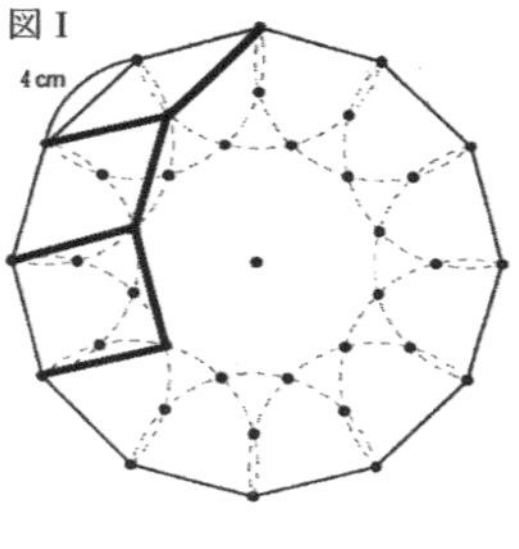

図Ⅱ

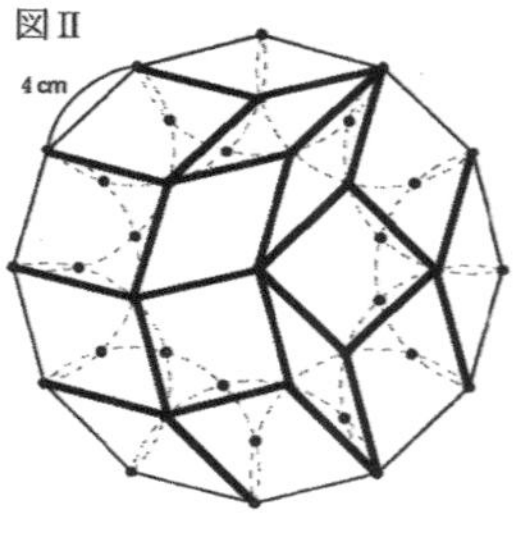

⑷　角(あ)＝150°，角(い)＝120°，角(う)＝90°

正十二角形の１つの内角の大きさは，

180°×(12－２)÷12＝150°

正三角形の１つの内角の大きさは60°であり，

60°×２＝120°，150°－60°＝90°となることから，

図３の太線の四角形を解答らんに１つずつ書き込むと，図Ⅰのようになる。

この３つの四角形の形のみでしきつめていく。しきつめ方は図Ⅱのように，解答例以外にもいくつかある。

2021 解答例 令和３年度 金光学園中学校【教科型】【適性検査型】

《国　語》

一 問１．A．ウ　B．ア　C．エ　問２．本当にできるかわからない、売れるかわからない商品の研究に町の小さなパン屋が力を注いだこと。　問３．成功　問４．売りながら、お客さんの反応を見ながら、よりよいものにして　問５．防腐剤など～能になった　問６．ウ　問７．社会のために役立つことや、社会とのつながりを感じさせるできごとである　問８．イ

二 問１．①ア　③エ　④ウ　問２．②２　⑦１　問３．⑤が〔別解〕けれど　⑥とても

三 問１．A．ウ　B．オ　C．ア　問２．二つ目…増田君と遠　三つ目…交流会当日　問３．みんながちゃんと歌ってくれるように私を助けてほしい　問４．ア　問５．ウ　問６．ア　問７．⑤働きかけ　⑥ふるさと　問８．今朝の直前練習を入れてたった二日間の即席練習　問９．歌の練習に苦労した何日かが報われたような気がしたから。

四 問１．ウ　問２．イ　問３．なぞとき　問４．自分の好きなこと、関心のある分野にとことんチャレンジする　問５．エ

五 ①ぼくとう　②とな　③さいく　④まじめ　⑤ようさん　⑥回答　⑦結末　⑧博物　⑨清潔　⑩貨物　⑪検証　⑫混雑　⑬出版　⑭快適　⑮損害

《算　数》

1 (1)8　(2)5　(3)16　(4)6　(5)3.2

2 (1)84　(2)11　(3)＋，×，÷〔別解〕×，－，×　(4)0.5　(5)48　(6)110　(7)9　(8)350　(9)50　(10)4.71

3 はるよ

4 (1)53，2800　※(2)700

5 (1)70　※(2)73

6 (1)20　(2)64　(3)19

※の考え方は解説を参照してください。

《理　科》

1 問１．(1)A，B　(2)イ　問２．日光／光／肥料／養分 などから１つ
問３．(1)デンプン　(2)葉　(3)発芽に必要な栄養分をたくわえている

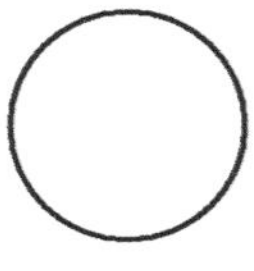

2 問１．(1)太陽の光を反射して光っている　(2)エ　問２．(1)イ　(2)ウ　(3)右図　(4)東

3 問１．ペンチ…①作用点　②支点　③力点　ピンセット…①作用点　②力点　③支点　問２．イ
問３．(1)40　(2)42　(3)40，15

4 問１．①イ　②ウ　③イ　問２．(1)135　(2)水よう液の水を蒸発させる
問３．(1)ア　(2)冷たい空気は上から下に，あたたかい空気は下から上に移動するから

《社　会》

1 問１．らく農　問２．(1)遠洋漁業　(2)(B)　問３．中京工業地帯…イ　阪神工業地帯…ア　北陸工業地域…ウ

問４．⑴公害　⑵酸性雨　⑶ナショナルトラスト運動

2　①東　②山地　③赤石　④○　⑤イ　⑥輪中

3　問１．⑴衆議／参議　⑵基本的人権の尊重　問２．ウ　問３．ア　問４．税金

4　問１．前方後円墳　問２．エ　問３．大化の改新　問４．イ　問５．⑴摂政　⑵望月

5　①征夷大将軍　②書院造　③○　④明智光秀　⑤参勤交代

《適性検査Ⅰ》

課題１　⑴1.5　※⑵$\frac{12}{52}$　※⑶２　⑷太陽は，時計の短針が動く角度の半分の割合で動くから，短針を太陽の方角に向けたとき，短針が文字盤の12時まで動く間に，太陽は短針が動いた角度の半分だけ動く。
だから，短針から文字盤の12時までの角を半分にする線の先が南の方角である。

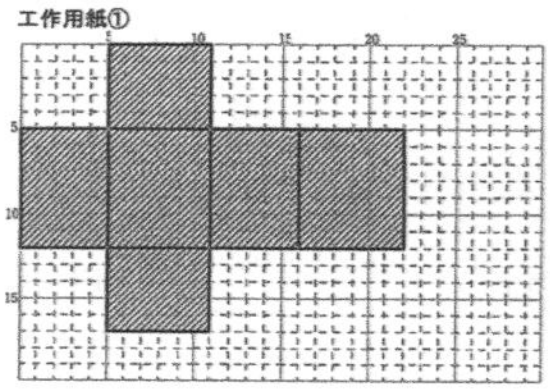

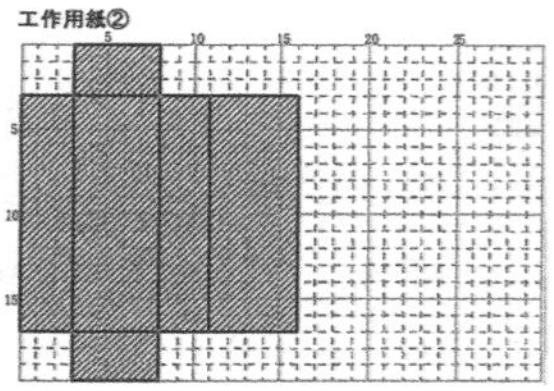

課題２　⑴955.5　※⑵4.5　※⑶392　⑷右図

課題３　⑴金ぞくは温度が上がると体積が大きくなる。夏は気温が上がってレールの体積が大きくなり，つなぎ目にすき間がないとレールが曲がってしまうから。　⑵(ア)Ｎ　(イ)Ｓ　説明…引き合う力／しりぞけ合う力
⑶具体例…せん風機　説明…羽を回転させるために，モーターの中で電磁石が利用されている。　⑷車が走っている道路に囲まれているので，外敵におそわれる危険が少ないから。　⑸高速道路と巣の間のフェンスを高くして，サギが低く飛ばないようにする。／飛んできたサギに運転手がおどろかないように，サギの絵をかいた看板や電光けいじ板で注意を呼びかける。

※の説明は解説を参照してください。

《適性検査Ⅱ》

課題１　⑴作文／登山／読書　などから２つ　⑵昔のもったいないは、手に入りにくい中でモノをていねいに使わないことであるが、今のもったいないは、必要な場所で必要とされるモノが適切に使われていないことである
⑶贈った人の気持ちのこもったお皿を，贈った人の感情とは切り離されたただの道具だ　⑷(例文)デザインがかわいくて思わず買ったが、よく似たものがあることに気づき、ほとんど使っていないマグカップ。

課題２　<作文のポイント>

・最初に自分の主張、立場を明確に決め、その内容に沿って書いていく。

・わかりやすい表現を心がける。自信のない表現や漢字は使わない。

さらにくわしい作文の書き方・作文例はこちら！→

https://kyoei-syuppan.net/mobile/files/sakupo.html

課題３　⑴増加／減少　⑵Ａ．働いている人が減り，労働力不足になるので，国の生産力が低下する（下線部は国の経済が衰えるでもよい）　Ｂ．65歳以上の人たちにかかる費用が増え，それを支える世代の人が少なくなるので，その世代の人たちの負担が増える　⑶女性の出産年齢が上がっており，生まれる子どもの数は全体的に減っている（下線部は出生数が多い年齢でもよい）　⑷子どもを産み，子育てをしている人にお金を支給すること。／女性・男性を問わず，子育てのための休みをとれるようにすること。／仕事と子育てが両立できるように，保育所などの子どもをあずける施設を増やすこと。　などから２つ

金光学園中学校

《教科型》

1 (1) 与式＝７＋２－１＝８

(2) □＝(37－２)÷７＝５

(3) 与式＝24÷1.5＝16

(4) 与式＝$(\frac{3}{6}-\frac{2}{6})\times(50-14)=\frac{1}{6}\times36=6$

(5) 与式＝$6\times0.7-(\frac{3}{4}\times12-\frac{2}{3}\times12)=4.2-(9-8)=4.2-1=3.2$

2 (1) **【解き方】２つの数の最小公倍数を求めるときは，右の筆算のように割り切れる数で次々に割っていき，割った数と割られた結果残った数をすべてかけあわせればよい。**

７) 28　21
　　４　３

28 と 21 の最小公倍数は，７×４×３＝84

(2) **【解き方】素数とは，１とその数自身でしか割れない数である。１は素数にふくまない。**

素数は小さい方から順に，２，３，５，７，11，…だから，５番目は 11 である。

(3) 足し算と引き算だけではうまくいきそうにない。また，かけ算は数が大きくなってしまい，割り算は分数ができてしまう。したがって，かけ算と割り算を組み合わせて整数を作ることを考え，６×４÷８＝３となることに気がつきたい。よって，７＋６×４÷８＝10 となる。

または，かけ算で差が 10 になる大きい数を２つ作ることを考えると，７×６－４×８＝10 が見つかる。

(4) 短い針は 12 時間で 360° 動くから，１時間＝60 分で 360°÷12＝30° 動く。

よって，１分で 30°÷60°＝0.5° 動く。

(5) **【解き方】仕事全体の量を１としてもよいが，計算を簡単にするために，80 と 120 の最小公倍数の 240 とする。**

仕事全体の量を 240 とすると，１分間の仕事量は，Ａさんが 240÷80＝３，Ｂさんが 240÷120＝２である。

よって，２人だと 240÷(３＋２)＝48(分)かかる。

(6) **【解き方】１日目に読んだページ数を，５と４($\frac{4}{5}$と$\frac{3}{4}$の分母)の最小公倍数の⑳とする。**

２日目に読んだのは⑳×$\frac{4}{5}$＝⑯，３日目に読んだのは⑯×$\frac{3}{4}$＝⑫だから，全体のページ数は⑳＋⑯＋⑫＝㊽である。これが 264 ページにあたるから，１日目に読んだページ数は，264×$\frac{⑳}{㊽}$＝110(ページ)

(7) **【解き方】１つの頂点から何本ずつ対角線が引けるかを考えるが，同じ対角線を二重に数えないように注意する。**

正六角形では，１つの頂点から６－３＝３(本)の対角線を引けるが，頂点が６つあるので対角線は全部で３×６＝18(本)と計算すると，１本の対角線を２回ずつ数えていることになる。よって，求める本数は，18÷２＝９(本)

(8) 10 cmと７cmの辺を持つ面を底面とすると，高さは５cmとなるから，体積は，10×７×５＝350(cm³)

(9) 右図のように記号をおく。折り返すと重なるから，角ＦＥＣ＝角ＦＢＣ＝90°

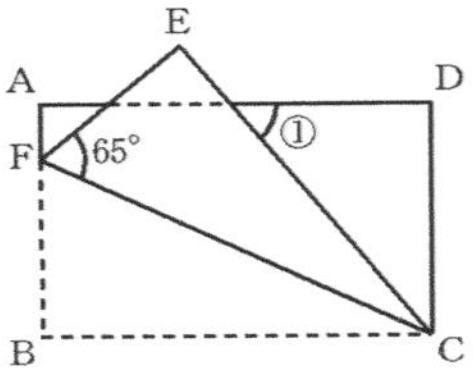

三角形ＦＥＣの内角の和より，角ＦＣＥ＝180°－90°－65°＝25°

折り返すと重なるから，角ＦＣＢ＝角ＦＣＥ＝25°

平行線の錯角は等しく，ＡＤとＢＣが平行だから，角①＝角ＢＣＥ＝25°＋25°＝50°

(10) **【解き方】右図①のように作図する(Ｏは半円の中心)。色のついた部分の一部を面積を変えずに移動させることを考える。**

図①

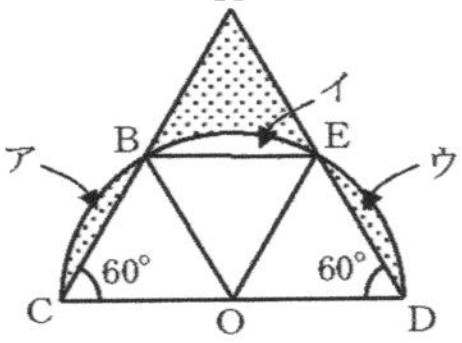

図②

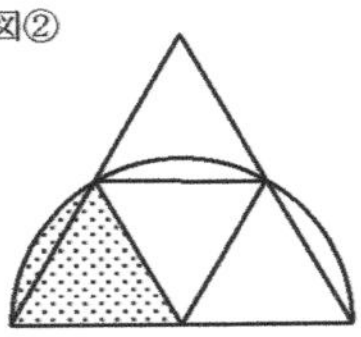

三角形ＯＢＣ，ＯＥＤは二等辺三角形であり，１つの内角が 60° なので，正三角形とわかる。したがって，４つの三角形ＯＢＣ，ＯＥＤ，ＯＢＥ，ＡＢＥは合同な正三角形である。このため，

ア，イ，ウの部分はすべて合同だから，色のついた部分を図②のように移動させることができる。

よって，求める面積は，半径６÷２＝３(㎝)，中心角60°のおうぎ形の面積だから，

$3\times3\times3.14\times\frac{60°}{360°}=\frac{3}{2}\times3.14=4.71$(㎠)

3 ふゆみさんは決勝戦に残れなかったので３位決定戦に進み，なつきさんに勝ったことになる。したがって，３位はふゆみさん，４位はなつきさんである。はるよさんとあきこさんは１回戦で勝ったのだから，優勝はあきこさん，２位ははるよさんである。

4 (1) **【解き方】車が家を出てからまなぶさんに出会うまでに進んだ時間と，そこから家までもどるのにかかった時間は同じである。**

午後５時－午後４時46分＝14分だから，まなぶさんとお母さんが出会ったのは，車が家を出てから14÷２＝７(分後)の，午後４時46分＋７分＝午後４時53分である。

このときまでにまなぶさんは，午後４時53分－午後３時57分＝56分歩いたから，２人が出会った地点は，学校から50×56＝2800(m)のところである。

(2) **【解き方】(1)で求めた2800mを，車は何分で走れるかを考える。**

車は家から学校まで11分で行くことができ，まなぶさんと会う地点までは，(1)より７分かかったのだから，そこから学校までは11－７＝４(分)で行ける。つまり４分で2800m進むので，車の速さは，分速$\frac{2800}{4}$m＝分速700m

5 (1) **【解き方】平均点と合計点の関係を考える。**

はなこさんとたろうさんの国語の合計点は75×２＝150(点)だから，たろうさんの国語の点数は，150－80＝70(点)

(2) **【解き方】かんたさんとはなこさんの点数の和が125点とわかっているから，かんたさんとはなこさんの点数の差がわかれば，和差算ではなこさんの点数を求められる。**

３人の点数の関係を式にまとめると，(かんた)＋(はなこ)＝125…①，(かんた)＋(たろう)＝119…②，(はなこ)＋(たろう)＝140…③となる。③－②でたろうさんを消すと，(はなこ)－(かんた)＝140－119＝21…④

①，④より，かんたさんの点数をはなこさんの点数と同じにすると，かんたさんとはなこさんの点数の和は，125＋21＝146(点)になるから，はなこさんの点数は，146÷２＝73(点)

6 (1) **【解き方】一番大きい整数は１番目から順に，４，８，12，…と連続する４の倍数になっている。**

５番目の正方形の中で一番大きい整数は，４×５＝20

(2) **【解き方】４つの頂点の位置にある整数の和を１番目から順に調べ，規則性を探す。**

４つの頂点の位置にある整数の和は，１番目から順に，１＋２＋３＋４＝10，16，１＋４＋７＋10＝22，…となっている。これは10から始まり６ずつ大きくなっているとわかる。よって，10番目では，10＋６×(10－１)＝64

(3) (2)より，118は10に６を(118－10)÷６＝18(回)加えた数だから，１＋18＝19(番目)である。

《適性検査型　適性検査Ⅰ　算数分野の解説》

課題１

(1)　15 cm×10000＝150000 cm＝$\frac{150000}{100}$m＝1500m＝$\frac{1500}{1000}$＝1.5 km

(2)　$\frac{12}{52}=\frac{3}{13}$，$\frac{14}{63}=\frac{2}{9}$であり，$\frac{3}{13}$と$\frac{2}{9}$を通分すると，$\frac{3}{13}=\frac{27}{117}$と$\frac{2}{9}=\frac{26}{117}$となる。$\frac{27}{117}>\frac{26}{117}$だから，$\frac{14}{63}$より$\frac{12}{52}$の方が大きい。

(3)　太陽が１時間で動く角度は，360°÷24＝15°　　時計の短針は 12 時間で 360° 動くから，１時間で動く角度は，360°÷12＝30°　　よって，１時間で動く角度は，時計の短針が太陽の 30°÷15°＝２(倍)である。

(4)　(3)で求めたように，時計の短針が動く角度は太陽が動く角度の２倍であることと，図２の〇をつけた角度が等しいことがヒントになっている。

課題２

(1)　底面積が７×７＝49(cm²)で高さが 19.5 cmだから，体積は，49×19.5＝49×(20－0.5)＝980－24.5＝955.5(cm³)

(2)　右図は，図４を正面から見た図である。

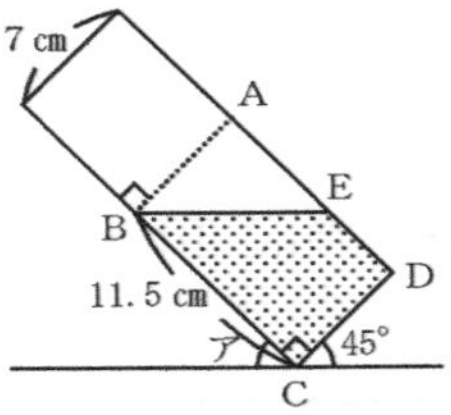

角ア＝180°－90°－45°＝45°で，平行線の錯角は等しいから，角ＥＢＣ＝45°

これより，角ＡＢＥ＝90°－45°＝45°で，角ＢＡＥ＝90°だから，三角形ＡＢＥは直角二等辺三角形である。したがって，ＡＥ＝ＡＢ＝７cmだから，

ＥＤ＝11.5－７＝4.5(cm)　　(あ)の長さはＥＤの長さと等しく 4.5 cmである。

(3)　図４の牛乳の形を，(2)の解説の図の台形ＣＤＥＢを底面とする，高さが７cmの四角柱と考える。

台形ＣＤＥＢの面積は，(11.5＋4.5)×７÷２＝56(cm²)だから，牛乳の量は，56×７＝392(cm³)

１cm³＝１mL だから，求める量は 392mL である。

(4)　図５の直方体は縦，横，高さにあたる３辺の長さが，10 cm，７cm，３cmだから，体積は，10×７×３(cm³)である。工作用紙の１めもりは１cmなので，直方体の辺の長さはすべて整数で考える。

10＝２×５であることを利用して，10×７×３と積が同じになる３つの整数を考えればよい。

解答例の工作用紙①は，３辺が２×３＝６(cm)，５cm，７cmの直方体の展開図である。

解答例の工作用紙②は，３辺が２×７＝14(cm)，５cm，３cmの直方体の展開図である。

解答例以外にも，３辺の組み合わせが，(15 cm，７cm，２cm)(21 cm，５cm，２cm)(15 cm，14 cm，１cm)の直方体などが考えられる。

2020 解答例 令和２年度

金光学園中学校【教科型】【適性検査型】

《国　語》

一　問１．A．オ　B．エ　C．イ　問２．あるひとつの特徴だけが大きくなり、環境の変化に対応する力が弱まった　問３．ア　問４．動物のすごさをお客さんにしっかりと伝える　問５．いま絶滅の危険にさらされている動物を救う方法を考えるヒントになる。　問６．エ　問７．(1)知識　(2)人生の様々な場面にも対応できる多様性を身につけるため。　問８．ウ

二　①おうてん　②おうらい　③ふる　④ぞうき　⑤かくいつ
⑥補足　⑦容姿　⑧臨　⑨樹立　⑩束　⑪蒸発　⑫起源　⑬朗読　⑭効率　⑮改善

三　問１．A．ウ　B．イ　C．カ　問２．おハルさんは大事なお客さま　問３．エ　問４．目　問５．ア
問６．咲子ちゃんに笑われるのではないかと不安に思う　問７．一番似合うすてきな服
問８．(1)将来の夢は何ですか。　(2)いろんな人のことを書く人になりたい　問９．ウ

四　問１．失敗　問２．出られなくても　問３．ア　問４．挑戦したことがない　問５．イ

五　問１．①おっしゃい／ア　②あります／ウ　③うかがい／イ　問２．勉強も部活動も全力でがんばることです

《算　数》

1　(1)９　(2)125　(3)12　(4)11　(5) $\frac{7}{8}$

2　(1)18　(2)99　(3)２，36　(4)600　(5)32　(6)91　(7)935　(8)15　(9)47.1　(10)162

3　(1)４＋４＋４－４／４＋４×４÷４　などから１つ　(2)(４×４＋４)÷４

※4　100

5　(1)１：３　※(2)80

6　(1)32　(2)７　(3)27

※の考え方は解説を参照してください。

《理　科》

1　問１．イ→エ→ウ→ア　問２．(1)ア　(2)イ，エ　問３．関節　問４．ウ　問５．ア　問６．花弁の色があざやか／みつを出す　などから１つ　問７．(1)エ　(2)光合成

2　問１．(1)星座早見　(2)南　(3)北極星　問２．(1)ウ〔別解〕イ　(2)色…赤色　名前…アンタレス　(3)イ　(4)ア

3　問１．(1)A．炭酸水　B．食塩水　C．アンモニア水　D．塩酸　(2)水素　(3)とけない　問２．20

4　問１．(1)あ．作用点　い．支点　う．力点　(2)イ　(3)①作用点　②力点　問２．(1)左／２／20　(2)３，６，40

《社　会》

1　問１．A．庄内　B．越後　C．濃尾　問２．札幌…ウ　長野…イ　宮崎…ア　問３．りんご…エ　だいこん…ウ　問４．イ　問５．地元で生産された　問６．ＴＰＰ

2　①４万　②８　③○　④小・中学校　⑤オーストラリア

3　問１．(1)伊能忠敬　(2)寺子屋　(3)ウ　問２．(1)徳川家康　(2)関ヶ原の戦い　(3)エ　問３．(1)福沢諭吉　(2)文明開化　(3)エ　問４．(1)平清盛　(2)平治の乱　(3)エ　問５．D→B→A→C

4　問１．治外法権　問２．大隈重信　問３．エ　問４．ウ　問５．(1)E　(2)D

《適性検査Ⅰ》

課題１　⑴平年　⑵(ウ)，(カ)　※⑶97　※⑷５，49

課題２　⑴３　※⑵30　⑶８

⑷①．さしがねを使って，辺ＯＡ，ＯＢ上にそれぞれ点Ｃ，ＤをＯＣ＝ＯＤとなるようにとる。

②．さしがねを使って，点Ｃを通り，ＯＣに垂直に交わる直線をひく。同様に，点Ｄを通り，ＯＤに垂直に交わる直線をひく。

③．②でひいた２本の直線の交点をＥとすると，直角三角形ＯＣＥと直角三角形ＯＤＥが合同となり，直線ＯＥが角Ｏを２等分する直線となる。

課題３　⑴雲の中の空気の温度とまわりの空気の温度が等しくなり，それ以上，上へ成長できなくなるから。

⑵温かいお湯から湯気が立ちのぼること。　⑶太陽の光が差しこまないくもりの日の同じ時間に，観察小屋の中でこのわたり鳥がどの方角を向くかを観察する。　⑷方角…南西　理由…太陽の光の差しこむ向きが鏡によって左に90度ずれているので，このわたり鳥が向く方角は北西から左に90度ずれた南西になる。

※の説明は解説を参照してください。

《適性検査Ⅱ》

課題１　⑴それぞれ異なっている　⑵「水たまり」と「池」と「湖」と「海」の違いが認識

⑶マラソンという言葉のイメージする範囲はその人の経験や知識の量などによって左右されるから。

⑷(例文)言葉…参観日／親に来てもらってうれしいという人もいれば、はずかしがりやで親に見られるのがいやだという人もいる。　⑸ある言葉のイメージやイメージする範囲がプラスかマイナスかは人によって異なり、自分の主観と感覚で向き合うため、伝えたい内容とは違う形で伝わるかもしれないから。

課題２　(例文)私は、登下校の見守りをしてくださった地域の人たちに、「ありがとう六年間の安全安心」という言葉を伝えたいです。なぜなら、登下校中の事故や事件から私たちを守ってくれたからです。危険がありそうな場所に立ってくださるので、私たちは安心して歩くことができました。また、明るく大きな声であいさつしてくださることに、元気や勇気をもらった日もありました。それらに対する感謝をこめて、この言葉を伝えたいと思います。

課題３　⑴Ａ．火災で亡くなった人が多い　Ｂ．地震が起こった時間が昼食時間と重なったため，多くの人がその準備で火を使っていたから　Ｃ．建物の倒壊で亡くなった人が多い　Ｄ．地震が起こった時間が早朝だったため，多くの人がまだ寝ていて，建物の下じきになったから　⑵三陸海岸はリアス海岸で，湾の両岸が奥に行くほど狭くなっているので，湾の奥に波が集まっていくから。　⑶防災対策についての意識の変化…「公助」に重点を置くべきと考える人の割合が減り，「共助」や「自助」に重点を置くべきと考える人の割合が増えた。あなたの考える「自助」による防災対策…家具などが倒れないように，固定しておく。／市町村が発行しているハザードマップで危険な場所を確認しておく。／災害が起こった時にどうするかを家族で話し合い，連絡手段などを確認しておく。（下線部は補強でもよい）

《教科型》

1 (1)　与式$=3\times12\div4=36\div4=9$

(2)　与式より，$\square\times16+20=2020$　$\square\times16=2020-20$　$\square=2000\div16=125$

(3)　与式$=0.4\times3.6\div0.12=\frac{4}{10}\times\frac{36}{10}\div\frac{12}{100}=\frac{4}{10}\times\frac{36}{10}\times\frac{100}{12}=12$

(4)　与式より，$\square\times(12-4)=88$　$\square\times8=88$　$\square=88\div8=11$

(5)　与式$=(\frac{1}{2}-\frac{1}{3}+\frac{1}{4})\div(\frac{7}{21}+\frac{3}{21})=(\frac{6}{12}-\frac{4}{12}+\frac{3}{12})\div\frac{10}{21}=\frac{5}{12}\times\frac{21}{10}=\frac{7}{8}$

2 (1)　最大公約数を求めるときは，右の筆算のように割り切れる数で次々に割っていき，割った数をすべてかけあわせればよい。よって，54と90の最大公約数は，$2\times3\times3=18$

2) 54　90
3) 27　45
3) 9　15
　 3　5

(2)　百の位までのがい数にするので，十の位の数を四捨五入して1800となる数を考える。
よって，もっとも大きい数の1849から，もっとも小さい数の1750をひくと，$1849-1750=99$

(3)　かかる時間は，$130\div50=\frac{13}{5}=2\frac{3}{5}$(時間)，つまり，2時間$(\frac{3}{5}\times60)$分＝2時間36分である。

(4)　学校全体の人数は，$330\div\frac{55}{100}=600$(人)

(5)　時計の長い針は，60分で360度進むので，1分で$360\div60=6$(度)進む。よって，102度進むのに$102\div6=17$(分)かかるので，求める時刻は，午前10時15分＋17分＝午前10時32分

(6)　$2\frac{3}{4}$m＝2.75m＝275㎝なので，残りは，$275-23\times8=91$(㎝)

(7)　消費税をふくまない品物の値段は，$918\div(1+\frac{8}{100})=850$(円)なので，消費税が10%になると，$850\times(1+\frac{10}{100})=935$(円)支払《しはら》うことになる。

(8)　右図のように記号をおく。三角形ＡＢＣと三角形ＤＥＦは1組の三角定規だから，角ＦＤＥ＝45度，角ＡＢＣ＝30度である。角ＤＧＢ＝90度なので，三角形ＤＢＧの内角の和より，角ＧＤＢ＝$180-30-90=60$(度)である。よって，①の角度は，$60-45=15$(度)

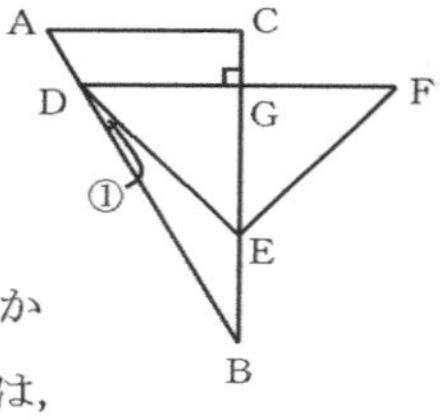

(9)　半径が$(6+4)\div2=5$(㎝)の半円の面積と，半径が$6\div2=3$(㎝)の半円の面積の和から，半径が$4\div2=2$(㎝)の半円の面積を引いて求める。よって，かげをつけた部分の面積は，
$5\times5\times3.14\div2+3\times3\times3.14\div2-2\times2\times3.14\div2=(5\times5+3\times3-2\times2)\times3.14\div2=47.1$(㎠)

(10)　縦5㎝，横6㎝，高さ6㎝の直方体の体積から，縦2㎝，横$6-3=3$(㎝)，高さ$6-3=3$(㎝)の直方体の体積を引いて求める。よって，求める立体の体積は，$5\times6\times6-2\times3\times3=162$(㎤)

3　4を4つ使って式を作るので，4を2つずつ，または，4を1つと3つにわけて考えるとよい。

(1)　4を2つずつにわけて考える場合，ア(4○4)○イ(4○4)＝8 (○には＋，－，×，÷のいずれかが入る)とする。例えば，真ん中の○に＋を入れるとき，$8+0=8$より，下線部アが8，下線部イが0となればよく，$4+4+4-4=8$が見つかる。

なお，4を2つ使ってできる数は，$4+4=8$，$4-4=0$，$4\times4=16$，$4\div4=1$があるので，$4\times4-(4+4)=8$，$(4+4)\times4\div4=8$などが見つかる。

4を1つと3つにわけて考える場合，4○ウ(4○4○4)＝8，または，(4○4○4)○4＝8とする。
例えば，1つ目の式の最初の○に＋を入れるとき，$4+4=8$より，下線部ウが4となればよい。4を3つ使って4になる式として，$4\times4\div4=4$が見つかり，$4+4\times4\div4=8$となる。
また，解答は，＋，－，×，÷の記号を入れかえたものなど，解答例の他にもいくつかある。

(2) (1)の解説をふまえる。4を2つ使ってできる数から，4を2つずつにわける式では5にはならないとわかる。したがって，4を1つと3つにわける，4○(4○4○4)＝5，または，(4○4○4)○4＝5の式で考える。4をふくむ2つの整数で5となる式を探すと，4＋1，9－4，20÷4が見つかる。4を3つ使って1，9，20が作れるか考えると，1，9は作れず，4×4＋4＝20が見つかる。よって，(4×4＋4)÷4＝5となる。なお，かけ算はたし算よりも先に計算をするので，(4＋4×4)÷4＝5でもよい。

4 列車が鉄橋をわたり始めてからわたり終わるまでに進む道のりは，鉄橋と列車の長さの和であり，トンネルに先頭が入ってから列車の最後がでるまでに進む道のりは，トンネルと列車の長さの和である(右図参照)。

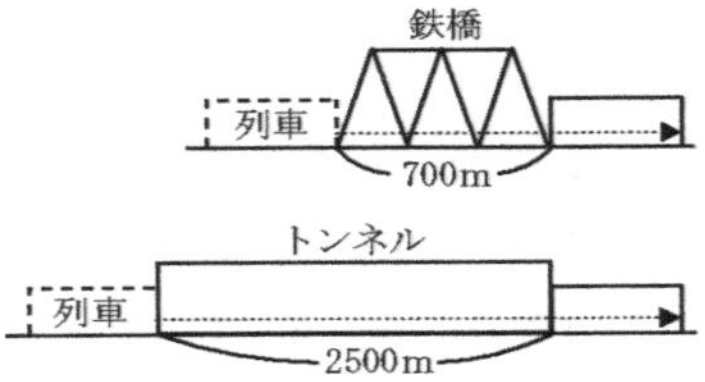

したがって，トンネルと列車の長さの和から，鉄橋と列車の長さの和を引いた2500－700＝1800(m)を，130－40＝90(秒)で進むとわかり，列車の速さは，秒速(1800÷90)m＝秒速20mである。よって，列車が鉄橋をわたり始めてからわたり終えるまでに，列車の先頭部分が進む道のりは20×40＝800(m)なので，列車の長さは800－700＝100(m)である。

5 (1) 三角形ＡＢＥと三角形ＢＣＥは底辺をそれぞれＡＥ，ＥＣとすると，高さが等しくなるので，面積の比は底辺の比に等しくなる。よって，求める面積の比は，2：6＝1：3

(2) 三角形ＡＤＥと三角形ＣＤＥと三角形ＡＢＥと三角形ＢＣＥの面積の和で求める。
(1)と同じように考えると，三角形ＡＤＥと三角形ＣＤＥの面積の比は，ＡＥ：ＥＣ＝1：3だから，三角形ＣＤＥの面積は，(三角形ＡＤＥの面積)×$\frac{3}{1}$＝5×3＝15(㎠)である。また，三角形ＡＢＥの面積は，(三角形ＢＣＥの面積)×$\frac{1}{3}$＝45×$\frac{1}{3}$＝15(㎠)である。よって，台形ＡＢＣＤの面積は，5＋15＋15＋45＝80(㎠)

6 (1) 右図のように石をまとめて考えると，外側の正方形の石の個数は，5×4＝20(個)，内側の正方形の石の個数は，3×4＝12(個)なので，石は全部で，20＋12＝32(個)必要となる。

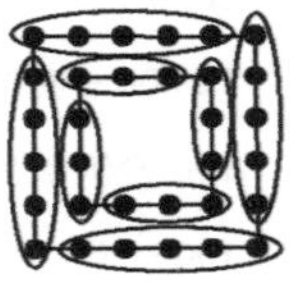

(2) 外側の正方形の1辺の石の個数と，全体に使われる石の個数は，右表のようにまとめられる。表から外側の正方形の1辺の石の個数が1個増えると，全体に使われる石は8個増えるとわかる。

外側の正方形の1辺の石の個数(個)	4	5	6	…
全体に使われる石の個数(個)	16	24	32	…

＋8　＋8

40個の石を2重の正方形に並べるとき，40＝32＋8より，外側の正方形の1辺の石の個数は6＋1＝7(個)とわかる。
200個の石を2重の正方形に並べるとき，全体に使われる石の個数は，外側の正方形の1辺の石の個数が6個のときよりも，200－32＝168(個)多いから，外側の正方形の1辺の石の個数は，168÷8＝21(個)多くなる。よって，200個の石を2重の正方形に並べると，外側の正方形の1辺には6＋21＝27(個)の石が並ぶ。

《適性検査型　適性検査Ⅰ　算数分野の解説》

課題１

⑴　資料２の②から考えて，1900÷400＝４余り 300，1900÷100＝19 より，西暦 1900 年は 400 で割り切れなくて，100 で割り切れる年だから平年である。

⑵　(ア)は，西暦年が４の倍数の年でも，資料２の②にあてはまる場合(西暦 100 年など)は平年となるので正しくない。(イ)は，西暦年が 100 の倍数の年でも，資料２の①にあてはまる場合(西暦 400 年など)はうるう年となるので正しくない。(ウ)は，資料２の①より正しい。(エ)は，例えば西暦 96 年は，資料２の③よりうるう年であるが，４年後の西暦 96＋４＝100(年)は，資料２の②より平年となるので正しくない。(オ)は，例えば西暦 300 年は資料２の②より平年であるが，100 年後の西暦 300＋100＝400(年)は，資料２の①よりうるう年となるので正しくない。(カ)について考える。うるう年は資料２の①か③にあてはまる。資料２の①にあてはまる場合，400 年後も西暦年は 400 で割り切れるから，うるう年である。資料２の③にあてはまる場合，400 年後も西暦年は 100 で割り切れなくて，４で割り切れる(400＝４×100 だから)ので，うるう年である。よって，(カ)は正しい。

したがって，正しいのは，(ウ)，(カ)である。

⑶　資料２の①，③より，1601 から 2000 までの整数のうち，400 の倍数と，４の倍数であるが 100 の倍数でない数がいくつあるのかを考えればよい。

１から 2000 までの整数のうち，４の倍数は 2000÷４＝500(個)，100 の倍数は 2000÷100＝20(個)，400 の倍数は 2000÷400＝５(個)ある。１から 1600 までの整数のうち，４の倍数は 1600÷４＝400(個)，100 の倍数は 1600÷100＝16(個)，400 の倍数は 1600÷400＝４(個)ある。よって，1601 から 2000 までの整数のうち，４の倍数は 500－400＝100(個)，100 の倍数は 20－16＝４(個)，400 の倍数は５－４＝１(個)ある。100＝４×25 より，100 の倍数は４の倍数でもあるので，1601 から 2000 までの整数のうち，４の倍数であるが 100 の倍数でない数は 100－４＝96(個)ある。よって，西暦 1601 年から西暦 2000 年の 400 年のうち，うるう年は，１＋96＝97(回)ある。

⑷　⑶より，西暦 1601 年から西暦 2000 年の 400 年のうち，うるう年は 97 回あるから，太陽が 400 周するのに 365×400＋97(日)かかる。よって，太陽が１周するのにかかる時間は，(365×400＋97)÷400＝365＋$\frac{97}{400}$(日)である。$\frac{97}{400}$日＝(24×$\frac{97}{400}$)時間＝$\frac{291}{50}$時間＝5$\frac{41}{50}$時間，つまり，５時間($\frac{41}{50}$×60)分＝５時間$\frac{246}{5}$分＝５時間 49$\frac{1}{5}$分なので，１分の位までの概数で答えると，求める時間は，365 日と５時間 49 分である。

課題２

(1)　(あ)の長さが３で割り切れれば，さしがねで長さを三等分することができるので，(あ)の長さを３の倍数にすればよい。

(2)　正三角形の底辺の真ん中の点と頂点を結んでできる直線を折り目とすると，㋐と㋑はぴったり重なるから，㋐と㋑は合同である。よって，角(い)の大きさは，正三角形の１つの内角の大きさである 60 度の半分だから，角(い)＝60÷２＝30(度)である。

(3)　図７より，さしがねと板でつくられた三角形と合同な三角形を右図のように合わせると，角ＤＣＢ＝角ＡＣＢ＋角ＡＣＤ＝90＋90＝180(度)なので，Ａ，Ｃ，Ｄは一直線上にあり，角ＣＡＢ＝180－(90＋60)＝30(度)，角ＤＡＢ＝30＋30＝60(度)，角ＡＢＣ＝角ＡＤＣ＝60 度なので，三角形ＡＢＤは正三角形である。よって，ＤＢ＝ＡＢ＝16 ㎝なので，(う)の長さは，16÷２＝８(㎝)である。

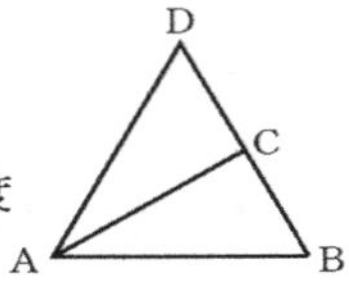

(4)　角ＡＯＢを二等分した角を１つの角とする２つの直角三角形を，直角と向かい合う辺でくっつけると，その合わせた辺が角Ｏを二等分する線となる。その線を作図する。

ＯＣ＝ＯＤとなるように点Ｃ，Ｄをとり，ＯＣに垂直な線とＯＤに垂直な線を引き，交わる点をＥとすると，ＯＣ＝ＯＤ，ＯＥ＝ＯＥ，角ＡＯＥ＝角ＤＯＥとなるから，三角形ＯＣＥと三角形ＯＤＥは合同になる。よって，解答例のような説明で作図することができる。実際に作図すると，右のようになる。

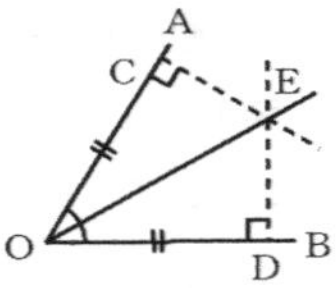

■ ご使用にあたってのお願い・ご注意

（1）問題文等の非掲載

著作権上の都合により，問題文や図表などの一部を掲載できない場合があります。

誠に申し訳ございませんが，ご了承くださいますようお願いいたします。

（2）過去問における時事性

過去問題集は，学習指導要領の改訂や社会状況の変化，新たな発見などにより，現在とは異なる表記や解説になっている場合があります。過去問の特性上，出題当時のままで出版していますので，あらかじめご了承ください。

（3）配点

学校等から配点が公表されている場合は，記載しています。公表されていない場合は，記載していません。

独自の予想配点は，出題者の意図と異なる場合があり，お客様が学習するうえで誤った判断をしてしまう恐れがあるため記載していません。

（4）無断複製等の禁止

購入された個人のお客様が，ご家庭でご自身またはご家族の学習のためにコピーをすることは可能ですが，それ以外の目的でコピー，スキャン，転載（ブログ，ＳＮＳなどでの公開を含みます）などをすることは法律により禁止されています。学校や学習塾などで，児童生徒のためにコピーをして使用することも法律により禁止されています。

ご不明な点や，違法な疑いのある行為を確認された場合は，弊社までご連絡ください。

（5）けがに注意

この問題集は針を外して使用します。針を外すときは，けがをしないように注意してください。また，表紙カバーや問題用紙の端で手指を傷つけないように十分注意してください。

（6）正誤

制作には万全を期しておりますが，万が一誤りなどがございましたら，弊社までご連絡ください。

なお，誤りが判明した場合は，弊社ウェブサイトの「ご購入者様のページ」に掲載しておりますので，そちらもご確認ください。

■ お問い合わせ

解答例，解説，印刷，製本など，問題集発行におけるすべての責任は弊社にあります。

ご不明な点がございましたら，弊社ウェブサイトの「お問い合わせ」フォームよりご連絡ください。迅速に対応いたしますが，営業日の都合で回答に数日を要する場合があります。

ご入力いただいたメールアドレス宛に自動返信メールをお送りしています。自動返信メールが届かない場合は，「よくある質問」の「メールの問い合わせに対し返信がありません。」の項目をご確認ください。

また弊社営業日（平日）は，午前９時から午後５時まで，電話でのお問い合わせも受け付けています。

2025春

教英出版

株式会社教英出版

〒422-8054　静岡県静岡市駿河区南安倍３丁目 12-28

TEL　054-288-2131　　FAX　054-288-2133

URL　https://kyoei-syuppan.net/

MAIL siteform@kyoei-syuppan.net

教英出版　2025年春受験用　中学入試問題集

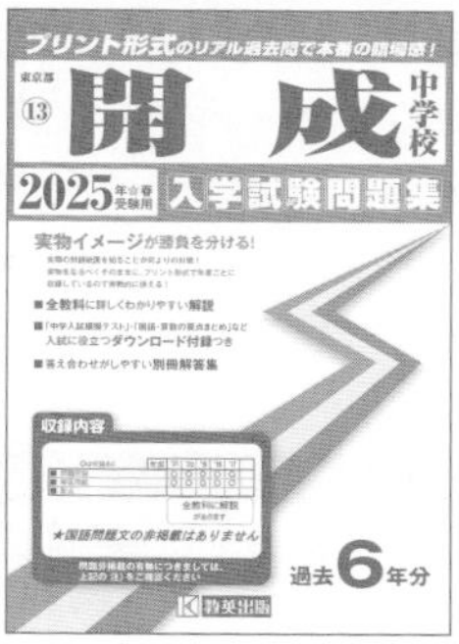

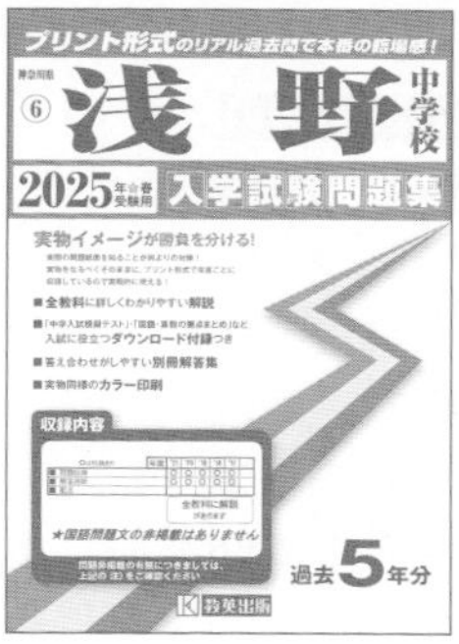

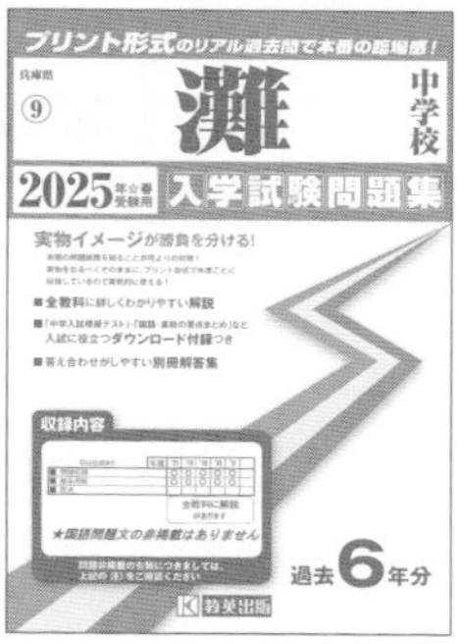

学校別問題集

✿はカラー問題対応

北海道

①［市立］札幌開成中等教育学校
②藤女子中学校
③北嶺中学校
④北星学園女子中学校
⑤札幌大谷中学校
⑥札幌光星中学校
⑦立命館慶祥中学校
⑧函館ラ・サール中学校

青森県

①［県立］三本木高等学校附属中学校

岩手県

①［県立］一関第一高等学校附属中学校

宮城県

①［県立］宮城県古川黎明中学校
②［県立］宮城県仙台二華中学校
③［市立］仙台青陵中等教育学校
④東北学院中学校
⑤仙台白百合学園中学校
⑥聖ウルスラ学院英智中学校
⑦宮城学院中学校
⑧秀光中学校
⑨古川学園中学校

秋田県

①［県立］
大館国際情報学院中学校
秋田南高等学校中等部
横手清陵学院中学校

山形県

①［県立］
東桜学館中学校
致道館中学校

福島県

①［県立］
会津学鳳中学校
ふたば未来学園中学校

茨城県

①［県立］
日立第一高等学校附属中学校
太田第一高等学校附属中学校
水戸第一高等学校附属中学校
鉾田第一高等学校附属中学校
鹿島高等学校附属中学校
土浦第一高等学校附属中学校
竜ヶ崎第一高等学校附属中学校
下館第一高等学校附属中学校
下妻第一高等学校附属中学校
水海道第一高等学校附属中学校
勝田中等教育学校
並木中等教育学校
古河中等教育学校

栃木県

①［県立］
宇都宮東高等学校附属中学校
佐野高等学校附属中学校
矢板東高等学校附属中学校

群馬県

①
［県立］中央中等教育学校
［市立］四ツ葉学園中等教育学校
［市立］太田中学校

埼玉県

①［県立］伊奈学園中学校
②［市立］浦和中学校
③［市立］大宮国際中等教育学校
④［市立］川口市立高等学校附属中学校

千葉県

①［県立］
千葉中学校
東葛飾中学校
②［市立］稲毛国際中等教育学校

東京都

①［国立］筑波大学附属駒場中学校
②［都立］白鷗高等学校附属中学校
③［都立］桜修館中等教育学校
④［都立］小石川中等教育学校
⑤［都立］両国高等学校附属中学校
⑥［都立］立川国際中等教育学校
⑦［都立］武蔵高等学校附属中学校
⑧［都立］大泉高等学校附属中学校
⑨［都立］富士高等学校附属中学校
⑩［都立］三鷹中等教育学校
⑪［都立］南多摩中等教育学校
⑫［区立］九段中等教育学校
⑬開成中学校
⑭麻布中学校
⑮桜蔭中学校
⑯女子学院中学校
✿⑰豊島岡女子学園中学校
⑱東京都市大学等々力中学校
⑲世田谷学園中学校
✿⑳広尾学園中学校（第2回）
✿㉑広尾学園中学校（医進・サイエンス回）
㉒渋谷教育学園渋谷中学校（第1回）
㉓渋谷教育学園渋谷中学校（第2回）
㉔東京農業大学第一高等学校中等部（2月1日 午後）
㉕東京農業大学第一高等学校中等部（2月2日 午後）

神奈川県

①[県立]
相模原中等教育学校
平塚中等教育学校

②[市立]南高等学校附属中学校

③[市立]横浜サイエンスフロンティア高等学校附属中学校

④[市立]川崎高等学校附属中学校

✿⑤聖光学院中学校

✿⑥浅野中学校

⑦洗足学園中学校

⑧法政大学第二中学校

⑨逗子開成中学校(1次)

⑩逗子開成中学校(2·3次)

⑪神奈川大学附属中学校(第1回)

⑫神奈川大学附属中学校(第2·3回)

⑬栄光学園中学校

⑭フェリス女学院中学校

新潟県

①[県立]
村上中等教育学校
柏崎翔洋中等教育学校
燕中等教育学校
津南中等教育学校
直江津中等教育学校
佐渡中等教育学校

②[市立]高志中等教育学校

③新潟第一中学校

④新潟明訓中学校

石川県

①[県立]金沢錦丘中学校

②星稜中学校

福井県

①[県立]高志中学校

山梨県

①山梨英和中学校

②山梨学院中学校

③駿台甲府中学校

長野県

①[県立]
屋代高等学校附属中学校
諏訪清陵高等学校附属中学校

②[市立]長野中学校

岐阜県

①岐阜東中学校

②鶯谷中学校

③岐阜聖徳学園大学附属中学校

静岡県

①[国立]静岡大学教育学部附属中学校(静岡·島田·浜松)

②
[県立]清水南高等学校中等部
[県立]浜松西高等学校中等部
[市立]沼津高等学校中等部

③不二聖心女子学院中学校

④日本大学三島中学校

⑤加藤学園暁秀中学校

⑥星陵中学校

⑦東海大学付属静岡翔洋高等学校中等部

⑧静岡サレジオ中学校

⑨静岡英和女学院中学校

⑩静岡雙葉中学校

⑪静岡聖光学院中学校

⑫静岡学園中学校

⑬静岡大成中学校

⑭城南静岡中学校

⑮静岡北中学校

⑯
常葉大学附属常葉中学校
常葉大学附属橘中学校
常葉大学附属菊川中学校

⑰藤枝明誠中学校

⑱浜松開誠館中学校

⑲静岡県西遠女子学園中学校

⑳浜松日体中学校

㉑浜松学芸中学校

愛知県

①[国立]愛知教育大学附属名古屋中学校

②愛知淑徳中学校

③
名古屋経済大学市邨中学校
名古屋経済大学高蔵中学校

④金城学院中学校

⑤椙山女学園中学校

⑥東海中学校

⑦南山中学校男子部

⑧南山中学校女子部

⑨聖霊中学校

⑩滝中学校

⑪名古屋中学校

⑫大成中学校

⑬愛知中学校

⑭星城中学校

⑮名古屋葵大学中学校
(名古屋女子大学中学校)

⑯愛知工業大学名電中学校

⑰海陽中等教育学校(特別給費生)

⑱海陽中等教育学校(I·II)

⑲中部大学春日丘中学校

新刊⑳名古屋国際中学校

三重県

①[国立]三重大学教育学部附属中学校

②暁中学校

③海星中学校

④四日市メリノール学院中学校

⑤高田中学校

⑥セントヨゼフ女子学園中学校

⑦三重中学校

⑧皇學館中学校

⑨鈴鹿中等教育学校

⑩津田学園中学校

滋賀県

①[国立]滋賀大学教育学部附属中学校

②[県立]
河瀬中学校
守山中学校
水口東中学校

京都府

①[国立]京都教育大学附属桃山中学校

②[府立]洛北高等学校附属中学校

③[府立]園部高等学校附属中学校

④[府立]福知山高等学校附属中学校

⑤[府立]南陽高等学校附属中学校

⑥[市立]西京高等学校附属中学校

⑦同志社中学校

⑧洛星中学校

⑨洛南高等学校附属中学校

⑩立命館中学校

⑪同志社国際中学校

⑫同志社女子中学校(前期日程)

⑬同志社女子中学校(後期日程)

大阪府

①[国立]大阪教育大学附属天王寺中学校

②[国立]大阪教育大学附属平野中学校

③[国立]大阪教育大学附属池田中学校

④[府立]富田林中学校
⑤[府立]咲くやこの花中学校
⑥[府立]水都国際中学校
⑦清風中学校
⑧高槻中学校（A日程）
⑨高槻中学校（B日程）
⑩明星中学校
⑪大阪女学院中学校
⑫大谷中学校
⑬四天王寺中学校
⑭帝塚山学院中学校
⑮大阪国際中学校
⑯大阪桐蔭中学校
⑰開明中学校
⑱関西大学第一中学校
⑲近畿大学附属中学校
⑳金蘭千里中学校
㉑金光八尾中学校
㉒清風南海中学校
㉓帝塚山学院泉ヶ丘中学校
㉔同志社香里中学校
㉕初芝立命館中学校
㉖関西大学中等部
㉗大阪星光学院中学校

兵庫県

①[国立]神戸大学附属中等教育学校
②[県立]兵庫県立大学附属中学校
③雲雀丘学園中学校
④関西学院中学部
⑤神戸女学院中学部
⑥甲陽学院中学校
⑦甲南中学校
⑧甲南女子中学校
⑨灘中学校
⑩親和中学校
⑪神戸海星女子学院中学校
⑫滝川中学校
⑬啓明学院中学校
⑭三田学園中学校
⑮淳心学院中学校
⑯仁川学院中学校
⑰六甲学院中学校
⑱須磨学園中学校(第1回入試)
⑲須磨学園中学校(第2回入試)
⑳須磨学園中学校(第3回入試)
㉑白陵中学校
㉒夙川中学校

奈良県

①[国立]奈良女子大学附属中等教育学校
②[国立]奈良教育大学附属中学校
③[県立] 国際中学校
　　　　 青翔中学校
④[市立]一条高等学校附属中学校
⑤帝塚山中学校
⑥東大寺学園中学校
⑦奈良学園中学校
⑧西大和学園中学校

和歌山県

①[県立] 古佐田丘中学校
　　　　 向陽中学校
　　　　 桐蔭中学校
　　　　 日高高等学校附属中学校
　　　　 田辺中学校
②智辯学園和歌山中学校
③近畿大学附属和歌山中学校
④開智中学校

岡山県

①[県立]岡山操山中学校
②[県立]倉敷天城中学校
③[県立]岡山大安寺中等教育学校
④[県立]津山中学校
⑤岡山中学校
⑥清心中学校
⑦岡山白陵中学校
⑧金光学園中学校
⑨就実中学校
⑩岡山理科大学附属中学校
⑪山陽学園中学校

広島県

①[国立]広島大学附属中学校
②[国立]広島大学附属福山中学校
③[県立]広島中学校
④[県立]三次中学校
⑤[県立]広島叡智学園中学校
⑥[市立]広島中等教育学校
⑦[市立]福山中学校
⑧広島学院中学校
⑨広島女学院中学校
⑩修道中学校
⑪崇徳中学校
⑫比治山女子中学校
⑬福山暁の星女子中学校
⑭安田女子中学校
⑮広島なぎさ中学校
⑯広島城北中学校
⑰近畿大学附属広島中学校福山校
⑱盈進中学校
⑲如水館中学校
⑳ノートルダム清心中学校
㉑銀河学院中学校
㉒近畿大学附属広島中学校東広島校
㉓AICJ中学校
㉔広島国際学院中学校
㉕広島修道大学ひろしま協創中学校

山口県

①[県立] 下関中等教育学校
　　　　 高森みどり中学校
②野田学園中学校

徳島県

①[県立] 富岡東中学校
　　　　 川島中学校
　　　　 城ノ内中等教育学校
②徳島文理中学校

香川県

①大手前丸亀中学校
②香川誠陵中学校

愛媛県

①[県立] 今治東中等教育学校
　　　　 松山西中等教育学校
②愛光中学校
③済美平成中等教育学校
④新田青雲中等教育学校

高知県

①[県立] 安芸中学校
　　　　 高知国際中学校
　　　　 中村中学校

福岡県

①［国立］福岡教育大学附属中学校（福岡·小倉·久留米）
②［県立］育徳館中学校
　門司学園中学校
　宗像中学校
　嘉穂高等学校附属中学校
　輝翔館中等教育学校
③西南学院中学校
④上智福岡中学校
⑤福岡女学院中学校
⑥福岡雙葉中学校
⑦照曜館中学校
⑧筑紫女学園中学校
⑨敬愛中学校
⑩久留米大学附設中学校
⑪飯塚日新館中学校
⑫明治学園中学校
⑬小倉日新館中学校
⑭久留米信愛中学校
⑮中村学園女子中学校
⑯福岡大学附属大濠中学校
⑰筑陽学園中学校
⑱九州国際大学付属中学校
⑲博多女子中学校
⑳東福岡自彊館中学校
㉑八女学院中学校

佐賀県

①［県立］香楠中学校
　致遠館中学校
　唐津東中学校
　武雄青陵中学校
②弘学館中学校
③東明館中学校
④佐賀清和中学校
⑤成穎中学校
⑥早稲田佐賀中学校

長崎県

①［県立］長崎東中学校
　佐世保北中学校
　諫早高等学校附属中学校
②青雲中学校
③長崎南山中学校
④長崎日本大学中学校
⑤海星中学校

熊本県

①［県立］玉名高等学校附属中学校
　宇土中学校
　八代中学校
②真和中学校
③九州学院中学校
④ルーテル学院中学校
⑤熊本信愛女学院中学校
⑥熊本マリスト学園中学校
⑦熊本学園大学付属中学校

大分県

①［県立］大分豊府中学校
②岩田中学校

宮崎県

①［県立］五ヶ瀬中等教育学校
②［県立］宮崎西高等学校附属中学校
　都城泉ヶ丘高等学校附属中学校
③宮崎日本大学中学校
④日向学院中学校
⑤宮崎第一中学校

鹿児島県

①［県立］楠隼中学校
②［市立］鹿児島玉龍中学校
③鹿児島修学館中学校
④ラ・サール中学校
⑤志學館中等部

沖縄県

①［県立］与勝緑が丘中学校
　開邦中学校
　球陽中学校
　名護高等学校附属桜中学校

もっと過去問シリーズ

北海道

北嶺中学校
7年分（算数・理科・社会）

静岡県

静岡大学教育学部附属中学校
（静岡·島田·浜松）
10年分（算数）

愛知県

愛知淑徳中学校
7年分（算数・理科・社会）
東海中学校
7年分（算数・理科・社会）
南山中学校男子部
7年分（算数・理科・社会）
南山中学校女子部
7年分（算数・理科・社会）
滝中学校
7年分（算数・理科・社会）
名古屋中学校
7年分（算数・理科・社会）

岡山県

岡山白陵中学校
7年分（算数・理科）

広島県

広島大学附属中学校
7年分（算数・理科・社会）
広島大学附属福山中学校
7年分（算数・理科・社会）
広島学院中学校
7年分（算数・理科・社会）
広島女学院中学校
7年分（算数・理科・社会）
修道中学校
7年分（算数・理科・社会）
ノートルダム清心中学校
7年分（算数・理科・社会）

愛媛県

愛光中学校
7年分（算数・理科・社会）

福岡県

福岡教育大学附属中学校
（福岡·小倉·久留米）
7年分（算数・理科・社会）
西南学院中学校
7年分（算数・理科・社会）
久留米大学附設中学校
7年分（算数・理科・社会）
福岡大学附属大濠中学校
7年分（算数・理科・社会）

佐賀県

早稲田佐賀中学校
7年分（算数・理科・社会）

長崎県

青雲中学校
7年分（算数・理科・社会）

鹿児島県

ラ·サール中学校
7年分（算数・理科・社会）

※もっと過去問シリーズは
国語の収録はありません。

教英出版

〒422-8054
静岡県静岡市駿河区南安倍3丁目12−28
TEL 054-288-2131
FAX 054-288-2133
詳しくは教英出版で検索
教英出版　検索
URL https://kyoei-syuppan.net/

金光学園中学校入学試験（教科型）
令和2年1月4日

国語（1）

（60分）

受験番号

※100点満点
（配点非公表）

一　次の文章は北海道の旭山《あさひやま》動物園の園長であった筆者が書いたものです。この文章を読んで、あとの問いに答えなさい。

①野生動物が絶滅《めつ》するのはどんなときでしょう？
答えを発表する前に、氷河期にユーラシア大陸や日本列島などに生息していた、オオツノシカの話をしたいと思います。
オオツノシカは、体高は二メートルほどですが、横幅《はば》が二メートル以上もあるとても大きな角を持っていました。こんなアンバランスな体型だと、②頭が重くて動きづらかったと思います。
過去には、大きな角が役立ったこともあるでしょう。オオツノシカは強そうだし、※1凛々《りり》しいし、牝鹿《めじか》からは「ああ、なんてカッコいい牡鹿《おじか》なんでしょう」とあこがれの目を向けられたにちがいありません。その娘《むすめ》も孫娘も、角が大きくてカッコいいオスを追い求めつづけた結果、オオツノシカは角だけがますます大きくなっていったのだろうと、推測されているのです。
そんなオオツノシカは、温暖化という環境の変化に対応できずに絶滅してしまいました。対照的に、環境の変化に対応して生き残ったのが、中型、小型の動物たちでした。
（　A　）、冒《ぼう》頭の質問の答えはわかりましたか？
「あるひとつの特徴《ちょう》だけが大きくなったとき、野生動物は環境の変化に対応する力が弱まり、絶滅しやすくなる」
これが正解です。
中学生や高校生からよく、こういう質問を受けます。
「将来動物園の飼育係になりたいのですが、どんな勉強をすればいいでしょうか」
③ぼくはそんなとき、
「いろんなことを勉強しなければダメだよ」
と答えることにしています。
まず飼育係というのは生き物が好きでなければダメです。（　B　）、ただ好きなだけではダメで、※2生物学の勉強がぜったいに必要になります。また、生き物の体の中では常に化学反応が起きているし、物理的な変化も発生するので、そう考えると理科全般《ぱん》をしっかりと勉強しておかなければなりませんね。
※3数学も必要です。自分が担当する動物に与《あた》えるエサの量を決めるときは、※4栄養価の計算をしなければなりませんし、※5動物舎を設計する時にも数学は必要になります。
旭山動物園の飼育係にとってだいじな仕事のひとつに、動物のすごさをお客さんにしっかりと伝える、ということがあります。飼育係の手書き※6ポップはすっかり有名になりましたが、わかりやすい文章を書く能力、作文や漢字の国語の力が必要です。ポップの内容をわかりやすくするため、たくさんのイラストが添《そ》えられていますが、絵を描《か》く能力もあったほうがいいですね。
旭山動物園の名物企《き》画に、飼育係が動物舎の前でその動物の魅《み》力を紹介《しょうかい》する「ワンポイントガイド」がありますが、動物のエサのつくり方を見せるんだと、テレビの料理番組のように、ホッキョクグマに与える馬肉の切り方や、キジに食べさせる白菜の切り方を紹介した飼育係がいました。これは家庭科ですね。音楽好きの男は、ギター片手に「さる山の歌」とか「トナカイの歌」をうたっていましたが、音楽の能力もあったほうがいいなあ。
社会科もおろそかにできません。動物を理解するには、どんな※7地理的条件の中で育ってきたのかを知る必要があります。動物地理学という学問さえあるぐらいなのです。
また、④人間は動物に対して、過去に何をしてきたのかを知る必要もあります。（　C　）歴史です。ぼくは動物園の仕事を始めてから、学生時代に歴史をちゃんと勉強しなかったことをとても後悔《かい》しました。いま世界中でいろいろな動物が絶滅しているわけですが、そのことを知るたび、「なんでこうなるまで放置したんだ。知らなかった」と悔《くや》しい思いを抱《いだ》いたからです。
人間が歴史を学ぶことのたいせつさはそこにあります。進むべき未来は、過去を知らなければ見えてきません。過去を振《ふ》り返って、なぜエゾオオカミやトキが日本で絶滅したのかを見つめなおしてみてください。いま絶滅の危険にさらされているシマフクロウ、ニホンイヌワシ、ヒグマなどを救う方法を考えるヒントが、きっとそこにあるはずだからです。
英語のたいせつさはいうまでもありません。英語がニガ手だと一人前の獣《じゅう》医にも飼育係にもなれません。というのも、動物学の論文はほとんど英語で書かれているからです。読むだけではなく、実際に英語の論文を書くことも必要になります。
動物園で働きはじめたころは、一日四時間ぐらいしか寝《ね》ないで必死になって勉強しました。日本語で書いてある※8文献《けん》はもちろん、日本語に訳されていない本を読まないとわからないことも、山ほどありました。
もうおわかりでしょう。勉強は［　⑤　］ということです。えー、そんなの無理だよー、という声が聞こえてきそうですが、でもぼくはこう思うのです。
いま勉強していることのひとつひとつは、小さな石ころかもしれません。でも、それがたくさん集まれば、高いピラミッドをつくることができます。だから、⑥いまはちっちゃい石でもいいから、とにかくたくさん集めましょう。
いろいろな勉強をするということは、自分の中に多様性を持つということになります。いくら角が大きくてカッコよくても、オオツノシカのように多様性を失うと、環境の変化に対応できなくなるのとおなじようで、人間だって狭《せま》い知識しか持っていないと、人生のいろいろな場面に対応できなくなってしまいます。内面を磨《みが》くということは、つまり、いつ、どんな場面にも対応できる多様性を身につけるということなのです。

（小菅正夫著『ペンギンの教え』）

（注）※1　凛々しい…きりっとひきしまっている様子。　※2　生物学…化学・物理学とともに理科の科目の一つ。　※3　数学…小学校でいう算数のこと。
※4　栄養価…食物の栄養としての価値。　※5　動物舎…動物園で、動物を飼育する場所。
※6　ポップ…ポップ広告。商品などにつける広告や説明書きのこと。　※7　地理…それぞれの土地の特性。　※8　文献…文書・書物のこと。

国語（2）

受験番号

問1　文中の（　A　）～（　C　）に入る言葉として最も適当なものを次の中からそれぞれ選んで、記号で答えなさい。
ア　もし　　イ　つまり　　ウ　なぜなら　　エ　でも　　オ　さて

A　B　C

問2　――線①「野生動物が絶滅するのはどんなときでしょう」とあるが、どんなときですか。解答らんに合うように、文中の言葉を用いて、三十五字以内で書きなさい。

野生動物の　　　　とき。

問3　――線②「頭が重くて動きづらかった」のに、オオツノシカの角が大きく発達したのはなぜですか。最も適当なものを次の中から選んで、記号で答えなさい。
ア　強そうに見える牡鹿が牝鹿に選ばれ、子孫を残せるため。　イ　角が大きい方が、エサを食べる時に便利であるため。
ウ　地球温暖化に合わせた進化が、角だけできなかったため。　エ　堂々とした見た目でおそれさせ、縄《なわ》張りを得るため。

問4　――線③「いろんなことを勉強しなければダメ」とあるが、その中で「国語」の力はなぜ必要なのですか。「～ため」に続くように、文中から二十字でぬき出して書きなさい。

　　　　ため。

問5　――線④「動物に対して、過去に何をしてきたのかを知る」ことは、何の役に立つと筆者は考えていますか。文中の言葉を用いて、三十五字以内で書きなさい。

問6　文中の ⑤ にあてはまる言葉として最も適当なものを次の中から選んで、記号で答えなさい。
ア　得意なものは追求した方がいい　　イ　ただ好きなだけではダメだ
ウ　時には寝ないでした方がいい　　エ　全科目やらなきゃダメだ

問7　――線⑥「いまはちっちゃい石でもいいから、とにかくたくさん集めましょう」について次の問いに答えなさい。
（1）何を「石」にたとえていますか。文中から漢字二字でぬき出して書きなさい。
（2）何のために「たくさん集めましょう」と筆者は述べているのですか。文中の言葉を用いて、三十字以内で書きなさい。

問8　本文の内容として当てはまらないものを次の中から一つ選んで、記号で答えなさい。
ア　中型、小型の動物たちは、オオツノシカよりも環境の変化に対応することができたため絶滅しなかった。
イ　理科や算数だけでなく、国語や音楽や図画工作などの力も身につけておけば動物園の仕事に役立つ。
ウ　筆者は、世界の様々な動物が絶滅していたことを学生時代に知り、悔しい思いをしたので飼育係になった。
エ　中学生や高校生のうちにいろいろな勉強をしておくと、様々な状況の変化を乗りこえることができる。

二

次の①～⑤の――線の漢字をひらがなに直し、⑥～⑮のひらがなを漢字に直しなさい。

①　トラックが横転する（　　）　②　車の往来が激しい（　　）　③　友人の言葉に奮い立つ（　　）　④　雑木林の保護（　　）　⑤　画一的な指導（　　）

⑥　説明をほそくする　⑦　美しいようしの人物　⑧　試合にのぞむ　⑨　新記録をじゅりつする　⑩　紙をたばねる

⑪　水のじょうはつ　⑫　生命のきげんを学ぶ　⑬　詩のろうどく　⑭　学習こうりつがよい　⑮　かいぜん案を出す

三 次の文章を読んで、あとの問いに答えなさい。

先生はなんだって毎年同じ質問をするんだろう、と宿題の意味を考えながら部屋で（　Ａ　）と転がっていると、ごめんください、という声が聞こえた。おハルさんだった。

母も姉も妹も、もちろん父も家にいなかったので、私が一人で応対した。

「庭のチューリップがたくさん咲《さ》いたから、おすそわけよ。お庭で咲かせた方がうんと長持ちするんですけどね、来年用の球根を増やすために、つぼみのうちに切ってしまったの。花瓶《かびん》にさしても、しばらくすれば、とってもかわいい花が咲きますよ」

おハルさんは、そう言ってチューリップを私に手わたすと、すぐにふり向いて帰ろうとした。私はとっさにその手を取って、今、お茶、いれます、チューリップのお礼です、上がって下さい、と言った。

「まあ、かわいい人からの、すてきなお茶のお誘《さそ》いね。お受けするわ」

おハルさんがにっこり笑った。

私はおハルさんを応接間に通した。そこは、大事なお客さまが来たときのための部屋で、学校の友達が来たときは使わせてもらえなかったので、私がこの部屋に誰《だれ》かを案内することは今までなかったのだが、おハルさんなら、母もなにも言わないだろう、と判断して、①迷わずこの部屋に通したのだった。

おハルさんは、お招きありがとうございます、とうやうやしく礼をしてからソファーに座った。

大急ぎで、虹《にじ》のようにいろんな色が溶《と》け合っている、家の中で一番好きなガラスの花瓶につぼみのままでも十分かわいいチューリップを活《い》けた。

「すてきな花瓶ねえ」

テーブルの上に運んだとたん、おハルさんがほめてくれたので、うれしくなった。

「チューリップは水がいたみやすいから、毎日水を替《か》えてあげてね」

「はい」

そんな会話をしている間に、②チューリップのつぼみの先が、少しほころんできた気がした。

おハルさんは、私のいれた紅茶を飲みながら、かなちゃんはすっかりすてきなレディーになったわねえ、と③を細めた。レディーなんて言われたのは初めてで、こそばゆい気持ちになった。

「まだ学校もはじまったばかりだから、のんびりできるわね」

おハルさんが言ったひとことで、今日福原《ふくはら》先生から出された宿題のことを思い出した。

「いいえ、いきなり難しい宿題がでたんです。将来の夢を書きなさいって」

「あら」

「おハルさんは、子どものときに、なんて書いたんですか？　将来の夢」

「将来の夢？　私の？」

おハルさんは、今まで見たこともないようなびっくりした顔をした。

「そんなこと、考えたこともなかったわ。学校でそんなすてきな④宿題が出たこともなかったし」

おハルさんの顔が、ふっとさびしげになった。

「私のころはね、今みたいに女の子がいろいろな仕事を夢見てもいい時代ではなかったの。ほとんどの女の人は、誰かのお嫁《よめ》さんになって、その人とその家のためにつくして生きることだけが求められたのよ」

「そうなの？　でも、おハルさんは、それだけで生きてきたわけではないですよね。アメリカに行ったり……」

「アメリカに行ったのも家のためよ。日本で働くところがなくて、夫と働く場所を求めて行ったのだもの。言葉もぜんぜんわからないのに。それはもう、たいへんだったのよ」

「おハルさん、アメリカには、とっても行きたくて行ったんやって、思ってました」

「船に乗って行くときはそれなりに希望に燃えてたのよ。夢のような国に行けるんだって、自分で自分を思い切り励《はげ》ましてね。でも現実は厳しかった。この苺《いちご》さんのようには甘《あま》くなくて、思いっきりすっぱくって、苦かったってわけ」

おハルさんはそう言いながら、苺を一粒《つぶ》ぱくりと口に入れた。

「かなちゃんが用意してくれた苺、なんておいしいの。季節がきたら、こういうおいしいものが必ず食べられて、今はほんとうにしあわせよ」

（　Ｂ　）とそう言っておハルさんは紅茶のカップに口をつけた。

「今がしあわせだから、今までのことは、全部よかったことだって思うときもあるわね」

将来の夢……。その将来って、今のおハルさんみたいにゆったりと、全部よかったって思える日のことを指すんだろうか。

ますます作文になにを書いたらいいか、わからなくなってしまった。

「ねえ、かなちゃん、あの作文、なんて書いたと？」

作文を提出した日の帰り道に、咲子《さきこ》ちゃんに聞かれて、ドキリとした。

「えっと、うん……えーと、じゃあ、言い出しっぺの咲子ちゃんから教えて」

「ええ……えーと……わたしはねえ……」

咲子ちゃんはうつむいて、ちょっと恥《は》ずかしそうな顔をした。ぱちぱち、と二度まばたきしたあと、顔を上げて私にまっすぐ目を向けた。

「今年はね、洋服を作る人になる、って書いたと。この間マフラー自分で作って、とっても楽しかったけん。自分のものだけじゃなくて、この人にはこんな色や、こんな形が似合うやろうなあ、とか考えはじめたら楽しくてしょうがなかったとよ」

「うん、よか、それ、すっごくよかよ、咲子ちゃんにぴったり合っとうと思う」

「ありがと。かなちゃんは？」

「⑤私、は……」

その次の言葉を続けようとして、脇《わき》の下にじわっと汗《あせ》がにじんでくるのがわかった。

「えっと……、咲子ちゃん、なにを言っても笑ったりせん？」

「もちろんたい」

咲子ちゃんがさわやかに笑った。

「私ね、いろんな人のことを書く人になりたいって、書いたと」

「いろんな人のことを書く？」

咲子ちゃんが（　Ｃ　）とした顔をした。

「うん。咲子ちゃんがおハルさんに編み物を教えてもらって楽しかったみたいに、私はおハルさんにいろんなできごとを教えてもらって、すごくおもしろかったと。だから、もっともっと教えてもらって、それを文章にして、そのおもしろさをいろんな人に伝

国語（4）

受験番号

えてみたかと」

「へえー、かなちゃんすごーい」

「おハルさんだけじゃなくて、きっといろんな人がいろんなことして、いろんなこと考えてて、そのこと、書いてみたい。そのとき、その人はどんな気持ちだったのか、なにを感じてたかを。それでそれを、言葉にしてみたかと」

「うん、かなちゃん、おもしろいとこあるけん、それ、ぜったいいいよ。わたしのこととかも書いてくれると？」

「うん、もちろん」

「あ、わたしのことなんかじゃつまらんよね。なんもかわったことないけん」

「咲子ちゃん、ぜんぜん、つまらんことないよ！　咲子ちゃんは、世界で一番おもしろいと思っとるけん！」

「ほんとにい？」

「ほんと、ほんと。ほんとに咲子ちゃんのことすてきに書くけん、咲子ちゃんは私に、⑥、作ってよ」

咲子ちゃんは、みるみる笑顔になって白い歯をたっぷり見せたまま、うん、とうなずいた。

（東直子著『いとの森の家』）

問1　（Ａ）～（Ｃ）に入る言葉として最も適当なものを次の中からそれぞれ選んで、記号で答えなさい。

ア　ぱたん　　イ　しみじみ　　ウ　ごろん　　エ　にやり　　オ　さめざめ　　カ　きょとん

A	B	C

問2　——線①「迷わずこの部屋に通した」のはなぜですか。解答らんに合うように、文中の言葉を用いて、十五字以内で書きなさい。

自分にとって、［　　　　　　　　］だから。

問3　——線②「チューリップのつぼみの先が、少しほころんできた気がした」とあるが、この言葉から読み取れる「私」の気持ちを説明したものとして最も適当なものを次の中から選んで、記号で答えなさい。

ア　花の活け方をほめられて喜んでいる。　　イ　つぼみのままでもかわいいと感じている。

ウ　チューリップの美しさに感心している。　エ　おハルさんとの会話を楽しんでいる。

問4　③に、体の一部分を表す言葉を漢字一字で書きなさい。

問5　——線④「おハルさんの顔が、ふっとさびしげになった」とあるが、それはなぜですか。最も適当なものを次の中から選んで、記号で答えなさい。

ア　自分が子どものころは、女の子が仕事を選ぶ自由はほとんどなかったことを思い出したから。

イ　自分が子どものころは経済的にまずしく、将来を不安に感じていたことを思い出したから。

ウ　自分が子どものころは海外で働くことを夢見ていたが、現実は厳しかったことを思い出したから。

エ　自分が子どものころは将来のことなど考えずに、のんびりと過ごしていたことを思い出したから。

問6　——線⑤「その次の言葉を続けようとして、脇の下にじわっと汗がにじんでくるのがわかった」とあるが、この時の「私」の気持ちを「～気持ち」に続くように、二十五字以内で書きなさい。

［　　　　　　　　］気持ち。

問7　⑥に入る言葉を、「私」と咲子の会話全体の内容をふまえて、五字以上十字以内で考えて書きなさい。

問8　===線部「先生はなんだって毎年同じ質問をするんだろう」について、次の問いに答えなさい。

（1）先生はどのような質問をしたと考えられますか。十字以内で書きなさい。

（2）「私」はその質問にどのように答えましたか。文中から二十字以内でぬき出して書きなさい。

問9　「おハルさん」の人物像として最も適当なものを次の中から選んで、記号で答えなさい。

ア　子どもに対してうやうやしい態度やていねいな言葉づかいをする少し親しみにくいおばあさん。

イ　若いころから苦労をし、現在の不幸せな生活の中でもけっして弱音をはかない強いおばあさん。

ウ　おもしろいことをたくさん知っていて、それらを子どもたちに教えてくれるやさしいおばあさん。

エ　好奇心が人一倍あり、一人でアメリカに働きに行ってしまうような自立心の強いおばあさん。

受験番号

四 次の文章を読んで、あとの問いに答えなさい。

著作権に関係する弊社の都合により
本文は省略いたします。
教英出版編集部

（長谷部誠著『心を整える。　勝利をたぐり寄せるための56の習慣』）

（注）※1　移籍…所属しているチームから他のチームへ変わること。
※2　俊さん（中村俊輔）…サッカーの元日本代表選手。日本の横浜F・マリノスだけでなく、スコットランドやスペインのプロサッカーチームでも活躍した。
※3　有力視…可能性が強いと思われていること。
※4　ヴォルフスブルク…ドイツのプロサッカーチーム。
※5　葛藤…心の中に二つ以上の感情が同時に起こり、どれを選ぶか迷っていること。

問1　①に入る言葉を、文中から漢字二字でぬき出して書きなさい。

問2　②に当てはめて意味が通るように、「出る」という言葉を適切な表現に書き直しなさい。

問3　③に入る言葉として最も適当なものを次の中から選んで、記号で答えなさい。
ア　にぎり　イ　くくり
ウ　つまみ　エ　ひねり

問4　④に当てはまる言葉を、文中の言葉を用いて十字以内で書きなさい。

問5　――線⑤「そういう苦しみがあるからこそ挑戦は楽しいと思う」とあるが、なぜですか。最も適当なものを次の中から選んで、記号で答えなさい。
ア　自分のことを悪く言っていた人たちを見返すことができるから。
イ　新しい世界が広がり、さらに新しい自分を発見できるから。
ウ　他の人には経験できないことができるという喜びがあるから。
エ　苦しい経験をすることで新たな人とのつながりが生まれるから。

五 次の各問いに答えなさい。

問1　次の文中の①～③の――線部を正しい敬語に直し、それぞれの敬語の種類をあとのア～ウの中から選んで、記号で答えなさい。

先生が私に、「明日はいよいよ入試本番だね。」と言い①ました。私が「はい。試験は九時からある②。今から緊《きん》張しています。」と言うと、先生がお守りをくださったので、「ありがとうございます。結果が出たら報告をしに行き③ます。」と言いました。

ア　尊敬語　イ　けんじょう語　ウ　ていねい語

①	②	③

問2　次の文は、主語と述語が正しく対応していません。主語をそのままにして、主語と述語が正しく対応するように書き直しなさい。

金光学園に入学してやってみたいことは、勉強も部活動も全力でがんばります。

金光学園に入学してやってみたいことは、　　　　。

算　数　（１）

※100点満点
(配点非公表)

受験番号	

※□には，あてはまる数字や式を書き入れ，考え方の┆　┆には，その答えが出た理由を，式や表や図などで表しなさい。

1 次の計算をしなさい。

（１）$3\times(2+10)\div4=$ □

（２）$2020\div$ □ $=16$ あまり 20

（３）$0.4\times(5.4-1.8)\div0.12=$ □

（４）□ $\times(12-8\div2)=88$

（５）$\left(0.5-\frac{1}{3}+0.25\right)\div\left(\frac{1}{3}+\frac{1}{7}\right)=$ □

2 次の□にあてはまる数字を書き入れなさい。

（１）54 と 90 の最大公約数は □ です。

（２）四捨五入《ししゃごにゅう》して百の位までのがい数にしたとき，1800 になる整数のうち，もっとも大きい数からもっとも小さい数をひくと，□ です。

（３）時速 50 km で進む自動車が 130 km 走るのにかかる時間は □ 時間 □ 分です。

（４）ある学校の男子の人数は 330 人で，これは全体の人数の 55 % です。この学校全体の人数は □ 人です。

（５）時計の長い針が，午前 10 時 15 分から 102°進んだ時間は，午前 10 時 □ 分です。

（６）$2\frac{3}{4}$ m のひもから，１人 23 cm ずつ８人分切り取ると，残りは □ cm になります。

（７）消費税が８％のとき，支払《はら》った金額が 918 円の品物は，消費税が 10 ％になったので，□ 円支払うことになります。

（８）下の【図１】は，２枚の三角定規を重ねたものです。①の角度は □° です。

（９）下の【図２】は，半円を組み合わせたものです。かげをつけた部分の面積は □ cm^2 です。

(10) 下の【図３】は，直方体の一部を切り取った立体です。この立体の体積は □ cm^3 です。

【図１】

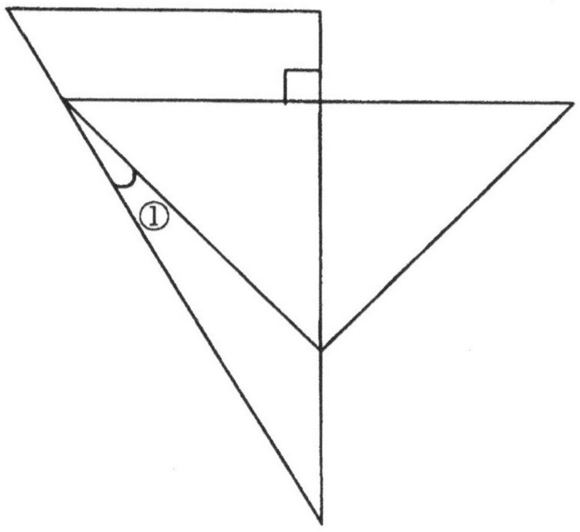

【図２】

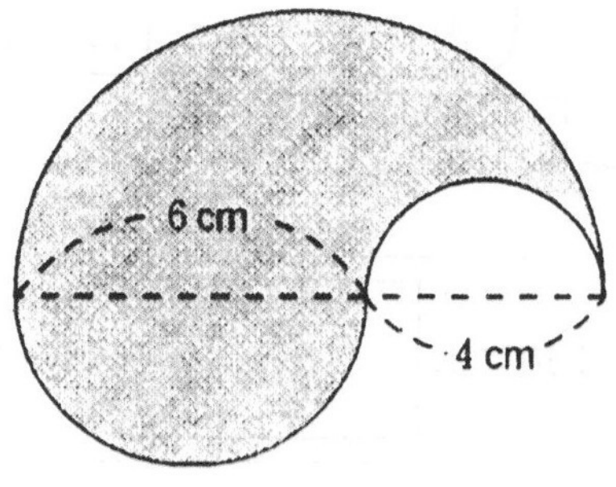

【図３】

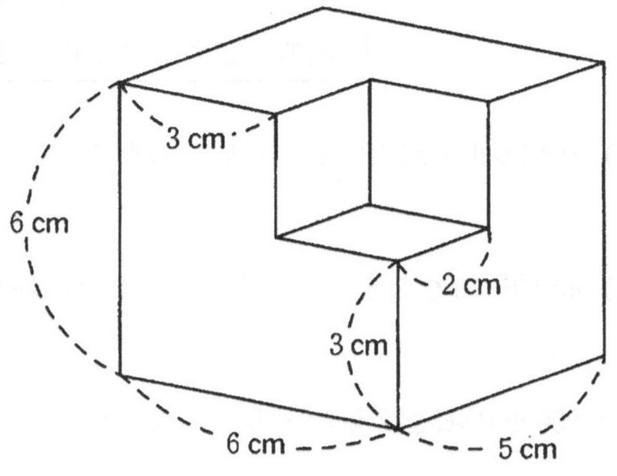

算　数　（２）

受験番号

3 金光教では，４という数字は『よい』『しあわせ』の意味をもつ数字と考えられています。

その数字の４を４つ使い，それにたし算，ひき算，かけ算，わり算とかっこを組み合わせるといろいろな数を作ることができます。

例えば，答えが０になる式は $4\times4\div4-4$，６になる式は $4+(4+4)\div4$ です。

（１）答えが８になる式を１つ作りなさい。

［　　　　　　　　］＝８

（２）答えが５になる式を１つ作りなさい。

［　　　　　　　　］＝５

4 一定の速さで走る列車があります。この列車は長さ 700 m の鉄橋をわたり始めてからわたり終わるまでに 40 秒かかります。

また，長さ 2500 m のトンネルに先頭が入ってから列車の最後が出るまでに 130 秒かかります。この列車の長さは何 m ですか。

考え方

答［　　　　m］

5 右の図の台形ＡＢＣＤで，ＡＥの長さは２cm，ＥＣの長さは６cm です。

（１）三角形ＡＢＥの面積と三角形ＢＣＥの面積の比を，簡単な整数の比で表すと，［　　：　　］です。

（２）三角形ＡＤＥの面積が $5\,cm^2$，三角形ＢＣＥの面積が $45\,cm^2$ のとき，
台形ＡＢＣＤの面積を求めなさい。

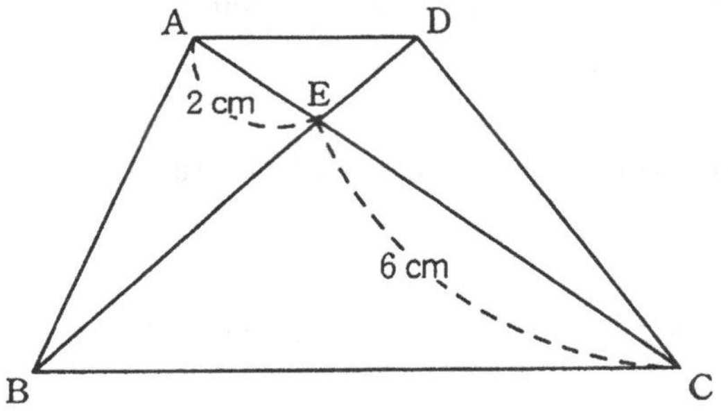

考え方

答［　　　　cm^2］

6 下の図のように，黒い石を２重の正方形に並べます。図１は 16 個，図２は 24 個の石を使いました。

図１

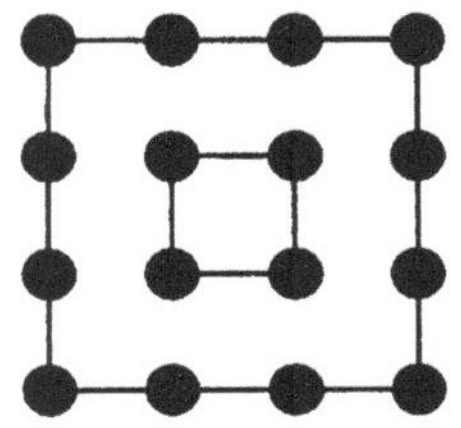

外側の正方形の１辺…４個
内側の正方形の１辺…２個

図２

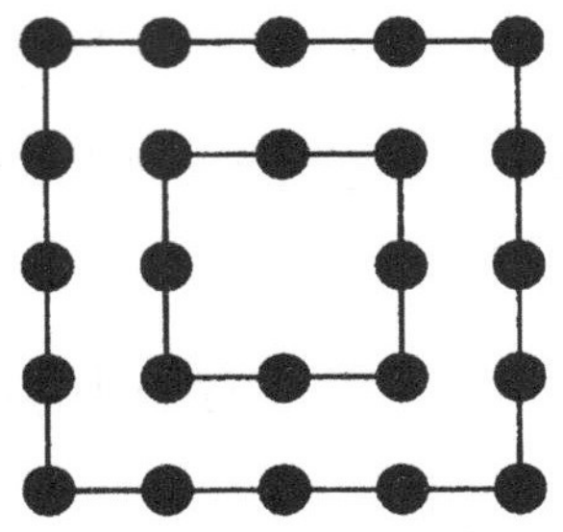

外側の正方形の１辺…５個
内側の正方形の１辺…３個

（１）外側の正方形の１辺に６個の石を並べると，石は全部で［　　］個必要です。

（２）40 個の石を２重の正方形に並べると，外側の正方形の１辺には［　　］個の石が，

200 個の石を２重の正方形に並べると，外側の正方形の１辺には［　　］個の石が並びます。

理　科　(1)

※50点満点
(配点非公表)

受験番号	

1　次の問いに答えなさい。

問１　次の文章は，けんび鏡の使い方を書いたものです。ア～エを正しい操作順に並べなさい。

ア．ピントを合わせる。　　イ．レンズをつける。
ウ．プレパラートをステージにのせる。　　エ．反射鏡を動かして明るさを調節する。

問２　ア～エの生き物は，水の中にすんでいます。

ア．　　イ．　　ウ．　　エ．

(1) ア～エの生き物の中で，一番大きいものはどれですか。ア～エから１つ選び，記号で答えなさい。

(2) ア～エの生き物の中で，光を使って成長するための養分を自分でつくり出せるものはどれですか。ア～エからすべて選び，記号で答えなさい。

問３　ヒトのからだには，たくさんの骨があります。骨と骨のつなぎめを何といいますか。

問４　ヒトのからだの中で最も重く，アルコールなどの害のあるものを害のないものに変えるはたらきをもつ臓器はどれですか。ア～エから１つ選び，記号で答えなさい。

ア．心臓　　イ．じん臓　　ウ．かん臓　　エ．胃

問５　オオカマキリはどのような姿で冬をこしますか。ア～エから１つ選び，記号で答えなさい。

ア．たまご　　イ．幼虫　　ウ．さなぎ　　エ．成虫

問６　受粉するために虫の力を借りている花には，どのような特ちょうがありますか。その１つを答えなさい。

問７　植物のはたらきを調べるため，オオカナダモとＢＴＢ溶《よう》液を使って，次の実験を行いました。

実験

1．青色のＢＴＢ溶液にガラス管で息をふきこんで緑色にして，その溶液を試験管①～③に満たした。

2．右の図のように，試験管①と②にはほぼ同じ大きさのオオカナダモを入れ，試験管③には何も入れなかった。３本ともゴムせんをした後，試験管②は光をさえぎるためにアルミニウムはくで包んだ。

3．３本の試験管に同じ強さの光をしばらく当てた後，それぞれの試験管中のＢＴＢ溶液の色を観察すると，①と②は変化し，③は緑色のままであった。

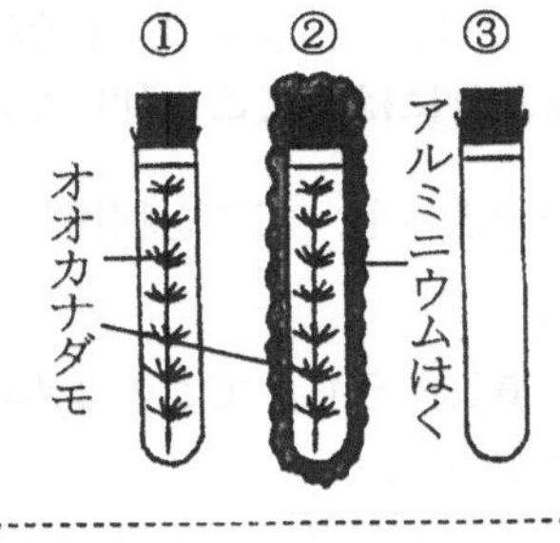

(1) 実験後，試験管①と②のＢＴＢ溶液は何色になりますか。ア～エから１つ選び，記号で答えなさい。

ア．①も②も黄色　　イ．①も②も青色　　ウ．①は黄色，②は青色　　エ．①は青色，②は黄色

(2) 実験後，試験管①のＢＴＢ溶液の色が変化したのは，オオカナダモの何というはたらきによるものですか。

問１	→　→　→	
問２	(1)	
	(2)	
問３		
問４		
問５		
問６		
問７	(1)	
	(2)	

2　星について，次の問いに答えなさい。

問１　星を観察するとき，図１のような道具を使いました。

(1) 図１の道具を何といいますか。

(2) 図１では，どの方位の空を観察しようとしていますか。

(3) 図１の道具の中心付近のＡ点にえがかれている星の名前を答えなさい。

図１

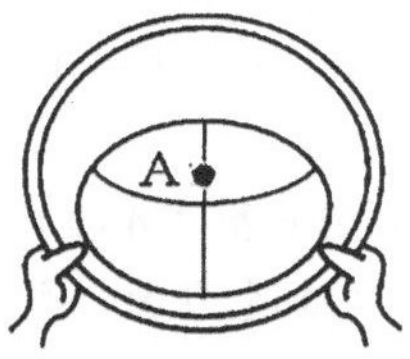

図２

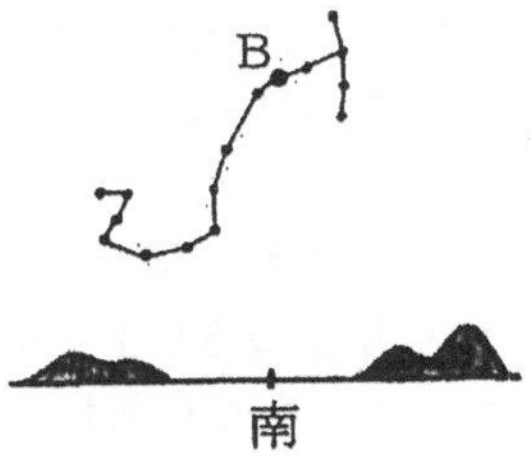

問２　図２はさそり座です。

(1) 観察したのはいつごろですか。ア～エの記号で答えなさい。

ア．1月20日　　イ．4月20日　　ウ．7月20日　　エ．10月20日

(2) 図２のさそり座のＢはひときわ明るく光る星です。Ｂの色と名前を答えなさい。

(3) １時間ほど観察を続けると，Ｂはどのように動きますか。ア～エから１つ選び，記号で答えなさい。

(4) 南半球のオーストラリアで同じ日に観察すると，さそり座はどのように見えますか。ア～エから１つ選び，記号で答えなさい。

ア．東からのぼり，北の空にかがやき，西にしずんでいく。
イ．東からのぼり，南の空にかがやき，西にしずんでいく。
ウ．西からのぼり，北の空にかがやき，東にしずんでいく。
エ．西からのぼり，南の空にかがやき，東にしずんでいく。

問１	(1)	
	(2)	
	(3)	
問２	(1)	
	(2)	色
		名前
	(3)	
	(4)	

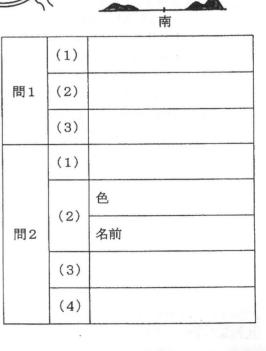

金光学園中学校入学試験(教科型)
令和２年１月４日

理　科　（2）

受験番号	

3　水溶液の性質と物のとけ方について，次の問いに答えなさい。

問１　試験管Ａ～Ｄには塩酸，アンモニア水，炭酸水，食塩水のいずれかの水溶液が入っています。Ａ～Ｄそれぞれの試験管にどの水溶液が入っているかを調べるために，次の実験を行いました。

実験

１．水溶液を蒸発皿に少量とり，熱して蒸発させる。
２．ガラス棒を使って，水溶液をリトマス紙につける。
３．水溶液にスチールウール(鉄)を入れる。

結果

		Ａ		Ｂ		Ｃ		Ｄ
実験１	何も残らない		白い粉が残る		何も残らない		何も残らない	
実験２	青	赤色に変わる	青	変わらない	青	変わらない	青	赤色に変わる
	赤	変わらない	赤	変わらない	赤	青色に変わる	赤	変わらない
実験３	とけない		とけない				あわを出して とける	

（１）試験管Ａ～Ｄに入っている水溶液は何ですか。
（２）実験３の試験管Ｄで出たあわは何という気体ですか。
（３）実験３の試験管Ｃの結果を答えなさい。

問２　水 100ｇにホウ酸は 20℃で５ｇ，60℃で 15ｇまで溶けます。60℃の水にホウ酸をとけるだけとかした 230ｇの水溶液を 20℃まで冷やすとホウ酸は何ｇ出てきますか。

問１	（１）	Ａ	
		Ｂ	
		Ｃ	
		Ｄ	
	（２）		
	（３）		
問２			ｇ

4　てこのはたらきについて，次の問いに答えなさい。

問１　私たちの身のまわりには，てこを利用した道具が数多くあります。

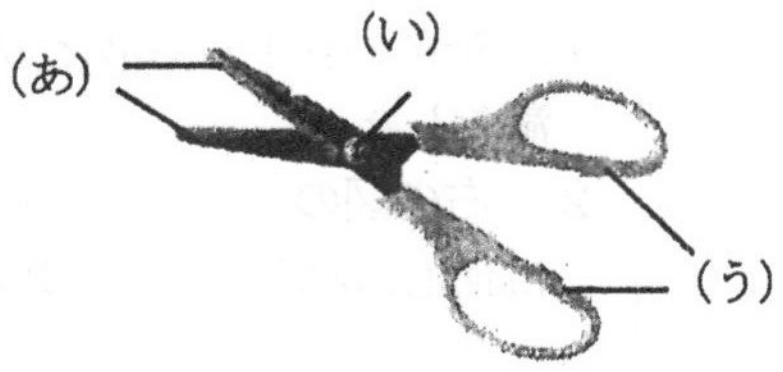

（１）右の図のようなはさみも，てこを利用した道具です。図の（あ）～（う）は支点《してん》，力点《りきてん》，作用点《さようてん》のうちどれですか。
（２）てこを利用した道具のうち，てこの３点の順番が（１）のはさみと同じものをア～エから１つ選び，記号で答えなさい。
　ア．せんぬき　　イ．くぎぬき　　ウ．ピンセット　　エ．糸切りばさみ
（３）次の文中の（　①　）（　②　）に当てはまる言葉を入れなさい。
　　てこは支点から（　①　）までのきょりにくらべ，支点から（　②　）までのきょりが長くなるほど，小さな力で物を動かすことができる。

問２　下の図の実験用てこは，支点から左右のうでに同じ間隔《かんかく》でおもりをつるす穴が６か所ずつあいています。また，10ｇ，20ｇ，30ｇ，40ｇ，50ｇのおもりが１つずつあります。これらを使って，てこをつりあわせる実験を行いました。ただし，１つの穴につるせるおもりは１つだけとします。

（１）左の４番に 50ｇのおもり，右の６番に 40ｇのおもりをつるしました。あと１つおもりをつるして，てこをつりあわせるには，左右どちらの何番に何ｇのおもりをつるせばよいですか。
（２）右の６番に 50ｇのおもりをつるし，左には 20ｇのおもりともう１つのおもりをつるしてつりあわせます。このとき 20ｇのおもりは何番につるせばよいですか。また，もう１つのおもりは何番に何ｇのおもりをつるせばよいですか。

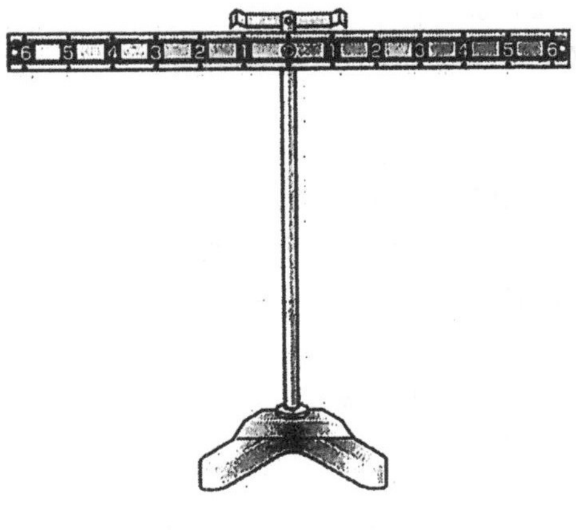

問１	（１）	あ	
		い	
		う	
	（２）		
	（３）	①	
		②	
問２	（１）		の　番に　ｇ
	（２）		左 の　番に　20　ｇ
			左 の　番に　ｇ

金光学園中学校入学試験(教科型)
令和２年１月４日　(30分)

社　会　(1)

※50点満点
(配点非公表)

受験番号	

1　次の文章や図を見て，あとの問いに答えなさい。

日本では，①気温や降水量のちがいを活かした農業が，地域ごとに行われており，②新鮮《しんせん》で安心・安全な農産物を手に入れることができる。しかし，近年では「若者の農業ばなれ」が進み，農業をする人々が少なくなっている。

農業人口の減少によっておきる問題の１つが食料自給率の低下である。昔は国内の農業を守るために，農産物の輸入を制限していたが，国が制限をゆるめたので，より多くの農産物の輸入が行われるようになった。③海外の農産物を買うことには良い点もあるが，心配される点も多い。④食料を輸入にたよらないような工夫をしたり，農業の良さを若い人に知ってもらったりする取り組みが日本各地で行われている。

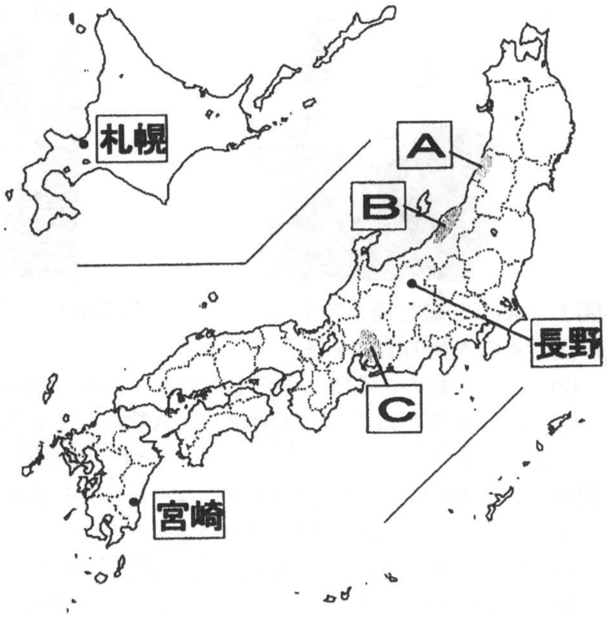

問１　右の地図中の**A〜C**は，米作りがさかんに行われている平野を示しています。**A〜C**は何という平野ですか，それぞれ答えなさい。

問２　下線部①について，次のグラフ（**ア**）〜（**ウ**）は，札幌《さっぽろ》，長野《ながの》，宮崎《みやざき》の月ごとの平均気温と降水量をまとめたものです。各都市をあらわすグラフとして，最も適当なものをそれぞれ選びなさい。

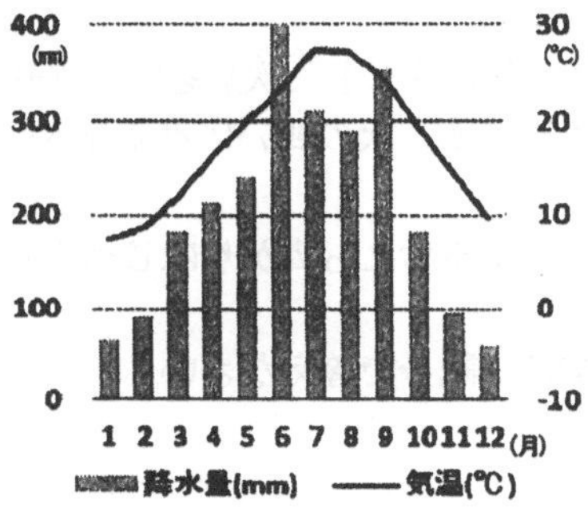

(ア)

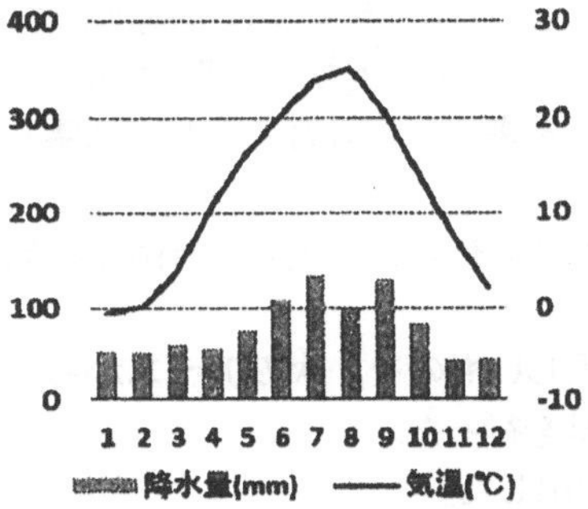

(イ)

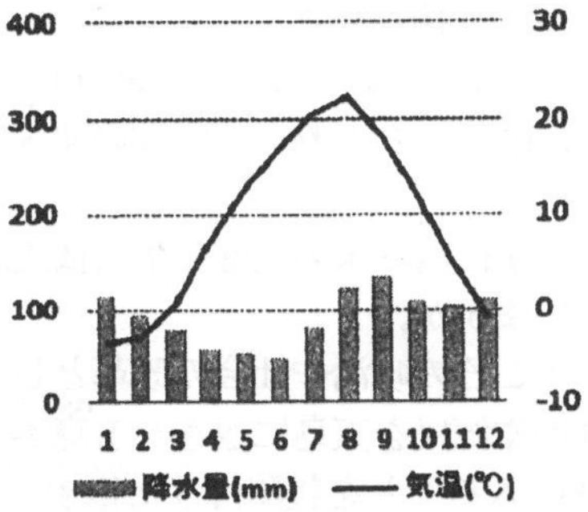

(ウ)

問３　下線部②について，次の表は，だいこん，みかん，レタス，りんごの生産量が多い順に都道府県をならべたものです。りんごとだいこんを表すものを，表中の**ア〜エ**からそれぞれ選びなさい。

	ア	イ	ウ	エ
第１位	長野県　(37.9%)	和歌山県《わかやま》(19.5%)	北海道《ほっかいどう》　(13.0%)	青森県　(56.6%)
第２位	茨城県《いばらき》　(15.0%)	愛媛県《えひめ》　(16.2%)	千葉県《ちば》　(10.6%)	長野県　(20.3%)
第３位	群馬県《ぐんま》　(8.4%)	熊本県《くまもと》　(11.6%)	青森県《あおもり》　(9.7%)	山形県《やまがた》　(6.4%)

(『日本国勢図会2019』より。数字(%)は，全国の生産量にしめる割合を表しています。)

問４　下線部③について，海外の農産物を買うことの良い点と心配される点を述べた文として**まちがっているもの**を次の**ア〜エ**から１つ選びなさい。

ア　国産の農産物よりも安い値段で買うことができる。
イ　海外は農業の規模が大きいので，日本は常に農産物を輸入できる。
ウ　日本で使用できない農薬が使われている可能性がある。
エ　日本に輸出する食料を生産するために自然を破壊《かい》してしまうことがある。

問５　下線部④の例として「地産地消」があります。これについて説明した次の文の空らんにあてはまる言葉を答えなさい。

「地産地消」とは，遠いところから食料を運んでくるよりも，なるべく【　　　　　　　】食料を使おうとする取り組みです。

問６　日本の食料生産に影響《えいきょう》を与《あた》えるといわれている，「環太平洋戦略的経済連携協定《かんたいへいようせんりゃくてきけいざいれんけいきょうてい》」を表す**英語のアルファベット３文字**を答えなさい。

問１	A　　　平野　B　　　平野　C　　　平野				
問２	(札幌)　　(長野)　　(宮崎)	問３	(りんご)　　(だいこん)		
問４		問５		問６	

2　次の①〜⑤の文を読んで，下線部が**正しければ○と答え，まちがっていれば正しく書き直しなさい。**

①　北極点《ほっきょくてん》と南極点《なんきょくてん》から，ともに等しい距離《きょり》にある点をむすんだ線を赤道《せきどう》といい，その長さは１周約 1万 kmである。
②　日本の４７都道府県のうち，海に面していないものは 4 県ある。
③　農家や漁村に宿泊《しゅくはく》して自然や人々などとの交流を楽しむ活動を グリーン・ツーリズム という。
④　「 文 」は， 図書館 をあらわす地図記号である。
⑤　右の図は， イギリス の国旗である。

①		②			
③		④		⑤	

社会 （2）

受験番号	

3 歴史上の人物に関する次の絵や写真**A**～**D**を見て，あとの問いに答えなさい。

A

B

C

D

問１　**A**は50歳《さい》を過ぎてから西洋の天文学や測量術を学び，はじめて正確な日本地図をつくろうとした人物です。次の問いに答えなさい。
(1)　**A**の人物の名前を答えなさい。
(2)　**A**の人物のころに，子どもたちが「読み・書き・そろばん」など，日常の生活や商品の取り引きに必要なことを学んだ塾《じゅく》は何ですか。
(3)　**A**の人物と同じころに活躍《かつやく》した人物として**まちがっているもの**を，次の**ア**～**エ**から１つ選び，記号で答えなさい。
ア　本居宣長《もとおりのりなが》　**イ**　杉田玄白《すぎたげんぱく》　**ウ**　渋沢栄一《しぶさわえいいち》　**エ**　前野良沢《まえのりょうたく》

問２　**B**は1603年に征夷大将軍《せいいたいしょうぐん》となり，江戸《えど》に幕府を開いた人物です。次の問いに答えなさい。
(1)　**B**の人物の名前を答えなさい。
(2)　**B**の人物が1600年に勝利した「天下分け目の戦い」といわれる戦いの名前を答えなさい。
(3)　**B**の人物が活躍した江戸時代にあった出来事として**まちがっているもの**を，次の**ア**～**エ**から１つ選び，記号で答えなさい。
ア　天草四郎《あまくさしろう》を中心に，島原《しまばら》・天草の一揆《いっき》が起こった。
イ　参勤交代《さんきんこうたい》の制度を取り決めた。
ウ　朝鮮《ちょうせん》通信使と呼ばれる使節が，将軍がかわるごとに来日した。
エ　近松門左衛門《ちかまつもんざえもん》が，浮世絵《うきよえ》『東海道五十三次《とうかいどうごじゅうさんつぎ》』を完成させた。

問３　**C**は下級武士の子どもでしたが，欧米《おうべい》にわたり，『学問のすゝ《す》め』を書くなど教育者として活躍した人物です。次の問いに答えなさい。
(1)　**C**の人物の名前を答えなさい。
(2)　**C**の人物のころには，くらしのなかにも欧米の制度や生活様式が取り入れられ，人間の自由や権利を尊重する考えも広がりはじめました。こうした世の中の動きを何といいますか。
(3)　**C**の人物が活躍した明治《めいじ》時代初めごろの政治や社会の改革として正しいものを，次の**ア**～**エ**から１つ選び，記号で答えなさい。
ア　大名がこれまで治めていた領地や領民を天皇に返させる廃藩置県《はいはんちけん》を行った。
イ　25歳以上の男子に３年間軍隊に入ることを義務付けた徴兵令《ちょうへいれい》を出した。
ウ　地租改正《ちそかいせい》により，不作や豊作に関係なく決まった量のお米を税として納めさせた。
エ　身分制が廃止《はいし》され，もとの百姓《ひゃくしょう》や町人などにも名字が許された。

問４　**D**は武士としてはじめて太政《だいじょう》大臣となり，中央の政治を行った人物です。次の問いに答えなさい。
(1)　**D**の人物の名前を答えなさい。
(2)　**D**の人物は1159年，源頼朝《みなもとのよりとも》の父義朝《よしとも》をうち破り，朝廷《ちょうてい》内における力を強めました。この戦いの名前を答えなさい。
(3)　**D**の人物が活躍した平安《へいあん》時代に生まれたものとして**まちがっているもの**を，次の**ア**～**エ**から１つ選び，記号で答えなさい。
ア　寝殿造《しんでんづくり》　**イ**　かな文字　**ウ**　大和絵《やまとえ》　**エ**　人形浄瑠璃《にんぎょうじょうるり》

問５　**A**～**D**の人物が活躍した時代を年代の古い順に並べ，記号で答えなさい。

問１	(1)	(2)	(3)	問２	(1)	(2)

問２	(3)	問３	(1)	(2)	(3)	

問４	(1)	(2)	(3)	問５	→　→　→

4 右の年表を見て，あとの問いに答えなさい。

問１　下線部①の条約では，外国人が日本で罪をおかしても，日本では処罰《しょばつ》できないことが決められました。このことを何といいますか。**漢字４字**で答えなさい。
問２　下線部②をきっかけに，立憲改進党《りっけんかいしんとう》という政党をつくった人物の名前を答えなさい。
問３　下線部③に関する内容として正しいものを，次の**ア**～**エ**から１つ選び，記号で答えなさい。
ア　憲法の草案は，板垣退助《いたがきたいすけ》が中心となってつくった。
イ　国を治める主権は国民がもつことになった。
ウ　国会は衆議院《しゅうぎいん》と参議院《さんぎいん》に分かれていた。
エ　制限はあったが，言論や出版の自由が国民に認められた。
問４　下線部④のときにアメリカと交渉《こうしょう》を行った外務大臣を，次の**ア**～**エ**から１つ選び，記号で答えなさい。
ア　野口英世《のぐちひでよ》　**イ**　陸奥宗光《むつむねみつ》　**ウ**　小村寿太郎《こむらじゅたろう》　**エ**　東郷平八郎《とうごうへいはちろう》
問５　次のできごとは，年表中の**A**～**E**のどの時期のことですか。それぞれ記号で答えなさい。
(1)　沖縄《おきなわ》がアメリカから日本に復帰する。
(2)　湯川秀樹《ゆかわひでき》が日本人として初めてノーベル賞物理学賞を受賞する。

年	できごと
1858年	①日米修好通商条約《にちべいしゅうこうつうしょうじょうやく》を結ぶ。
	A
1881年	政府が，②10年後に国会を開くことを国民に約束する。
	B
1889年	③大日本帝国憲法《だいにっぽんていこくけんぽう》が発布される。
	C
1911年	④アメリカとの間で関税自主権の回復を決める。
	D
1964年	日本で初めてのオリンピックが東京で開催《かいさい》される。
	E

問１					問２		問３		問４		問５	(1)	(2)

※70点満点
（配点非公表）

金光学園中学校入学試験（適性検査型）
令和元年12月8日　　（45分）

適性検査Ⅰ－1

受験番号	

課題1　太郎《たろう》さんと花子さんと先生が，うるう年について会話をしています。あとの（1）～（4）に答えましょう。

太郎：4年に1度の夏季オリンピックが，いよいよ来年の2020年には，東京で開かれるね。
先生：そうだね，楽しみだね。ところで来年の2020年はうるう年といって，366日あるんだよ。うるう年でない年は平年といって，365日なんだ。
花子：夏季オリンピックは4年に1度開かれるから，うるう年には夏季オリンピックが必ず開かれるということなのかな。
先生：うるう年は，ある百科事典によると，右の資料1のように決められているよ。
太郎：シドニーオリンピックが開かれた西暦《せいれき》2000年はうるう年と平年のどちらなんだろう。
花子：資料1の①から考えると，2000は4で割り切れるので，うるう年かな。
太郎：でも，2000は100でも割り切れるので，資料1の②から考えて，平年じゃないかな。
先生：2000は400でも割り切れるので，資料1の③から考えてうるう年になるんだ。
花子：でも，資料1ってなんだかわかりにくいね。
先生：そうだね。よりわかりやすくするために，右の資料2のように言いかえてみたよ。これなら資料1と資料2は同じ意味になるね。
太郎：パリで最初にオリンピックが開かれた西暦1900年はうるう年と平年のどちらなんだろう。

資料1

うるう年は下の規則によって決められています。
①西暦年が4で割り切れる年はうるう年である。
②ただし，西暦年が100で割り切れる年は平年である。
③ただし，西暦年が400で割り切れる年はうるう年である。

資料2

うるう年は下の規則によって決められています。
①西暦年が400で割り切れる年はうるう年である。
②西暦年が400で割り切れなくて，100で割り切れる年は平年である。
③西暦年が100で割り切れなくて，4で割り切れる年はうるう年である。
④西暦年が4で割り切れない年は平年である。

（1）　右上の資料1，資料2から考えて，西暦1900年はうるう年または平年のどちらになるか答えましょう。

（2）　右上の資料1，資料2から考えて，正しいものを下の(ア)～(カ)の中からすべて選び，記号で答えましょう。

(ア) 西暦年が4の倍数の年は，必ずうるう年である。	(イ) 西暦年が100の倍数の年は，必ず平年である。
(ウ) 西暦年が400の倍数の年は，必ずうるう年である。	(エ) うるう年の4年後は，必ずうるう年である。
(オ) 平年の100年後は，必ず平年である。	(カ) うるう年の400年後は，必ずうるう年である。

（3）　右上の資料1，資料2から考えて，西暦1601年から西暦2000年の400年のうち，うるう年は何回あったか答えましょう。また，どのようにして求めたかも説明しましょう。

説明

回

太郎：地球が太陽の周りを1周するのにかかる時間を1年というんだって。
花子：平年は365日だけど，うるう年は366日になるから，地球が太陽の周りを1周するのにかかる時間は365日と何時間何分なのかな。
先生：例えば，西暦1601年から西暦2000年の400年で1年間の日数の平均を計算してみると，365日と何時間何分なのかわかると思うよ。

（4）　西暦1601年から西暦2000年の400年で1年間の日数の平均を計算し，地球が太陽の周りを1周するのにかかる時間は365日と何時間何分になるか，1分の位までの概数《がいすう》で答えましょう。また，どのようにして求めたかも説明しましょう。

説明

時間　　分

金光学園中学校入学試験（適性検査型）
令和元年 12 月 8 日

適性検査Ⅰ－２

受験番号	

課題２　太郎さんは夏休みに先生の家に行きました。そこで，曲がった定規《じょうぎ》を見つけました。あとの（１）～（４）に答えましょう。

先生：図１の定規は「さしがね」と言って，ものの長さを測る大工道具のひとつなんだよ。
太郎：長さを測るのに曲がっていて使いにくいのではないですか。
先生：図２のように，さしがねは直角に曲がっていて，長いほうを「長手《ながて》」，短いほうを「短手《みじかで》」というんだよ。例えば資料１のように，板の辺に垂直な線を引いたり，平行な線を引くときに使うよ。

資料１
《さしがねの使い方》
①　図３のように長手を板にひっかけて，短手で板の横の辺に垂直な線を引く。
②　さらに，さしがねを左にずらして，短手で板の横の辺に垂直な別の線を引けば，２本の平行な線を引くことができる。

先生：図３の長方形の板①をたてに三等分するためにはどうすればいいのか考えてみよう。
太郎：図３の長方形の板①の横の長さを測って，三等分したところに印をつけ，そこでさしがねを板にひっかけて板の横の辺に垂直な線を引けばいいね。でも，図４の長方形の板②を横に三等分するためには，17は3で割り切れないので，どうすればいいのだろう。

（１）　先生は，長方形の板②を横に三等分するために次のようなやり方で線を引きました。［　　］にあてはまる数を書き入れましょう。

図４のようにさしがねをななめにおき，さしがねのかどを板の辺に合わせる。(あ)の長さを［　　］の倍数にあわせ，その長さを三等分する。その三等分したところに印をつけて，板の横の辺に平行な線を引く。

太郎：長方形の板に45°の線を引くためには，どうすればいいのだろう。
先生：直角二等辺三角形を考えるといいよ。図５のように長手と短手の目もりをそろえると長方形の板に45°の線を引くことができるよ。
太郎：それなら，30°や60°の線を引くこともできるのかな。
先生：正三角形を考えると線が引けるよ。

（２）　図６のように，正三角形の底辺の真ん中の点と頂点を結んで２つの三角形㋐と㋑に分けたとき，(い)の角の大きさを答えましょう。また，どのようにして求めたかも説明しましょう。

説明

［　　］°

（３）　30°や60°の線を引くために，図７のように，長方形の板③の上にさしがねをおいたとき，(う)の長さを答えましょう。

［　　］cm

先生：さしがねは長さを測るだけではないよ。角を二等分することもできるよ。
太郎：角度を測らなくても，角を二等分できるのかな。

（４）　図８の角Oを二等分する線を，さしがねだけで引く方法を説明しましょう。

説明

図１

図２
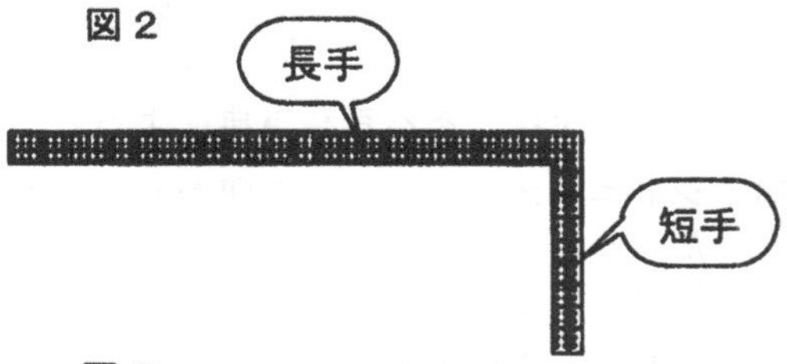

図３
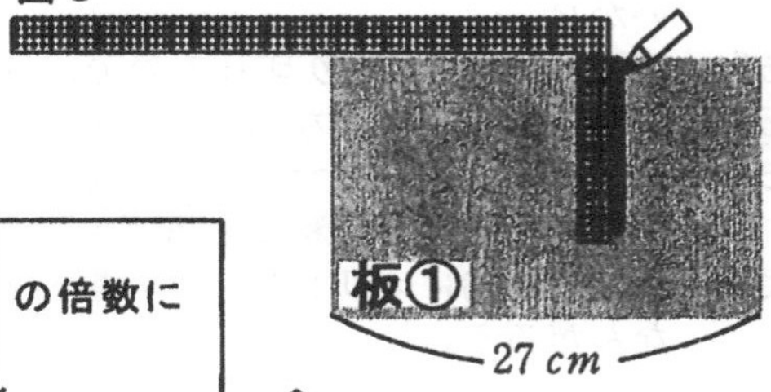

図４
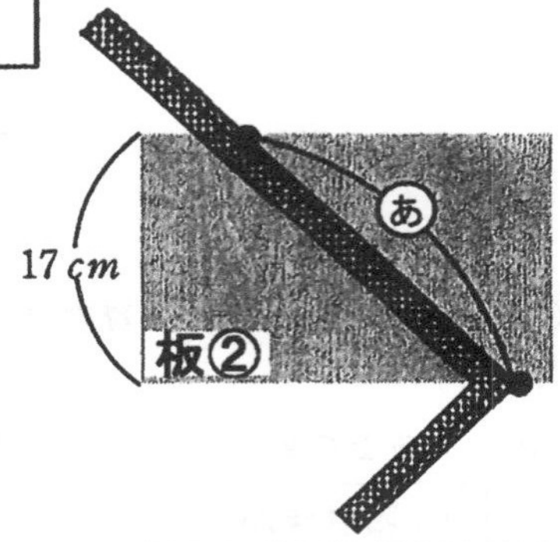

図５
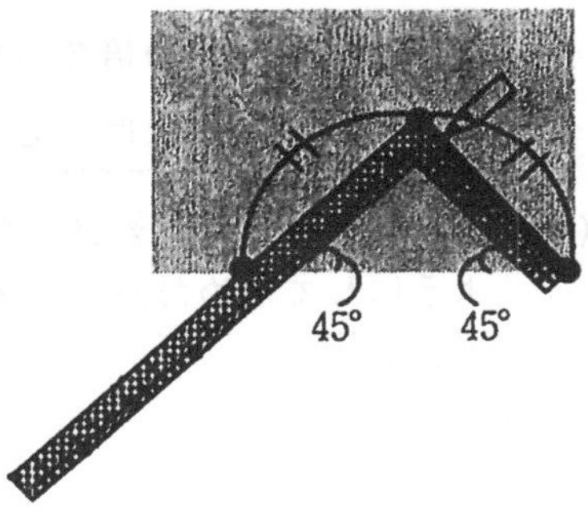

図６
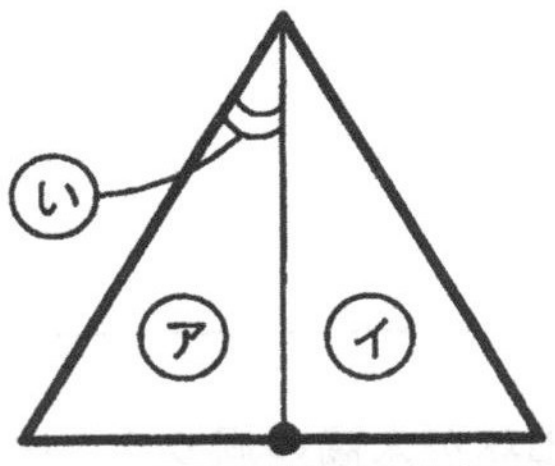

図７
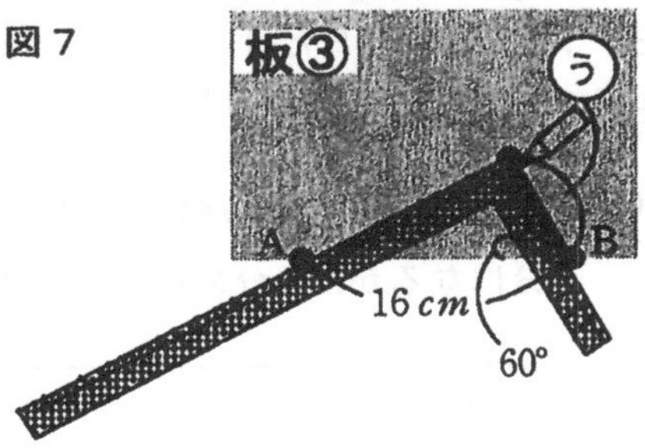

図８
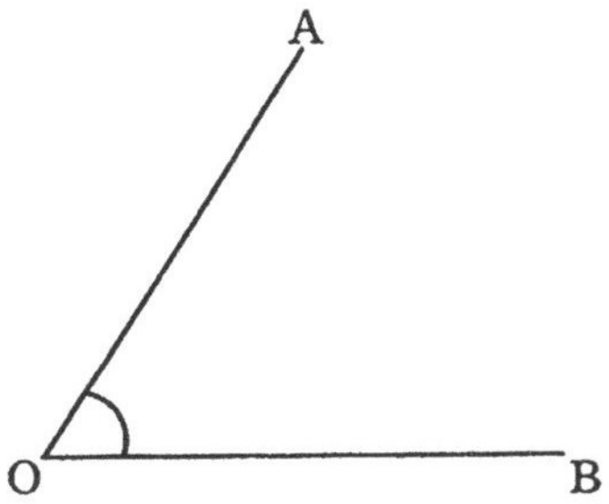

適性検査Ⅰ－3

受験番号	

**課題3　太郎さんと花子さんと先生が，次のような会話をしています。
あとの（1）～（4）に答えましょう。**

太郎：夏にできる雲を観察したよ。夏にできる雲の形は，図1のように盛り上がっていたよ。こんな雲を積らん雲と言うそうだよ。
花子：どうして盛り上がった形になるのかな。
太郎：夏の地面は太陽に照らされて温度が高くなっているね。地面の近くで温められた空気が上へ運ばれるのにあわせて，雲が成長していくからだって聞いたよ。
花子：図1のように，高く成長した積らん雲の頂上はどうして平らに広がっているのかな。

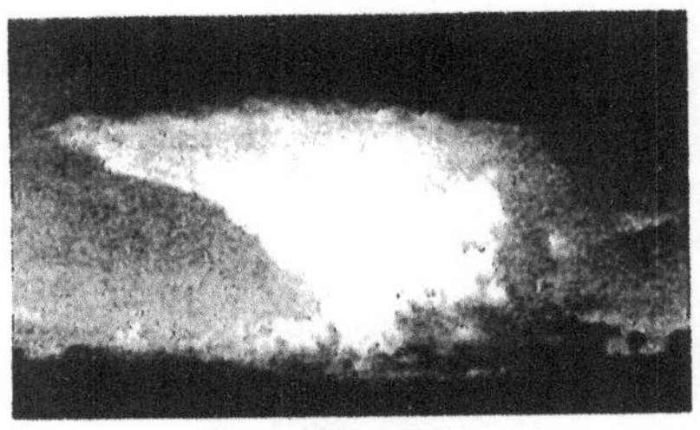
図1

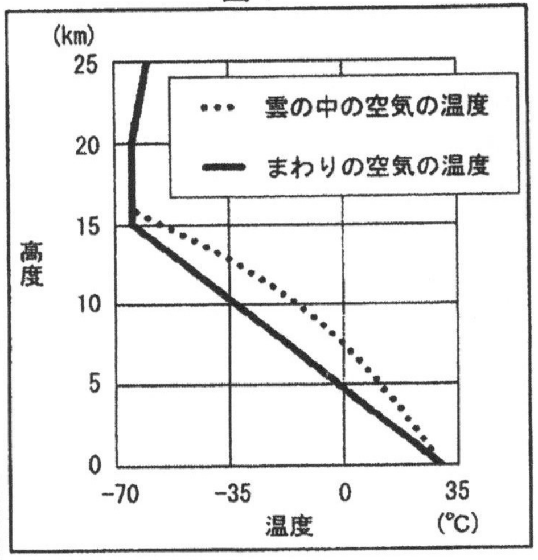

図2

（1）　図1のように，積らん雲は高度（海水面からの高さ）およそ 15km まで高く成長すると頂上が平らに広がります。この理由を説明しましょう。図2のグラフは，ある夏の日の雲の中とまわりの空気の高度による温度変化を表しています。

（2）　温かい空気が上へ移動する性質は，身の回りのどのようなことにみられますか。雲の成長のほかに具体的に書きましょう。

太郎：金光学園には毎年春から初夏にかけてツバメがやって来るよ。ツバメは南の国から来るわたり鳥だと習ったね。
花子：わたり鳥は地図や方位磁針を持っていないのに，飛んでいく方角をどうやって知るのかな。
先生：あるわたり鳥を使って，移動する方角をどうやって判断しているのかを調べた実験があるんだ。資料1を見てみよう。

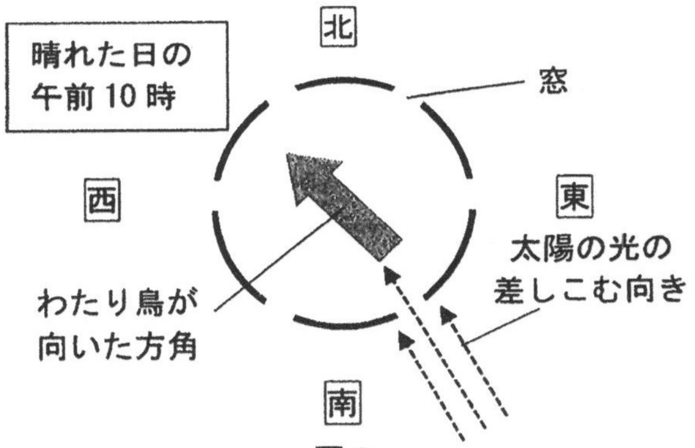

図3

資料1

予想…このわたり鳥は，太陽の光をてがかりに移動する方角を判断している。

実験方法…わたり鳥を丸いつつ形の観察小屋に入れて，どの方角を向くのかを観察した。観察小屋には6か所の窓があり，窓から太陽の光が差しこんだ。図3や図4は，観察小屋を上側から見た図である。
**実験結果…晴れた日の午前 10 時にわたり鳥は北西の方角を向いた。（図3）
晴れた日の午後2時にわたり鳥は北西の方角を向いた。（図4）**

太郎：この実験結果だけでは，太陽の光をてがかりにしているかわからないよ。

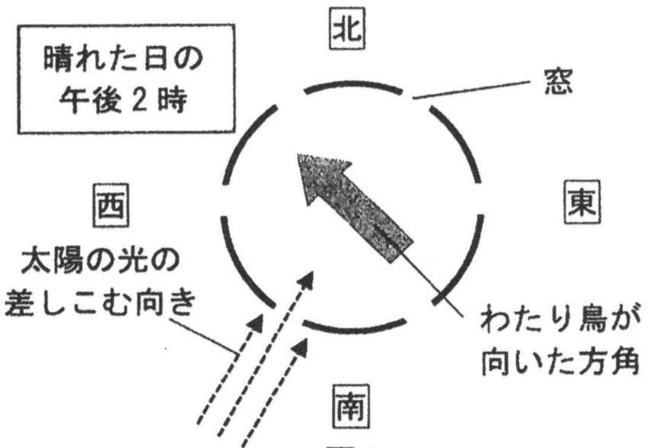

図4

（3）　このわたり鳥が移動する方角を判断するために，太陽の光をてがかりとしていることを確認するには，資料1にある実験のほかにどのような実験をしたらよいでしょうか。実験方法を考えて書きましょう。

花子：時間とともに太陽の光の差しこむ向きが変わっても，このわたり鳥が同じ方角を向くのはどうしてかな。

（4）　このわたり鳥は，太陽の光をてがかりに移動する方角を判断していて，1日の中で太陽の光の差しこむ向きが変化しても，体内に備わっている時間を計るしくみを使って同じ方角を向き続けることが知られています。このことを確認するため，図5のように小屋の6か所の窓に鏡を取り付け，太陽の光の差しこむ向きを変えました。晴れた日の正午に図5の小屋の中で，このわたり鳥はどの方角を向くと考えますか。方角とそのように考えた理由を書きましょう。

方角	理由

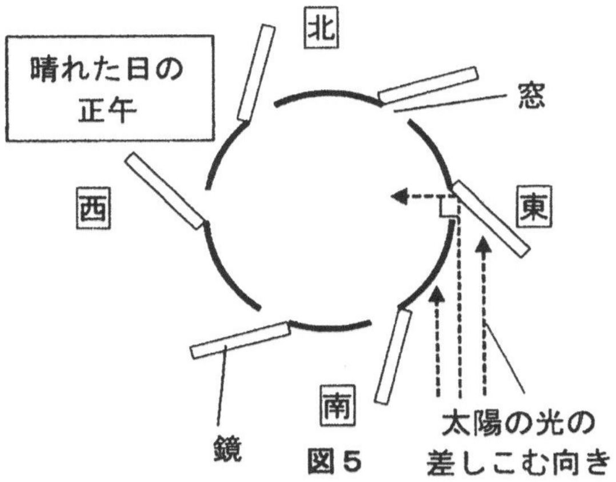

図5

金光学園中学校入学試験（適性検査型）
令和元年12月8日

適性検査Ⅱ—1

（45分）

受験番号

※70点満点
（配点非公表）

課題１　次の文章を読んで、あとの(1)から(5)に答えましょう。

言葉というのは一言でいえば具体的なイメージを*1抽《ちゅう》象化したものです。ようやく言葉が話せるようになった２歳《さい》児などに「海ってなあに？」と聞かれたとします。「水がいっぱいあるところだよ」と説明したとします。私たちの感覚ではこれで間違《ちが》いありません。けれど①幼児の感覚はまるで違うのです。「水がいっぱいあるところ」となると「水たまり」だってそうです。「池」も「湖」も、いや「川」だって「お風呂《ふろ》」だって水がいっぱいあるところに変わりありません。この間違いを訂《てい》正するためには本物の海に連れていくなり、動画や写真などを見せて「こういうのが海だよ」と教えていくしかありません。そのうちに幼児は「水たまり」と「池」と「湖」と「海」の違いを認識していきます。自分の中でカテゴライズつまりジャンル分け、種類分けができるようになっていくのです。

今の例からもわかるように、ある言葉がイメージするものの範《はん》囲はその人の経験や知識の量などによってかなり左右されます。「マラソン」と言われたとき、小学校低学年の児童などは「とにかく長い距離《きょり》を走ること」と考えるでしょう。これがもう少し知識が増えると「42・195キロを走って順位やタイムを競う陸上競技」となるかもしれません。高校生になって世界史などを選択《たく》すると「*2マラトンの戦い」なども連想するようになるかもしれませんし、おじいさんおばあさん世代だと東京オリンピックの*3アベベ選手や円谷《つぶらや》選手の力走が心に浮《う》かぶかもしれません。

「マラソン」はマラソンに過ぎず、一時的に意味するところはある程度多くの人で共通し、だからこそ会話が成り立つのですが、②「マラソン」という言葉から広がるイメージの範囲は人それぞれによって大きく異なってくるのです。ある言葉を発するときに相手が必ずしも自分と同じだけのイメージを抱《いだ》くとは限らないということは知っておいても損《そん》はないでしょう。

またイメージの広さだけでなく③「その言葉が持つイメージがプラスかマイナスか」も実は人によってまちまちです。たとえば「運動会」と聞いたら多くの人は元気なイメージやにぎやかな様子を思い浮かべるでしょうが、走るのが苦手な子供や子供の頃《ころ》走るのが苦手だった大人は暗いイメージを抱いてしまっても不思議はありません。家庭の事情などでお父さんお母さんなどが来られない人はさびしいというイメージを感じてしまうかもしれません。たとえその人が走ることが得意であったとしてもです。普《ふ》通は「リレー」と「運動会」などはペアで使ってもよい言葉なのですが、今紹《しょう》介したような人にとってみたら、まるで違うイメージをもたらす言葉となってしまいます。

このようにある言葉がプラスのイメージになるか、マイナスのイメージを伴《ともな》うかはその人次第《しだい》なのです。いや同じ人でもときによって変わることもあるでしょう。ですから言葉を用いるときはできるだけ決め付けないで用いると余計なトラブルを避《さ》けることができます。人は誰《だれ》でも自分を基準に物事を考えてしまいます。自分自身が比較《かく》的少数派に属するような特殊《しゅ》な環境や性向《せいこう》（日常の性質と行い）の持ち主でさえ、それを自覚している人は決して多くはありませんし、まして常日頃から意識している人となるとかなり少なくなります。自分は自分の*4主観と感覚で、相手は相手の主観と感覚で文章に向かい合えば、本来伝えたかったものが違う形で伝わってしまうことは当然あるわけです。

読者層が決まっていれば、その人たちの年齢《れい》層や性格などを考慮《りょ》しながら書くことができます。しかし誰が読むかわからない場合にはそうはいきません。誰が読者になるかわからないときは、④言葉は慎《しん》重に用い、「誰でもそうだ」とか「わかりきっている」とか「当然だ」などの言い切りはむやみに使わないよう心がけた方がよいでしょう。

（後藤武士著『小中学生のための世界一わかりやすいメディアリテラシー』から）

＊1　抽象化…具体的なものの中から、共通している性質だけをぬき出して、一ぱん的な一つの考え方を作り上げること。
＊2　マラトンの戦い…古代ギリシアであった戦い。マラトンの戦いでのできごとをもとに、マラソンという種目がつくられた。
＊3　アベベ選手や円谷選手…ともにオリンピックに出場したマラソン選手。
＊4　主観…その人独自の見方・考え方・判断。

(1)　═══「まちまち」とは、どのような様子を表しますか。十字以内で書きましょう。（、や。や「　」も一字に数えます。）

□□□□□□□□□□ 様子。

(2)　——線①「幼児の感覚」とありますが、それはどのような感覚ですか。解答らんに合うように、文中の語句を用いて二十五字以内で書きましょう。（、や。や「　」も一字に数えます。）

幼児は、水がいっぱいあるところと言われても

□□□□□□□□□□□□□□□□□□□□□□□□□ できないこと。

適性検査Ⅱ―2

受験番号

(3) ――線②「『マラソン』という言葉から広がるイメージの範囲は人それぞれによって大きく異なってくるのです」とありますが、それはなぜですか。「〜から。」で終わるように、文中の語句を用いて四十五字以内で書きましょう。（、や。や「　」も一字に数えます。）

(4) ――線③「その言葉が持つイメージがプラスかマイナスか」とありますが、人によってイメージが違うと考えられる言葉は、本文の例のほかにどのようなものがありますか。一つ書きましょう。また、どのようにイメージが違うのかを三十字以上五十字以内で書きましょう。（、や。や「　」も一字に数えます。）

言葉

(5) ――線④「言葉は慎重に用い、『誰でもそうだ』とか『わかりきっている』とか『当然だ』などの言い切りはむやみに使わないよう心がけた方がよいでしょう」とありますが、筆者がこのように主張するのはなぜですか。「〜から。」で終わるように、文中の語句を用いて八十字以内で書きましょう。（、や。や「　」も一字に数えます。）

課題２　小学校を卒業するにあたって、太郎《たろう》さんと花子《はなこ》さんは周りの人に伝えたい言葉を考えています。二人は話し合って、感謝の気持ちや応援《えん》のメッセージが伝わるような言葉にしようと決めました。あなたならだれにどのような言葉を伝えたいですか。その言葉を選んだ理由もふくめて二百字以内で書きましょう。（、や。や「　」も一字に数えます。段落分けはしなくてよろしい。一マス目から書き始めましょう。）

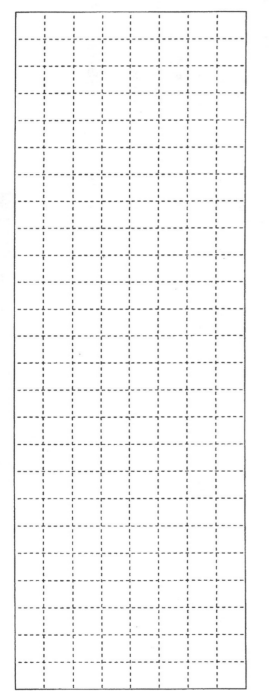

金光学園中学校入学試験（適性検査型）
令和元年 12月 8日

適性検査Ⅱ－3

受験番号	

課題3　太郎さんと花子さんが，地震《じしん》と防災について会話をしています。その文を読んで，あとの（1）～（3）に答えましょう。

太郎：日本は地震の多い国だと言われるけれど，この百年で大きな被害《ひがい》が出た関東大震災《かんとうだいしんさい》と阪神《はんしん》・淡路《あわじ》大震災と東日本《ひがしにほん》大震災について調べてみたよ。

花子：どの地震も大変な被害が出ているけれど，それぞれに特徴《とくちょう》があるようだね。特に資料１のグラフには大きな違《ちが》いがあるよ。なぜ，このような違いが出たのだろう？

資料１　大震災で亡くなった方の原因別の割合

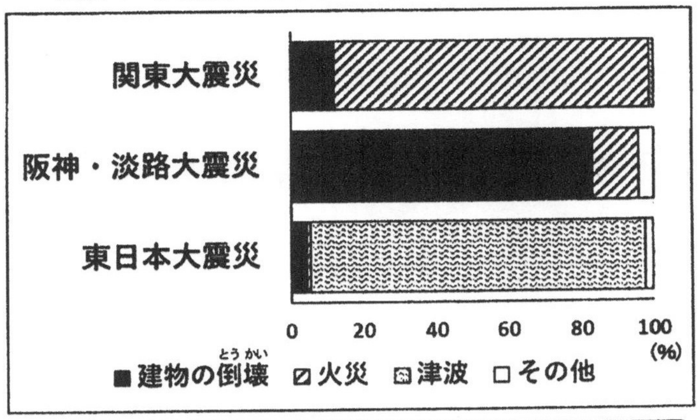

太郎：それは，資料２の表を見るとわかると思うよ。
関東大震災で［　A　］のは，［　B　］といわれているし，阪神・淡路大震災で［　C　］のは，［　D　］と考えられるね。

花子：東日本大震災では，地震の後に発生した津波《つなみ》で大きな被害が出たというのは，ニュースで聞いたことがあるよ。
①特に岩手《いわて》県や宮城《みやぎ》県の三陸《さんりく》海岸の沿岸《えんがん》部では，津波の高さが高くなったようだね。

太郎：この地域で津波の高さが高くなったのは，資料３からわかるように，海岸の地形が関係しているそうだよ。

資料２　日本で起こった大地震の比較《ひかく》

	関東大震災	阪神・淡路大震災	東日本大震災
地震が発生した年月日と時間	1923年9月1日 午前11時58分	1995年1月17日 午前5時46分	2011年3月11日 午後2時46分
おもな被災地	東京《とうきょう》都・神奈川《かながわ》県	兵庫《ひょうご》県	岩手県・宮城県・福島《ふくしま》県
地震の大きさ	マグニチュード7.9	マグニチュード7.3	マグニチュード9.0
被災した建物の数	372,659棟《とう》	256,312棟	161,665戸《こ》

資料１・２は，国土技術研究センターの資料より作成

花子：ところで，この②東日本大震災をきっかけに，人々の防災意識が変化したようだね。

太郎：私たちが住んでいる地域でも，いつ地震や津波が起こるかわからないから，防災意識を高めて，③自分たちができることを考えておく必要があるね。

資料３　三陸海岸の地形

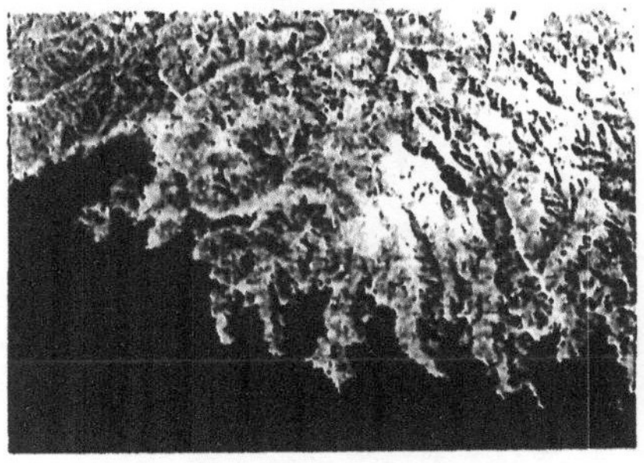

宇宙航空研究開発機構の資料より作成

（1）文中の［A］・［C］にあてはまる，資料１の関東大震災と阪神・淡路大震災のグラフの特徴をそれぞれ答えましょう。また，資料２を参考にして［B］・［D］にあてはまる，そのような特徴を示す理由を答えましょう。

	グラフの特徴	理由
関東大震災	A	B
阪神・淡路大震災	C	D

（2）下線部①のように，三陸海岸の沿岸部で津波の高さが高くなった理由を，資料３の写真を参考にして答えましょう。

（3）下線部②・③について，資料４の表からわかる「防災対策についての意識の変化」を解答らんの書き出しに続けて，簡単に答えましょう。また，あなたの考える「自助」による防災対策（自分でできる防災対策）を３つ答えましょう。

資料４　防災対策についての意識の変化

調査年	*1公助に重点	*2共助に重点	自助に重点	バランスよく	その他
2002	24.9%	14.0%	18.6%	37.4%	5.1%
2017	6.2%	24.5%	39.8%	28.8%	0.7%

平成30年度版防災白書より作成

＊1　公助《こうじょ》…防災のために，国や県・市町村などが取り組むこと
＊2　共助《きょうじょ》…防災のために，地域や近所の人たちが助け合って取り組むこと

防災対策についての意識の変化
東日本大震災の前と後では，

あなたの考える「自助」による防災対策
1
2
3

金光学園中学校入学試験（教科型）
令和3年1月4日

国語（1）

（60分）

※100点満点
（配点非公表）

受験番号

一 次の文章を読んで、あとの問いに答えなさい。

栃木県那須塩原市《とちぎけんなすしおばらし》にある「パン・アキモト」の社長であり、パン職人の秋元義彦《あきもとよしひこ》さんは、阪神《はんしん》・淡路大震災《あわじだいしんさい》をきっかけに、おいしくて、やわらかくて、長期保存ができるパンの缶詰《かんづめ》の開発に取り組み始めました。

著作権に関係する弊社の都合により
本文は省略いたします。
教英出版編集部

著作権に関係する弊社の都合により
本文は省略いたします。
教英出版編集部

（菅聖子著『世界を救うパンの缶詰』）

（注）
※1 防腐剤…くさる原因となる微《び》生物の発育を妨《さまた》げたり殺したりする薬剤。
※2 ミッション…自分に任せられた任務。
※3 賞味期限…その食品がおいしく食べられる期限。
※4 劣化…品質が低下すること。
※5 宣伝ポップ…商品などにつける広告や説明書きのこと。
※6 備蓄食…もしものときに備えてたくわえておく食べ物。
※7 メディアデビュー…新聞やテレビなどのマスコミに初めて登場すること。
※8 反響…ある事件や発表された事に対して起こる、さまざまな反応。

国語（2）

受験番号

問1 文中の（Ａ）～（Ｃ）に入る言葉として適当なものを次の中からそれぞれ選んで、記号で答えなさい。

ア ところが　イ すると　ウ ついに　エ たとえば　オ さて

Ａ　Ｂ　Ｃ

問2 ――線①「これは、すごいことではないでしょうか」とあるが、「すごいこと」の内容を、文中の言葉を用いて五十字以内で書きなさい。

問3 文中の ② にあてはまる言葉である「失敗」の反対語を、漢字二字で書きなさい。

問4 ――線③「最初から百点満点を目指すのは無理なので、八十点くらいから始めよう」と考えた秋元さんは、パンの缶詰をどのような方法で完成させていったか。「～いく方法」に続くように、文中から三十字以内でぬき出しなさい。

いく方法。

問5 ――線④「どこに出してもはずかしくない自慢の商品」とあるが、できあがった商品のどのようなところが「自慢」なのか。「～ところ」に続くように、文中から四十字以内でぬき出し、最初と最後の五字を書きなさい。

～　ところ。

問6 ――線⑤「作戦の立て直しでした」とあるが、秋元さんが新たに立てた作戦としてあてはまらないものを次の中から選んで、記号で答えなさい。

ア パンの缶詰を多くの人に知ってもらう日を、世の中の人の関心が集まる九月一日の防災の日にしたこと。
イ パンの缶詰は阪神・淡路大震災の被災者の声から生まれたものだと新聞社やテレビ局の取材で答えたこと。
ウ パンの缶詰五百缶を、開発の時一番手助けをしてくれた地元の市役所の方たちにプレゼントしたこと。
エ パンの缶詰はお年寄りや小さな子どもや歯の悪い人などのための新しい備蓄食であると話したこと。

問7 ――線⑥「あっというまにテレビ局や新聞社が取材に来てくれた」とあるが、秋元さんはメディアが取材に来た理由をどのように考えていたか。解答らんに合うように、文中の言葉を用いて三十五字以内で書きなさい。

メディアが、パンの缶詰のニュースを、　と判断したから。

問8 本文の内容として正しいものを次の中から選んで、記号で答えなさい。

ア 発明王のエジソンにあこがれていた秋元さんは、何度失敗をくりかえしてもパンの缶詰の開発をあきらめなかった。
イ パンの缶詰が誕生したあとも何度も改良を重ねることで、賞味期限をさらにのばし、おいしい配合にたどりついた。
ウ パンの缶詰を那須高原や高速道路のサービスエリアといった人が多く集まる場所に置くことで売り上げを伸《の》ばした。
エ 秋元さんは若いころから新聞社の仕事の手伝いをしており、知り合いがいたため簡単にパンの缶詰の宣伝ができた。

二

次の新聞記事を読んで、各問いに答えなさい。

岡山県浅口市《おかやまけんあさくちし》にある金光学園中学校で体育会が行われ、生徒は①秋晴れの空の下、全力で競技に②臨んだ。その中でも特に注目されたのが、一年生から三年生の同じクラスで一つの団となり、それぞれで設けたテーマにあわせた③創作ダンスをおどる応援《えん》合戦。短い④練習期間だった⑤けど、どの団も⑥すごく工夫されたダンスと色あざやかな衣⑦装で、観客からは大きな拍手《はくしゅ》が送られた。

問1 ――線①「秋晴れ」、――線③「創作ダンス」、――線④「練習期間」は複合語だが、それぞれの言葉の組み合わせとして適当なものを次の中から選んで、記号で答えなさい。

ア 和語＋和語　イ 和語＋漢語　ウ 漢語＋漢語
エ 漢語＋外来語　オ 和語＋外来語　カ 外来語＋外来語

①　③　④

問2 ――線②「臨」、――線⑦「装」の漢字の太線部の画数を、数字で答えなさい。

② 臨　⑦ 装

②　⑦

問3 ――線⑤「けど」、――線⑥「すごく」は話し言葉である。書き言葉に直しなさい。

⑤　⑥

三　次の文章を読んで、あとの問いに答えなさい。

女子高校生で学級委員の「私」（中原《なかはら》）は、老人ホームの交流会で歌うクラスの歌の練習がうまくいかなくて悩《なや》んでいる。困った「私」はクラスメイトの吉沢《よしざわ》君に相談することにした。

次の日、いつもより朝早く登校すると、サッカー部の朝の練習を終えた吉沢君が一人で教室に戻《もど》ってくるのを見つけた。

「吉沢君」

「何？」

「ちょっと、いい？　三分だけ。ちょっと来て」

①私は吉沢君を四階に上がる階段まで連れて行った。ここならめったに誰《だれ》も通らない。

「どうしたの？」

日頃《ひごろ》、話すことがほとんどない私に引っ張られて、吉沢君は困っていた。

「あのさ……。えっとね」

私は頭の中で、昨日、※1大浦《おおうら》君と練習した台詞《せりふ》を思い出してみた。えっと、私困っていて、助けてほしいの。吉沢君が頼《たよ》りなの。一人じゃ無理だから。そうやってごちゃごちゃ考えてたら、②なんだか涙《なみだ》が出てきた。

情けないなあ。みんながちゃんと歌ってくれないからってなんなんだろう。そんなことでどうしてこんなに悩まないといけないのだろう。大浦君まで巻き込《こ》んで、こんなのちっともだめだ。

「そうだよな……。中原傷ついてるよな」

（　Ａ　）言葉を発しない私に、吉沢君が言った。

「へ？」

「毎朝、俺《おれ》、みんなと一緒《いっしょ》にふざけてるけど、中原のこと本当、かわいそうだなって思ってたんだ」

「③……そうなんだ」

「ごめん」

「ううん。いいんだけど、えっと、あのね」

「わかってる。俺、協力するよ」

吉沢君はそう言って、私の肩《かた》を軽く叩《たた》いた。

「あ、うん」

「俺に相談してくれてありがとう」

「他にも、男子いるだろう。なのに、中原が俺を選んでくれたって、なんかちょっと嬉《うれ》しい」

「ああ、そう？　うん、そうなんだ」

「行こうぜ、教室」

吉沢君は階段を下りはじめた。

「えっと、あの、吉沢君だったら、格好《かっこう》いいし、みんなの人気者だし、だから、きっと助けてくれるって……」

大浦君と練習したことを少しはいかさないといけない。私が慌《あわ》てて言葉を付け加えると、

「④わかったから大丈夫《だいじょうぶ》だよ」

と、吉沢君は笑った。

※2増田《ますだ》君と違《ちが》って、⑤吉沢君は上手だった。みんなに「ちゃんとやろう」なんてかったるいことは言わず、「毎日曲を流されちゃうから、俺、この歌覚えちまったよ。ちょっと、いっぺん歌ってみようかな」と（　Ｂ　）ちゃかしながら、歌いはじめた。

「どうどう、俺の歌？」

「結構《けっこう》、うまいじゃん」

「だろ？」

格好いい男子は歌もうまい。⑥吉沢君は確かに上手だった。西田《にしだ》さんみたいな気の強い女子は格好いい男子には弱い。吉沢君達《たち》のグループの歌にご機嫌《きげん》に手拍子《てびょうし》している。

「っていうか、考えてみたら明日交流会じゃん。ちょっとやばくない？　みんなちょい、まじで歌おうぜ。中原、もう一回曲を初めから流して」

「あ、うん」

私は伴奏《ばんそう》をもう一度流した。

誰か声を出す人間がいれば、合唱は成功する。どこかでやらなきゃと思っていた子達は、吉沢君の働きかけでようやく声を出すことができた。みんな毎日伴奏を聞いていたのだ。すんなりと「ふるさと」は歌い上がった。

交流会当日。私たちの「ふるさと」は今朝の直前練習を入れてたった二日間の即席《そくせき》練習だったにもかかわらず、うまくいった。高校生だって、おじいさんおばあさんを前にするとちゃんとする。※3ＴＰＯをわきまえているのだ。

お年寄りの人びとは、つたない私達の歌をいつまでも拍手《はくしゅ》をして喜んでくれた。涙ぐんでいるおばあさんまでいて、私達は少し※4面食らった。⑦こんな歌をそんなにも喜べることは、幸せなことなのか寂《さび》しいことなのかよくわからない。

私は何より、無事に終わったことにほっとした。もう明日からみんなの前に立たなくてすむと思うと、嬉しかった。高校生の十五分は大人にとっては一瞬《いっしゅん》かもしれない。だけど、その一分はあまりにも※5リアルで※6ハードだ。

交流会を終え、老人ホームを出ようとした時、「どうもありがとう」と一人のおばあさんが私の手を取った。しわしわの乾燥《かんそう》した手。車いすに座ったおばあさんは、しわだらけの顔でまぶしそうな目を私にむけていた。

「いえ、そんな」

「どても……いい歌……でした」

おばあさんは言葉が明確じゃなく、それだけを話すのにとても時間がかかった。だけど、途切《とぎ》れ途切れになりながら伝わった言葉に、私は胸が熱くなった。この何日かが、この言葉で報《むく》われたと思った。

おばあさんは、ただ目の前にいたから私の手を取っただけだ。他にも丁寧《ていねい》にお礼を言われている生徒が何人もいる。だけど、⑧私は本当におばあさんの言葉をありがたいと思った。

学級委員じゃなかったら、きっと私だってまともに練習しなかった。周りに合わせて適当にやっていたに違いない。（　Ｃ　）学級委員だったから、こんなささいなことを深刻にやってのけただけだ。

もう二度と学級委員にはなりたくない。そう思う。絶対にこんな日々を繰《く》り返したくない。強く思う。それなのに、おばあさんが深々《ふかぶか》と頭を下げるのが、こんなにも心に入ってくるのは、あの日々が私にあったからだ。

「聞いてくださって、ありがとうございました」

私はおばあさんの手を握《にぎ》り返した。

（瀬尾まいこ著『幸福な食卓』）

（注）※1　大浦君…他クラスの学級委員で私の相談相手。
※2　増田君…私と同じクラスの男子学級委員。
※3　ＴＰＯ…時、所、場合。
※4　面食らった…予想外のことであわてる。
※5　リアル…現実的。
※6　ハード…きついこと。

金光学園中学校入学試験（教科型）
令和3年1月4日

国語（4）

受験番号

問1　文中の（　Ａ　）～（　Ｃ　）に入る言葉として適当なものを次の中からそれぞれ選んで、記号で答えなさい。

ア　たまたま　　イ　よくよく　　ウ　なかなか　　エ　ふらふら　　オ　へらへら

Ａ
Ｂ
Ｃ

問2　この文章は、三つの場面に分けることができる。二つ目と三つ目の場面の最初の五字をそれぞれぬき出しなさい。

二つ目
三つ目

問3　――線①「私は吉沢君を四階に上がる階段まで連れて行った」とあるが、私は何のお願いをするために吉沢君を連れて行ったのか。「～とお願いするため」に続くように、文中の言葉を用いて二十五字以内で書きなさい。

とお願いするため。

問4　――線②「なんだか涙が出てきた」とあるが、この時の私の説明として、最も適当なものを次の中から選んで、記号で答えなさい。

ア　練習がうまくいかないことくらいで悩んでしまう自分をいやだと思っている。
イ　合唱の練習がうまくいかなかったことを思い出してつらくなっている。
ウ　親しくもない吉沢君に本当に協力してもらえるのかどうか不安になっている。
エ　大浦君と練習までしたのにうまく言葉が出てこない自分に腹を立てている。

問5　――線③「……そうなんだ」とあるが、この時の私の気持ちを説明したものとして、最も適当なものを次の中から選んで、記号で答えなさい。

ア　毎朝ふざけてばかりいた吉沢君が調子のいいことを言うのであきれている。
イ　私をかわいそうだと思っているなら練習に参加して欲しかったと残念に思っている。
ウ　吉沢君が私に悪いと感じているとは思ってもいなかったので少しとまどっている。
エ　人気者の吉沢君に同情されていたことがわかってはずかしさを感じている。

問6　――線④「わかったから大丈夫だよ」とは、どういうことか。最も適当なものを次の中から選んで、記号で答えなさい。

ア　ほめてくれなくても、約束した通りに学級委員の私に協力するつもりなので、安心していいということ。
イ　ほめてくれなくても、私が自分をゆるしてくれたことはわかっているので、慌てなくていいということ。
ウ　ほめてくれなくても、自分一人だけでも歌の練習に参加するので、心配しなくてもいいということ。
エ　ほめてくれなくても、増田君に代わって男子の学級委員を引き受けるので、悩まなくていいということ。

問7　――線⑤「吉沢君は上手だった」、――線⑥「吉沢君は確かに上手だった」とあるが、それぞれ何が上手だったのか。解答らんに合うように文中からそれぞれぬき出しなさい。

⑤みんなへの

⑥交流会で歌う　　の歌

問8　――線⑦「こんな歌」とあるが、私はどのような歌だと思っているか。「～で仕上げた歌」に続くように、文中から二十二字でぬき出しなさい。

で仕上げた歌。

問9　――線⑧「私は本当におばあさんの言葉をありがたいと思った」とあるが、その理由を解答らんに合うように、文中の言葉を用いて三十字以内で書きなさい。

おばあさんの言葉を聞いて

国語（5）

受験番号

四　次の文章を読んで、あとの問いに答えなさい。

　ひとつの現象から「なぜだろう」と考えるところに、学びの原点があります。「理科の具体的な勉強法を教えてほしい」といわれることがありますが、理科の基本は、身の回りにある、不思議だなと思ったこと、疑問に感じた出来事のなぞときだと思っています。学校で使っている教科書や図鑑《ずかん》も立派な材料になります。自然の現象について「なぜなんだろう」「どうしてなんだろう」と考えてみる。みなさんがクイズ番組が好きなように、理科も無理なく関心が持てるのではないでしょうか。

　こんないい方をするのは良くないかもしれませんが、学校の成績が少々悪かったとしても、自分の好きなこと、関心のある分野にとことんチャレンジしてもらいたい。これは理科に限った話ではありません。たとえば漢字の学習でも、成り立ちを調べてみると、興味も広がってくる。ぼくは辞典とか辞書というたぐいの物にも興味を持っていて、家にある物を積み上げると四メートルぐらいの高さになります。

　「益川《ますかわ》」の「益」は、皿の上に水が［①］とあふれ出るぐらいのっているイメージです。日ごろよく見る字でも、その由来※1を知ると、おもしろくなってきませんか。丸暗記をしたらそれで終わりだけど、「なぜ」って考えたら、関心も深まってきます。

　中には、どれだけ考えてもわからない問題もあるでしょう。それはちょっと②横においておけばいい。いつか何かの拍子※2《ひょうし》に「ああ！　こういうことなのか！」とひらめく場合もあります。

　世の中はまだまだなぞだらけ。みなさんが参加できるおもしろい「問い」がたくさんあります。若い人たちが思わぬ成果を出してくれたり、とんでもない結果を見せてくれたりするのが楽しみです。

　しかし、おもしろいと気づくためにも、基礎《きそ》的な知識を身につけることは、とても大事なのです。みなさんが大人になった二十年後や三十年後、研究者が何をテーマにしているのかは、いまはわかりません。ですから、社会の変化に対応していける心構えが必要になってきます。

　ぼくは「えらい人になろう」とか「社会に貢献※3《こうけん》しよう」なんて思って研究を続けてきたのではありません。研究者それぞれ目的や目標がありますが、ぼくにとってノーベル賞※4はあくまでもひとつの結果に過ぎません。ひたすら「［③］」をしてきただけなんです。

　さあ、次はみなさんの番です。④自分が夢中になれるものを探す旅に出かけてみましょう。

（益川敏英著『益川博士のロマンあふれる特別授業
～子どもたちに、伝えておきたいこと～』）

（注）※1　由来…ある物事がそこから起こっていること。歴史。
※2　拍子に…ある動作をした瞬間《しゅんかん》に。
※3　貢献…ある物事や社会のために力をつくし、役に立つこと。
※4　ノーベル賞…筆者は２００８年にノーベル物理学賞を受賞した。

問1　［①］に入る言葉として最も適当なものを次の中から選んで、記号で答えなさい。
ア　ぐらぐら　　イ　ひたひた
ウ　なみなみ　　エ　ふるふる

問2　――線②「横においておけばいい」とあるが、どうすることか。その説明として最も適当なものを次の中から選んで、記号で答えなさい。
ア　自分は考えずに別の人にお願いすること。
イ　いったん考えないように別のことをすること。
ウ　もう一度最初から別の方法で考えること。
エ　別のことをせずにその問題を考え続けること。

問3　［③］に入る言葉を、文中から四字でぬき出しなさい。

問4　――線④「自分が夢中になれるものを探す」とあるが、そのためにはまずどうすることが大切だと筆者は考えているか。「～こと」に続くように、文中の言葉を用いて三十字以内で書きなさい。

こと。

問5　＝＝線「学び」について述べたものとして正しいものを次の中から選んで、記号で答えなさい。
ア　考えても分からなかった問題を自力で解決したら、自信がつき思わぬ成果が出せる。
イ　疑問に感じて調べた知識を丸暗記することで、学校の成績も上がってくる。
ウ　社会の変化に対応できる心構えがあると、どんな目的や目標も達成することができる。
エ　基礎的な知識を身につけると、自分の身の回りにあるおもしろい「問い」を発見できる。

五　次の①～⑤の――線の漢字をひらがなに直し、⑥～⑮のひらがなを漢字に直しなさい。

①　木刀でけいこをする
②　おまじないを唱える
③　細工をほどこす
④　真面目に取り組む
⑤　養蚕業をいとなむ
⑥　質問にかいとうする
⑦　小説のけつまつ
⑧　はくぶつ館
⑨　せいけつを心がける
⑩　かもつ列車
⑪　科学的なけんしょう
⑫　こんざつした駅
⑬　本のしゅっぱん
⑭　かいてきな生活
⑮　そんがいを受ける

⑥	⑦	⑧	⑨	⑩

⑪	⑫	⑬	⑭	⑮

算　数　（1）

※100点満点
（配点非公表）

受験番号	

※□には，あてはまる数字や式を書き入れ，考え方の┆┆には，その答えが出た理由を，式や表や図などで表しなさい。

1 次の計算をしなさい。

（1）$7+6\div3-1=$ □

（2）$37\div$ □ $=7$ あまり 2

（3）$2.4\times10\div(3.2-1.7)=$ □

（4）$\left(\frac{1}{2}-\frac{1}{3}\right)\times(50-2\times7)=$ □

（5）$15\times0.4\times0.7-\left(\frac{3}{4}-\frac{2}{3}\right)\times12=$ □

2 次の□にあてはまる数字や記号を書き入れなさい。

（1）28 と 21 の最小公倍数は，□です。

（2）小さいほうから数えて 5 番目の素数《そすう》は，□です。

（3）次の式が成り立つように，□の中に，＋，－，×，÷ の記号を入れなさい。ただし，同じ記号を何度使ってもかまいません。

7 □ 6 □ 4 □ 8 ＝10

（4）時計の長い針は 1 分で 6°，短い針は 1 分で，□°動きます。

（5）ある仕事をするのに，A さん 1 人では 80 分かかり，B さん 1 人では 120 分かかります。同じ仕事を A さんと B さんの 2 人でする と，□分かかります。

（6）A さんは 264 ページの本を 3 日間で読み終えました。2 日目には 1 日目に読んだページ数の $\frac{4}{5}$ を，3 日目には 2 日目に読んだページ数の $\frac{3}{4}$ を読みました。このとき，1 日目は，□ページ読んだことになります。

（7）正六角形の対角線は全部で，□本あります。

（8）下の【図１】は直方体の展開図です。この直方体の体積は，□ cm^3 です。

（9）下の【図２】のように長方形の紙を折り曲げてできる角①の大きさは，□°です。

（10）下の【図３】は，正三角形の１辺と，半円の直径が重なっている図です。正三角形の１辺の長さは 6 cm，半円の直径も 6 cm のとき，色のついた部分の面積は，□ cm^2 です。ただし，円周率は 3.14 とします。

【図１】

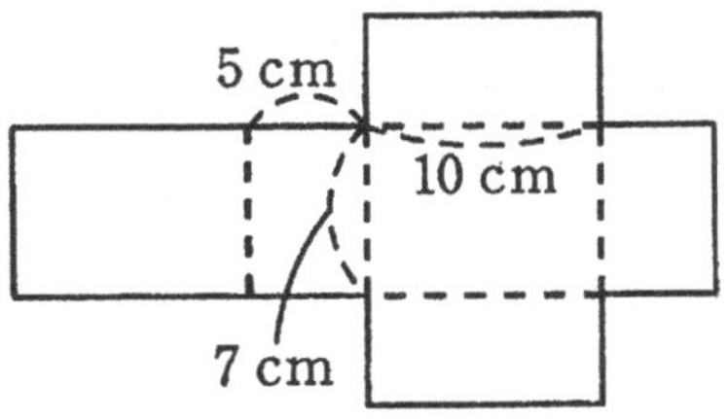

【図２】

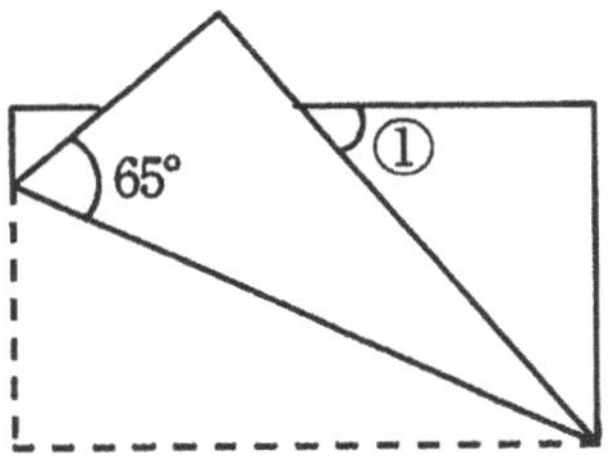

【図３】

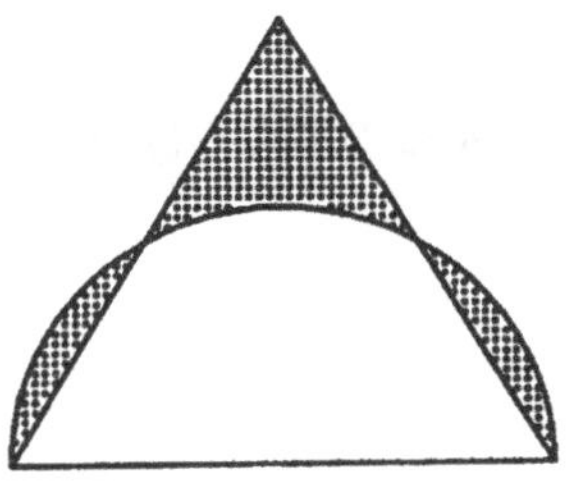

金光学園中学校入学試験（教科型）
令和３年１月４日

算　数　（２）

受験番号	

3 はるよさん，なつきさん，あきこさん，ふゆみさんの４人が卓球《たっきゅう》のトーナメント戦を行いました。まず，２人ずつで１回戦を行い，次に勝った人どうしで決勝戦を，負けた人どうしで３位決定戦を行いました。

はるよ「私は１勝１敗だったわ。」
あきこ「はるよさんに勝ったよ。」
なつき「ふゆみさんに負けちゃった。」
ふゆみ「決勝戦には残れなかったわ。」

【トーナメント表】

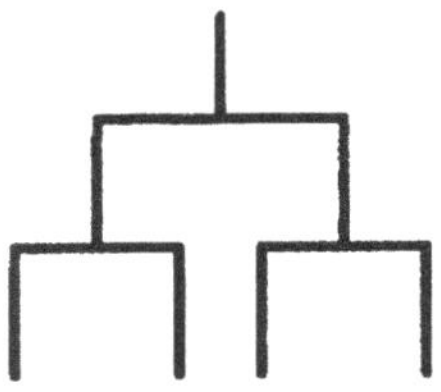

上の４人の言葉から考えると，２位になった人は，［　　　　］さんです。

4 まなぶさんは午後３時57分に学校から家に向かって，分速50 m の速さで歩きだしました。お母さんはまなぶさんをむかえにいくために，午後４時46分に車で家を出ました。とちゅうでまなぶさんと出会った後，まなぶさんを乗せてすぐに家に向かい，午後５時に家に着きました。ただし，家から学校までは車で11分かかります。また，まなぶさんの歩く速さと車の速さは一定であるとします。

（１） まなぶさんとお母さんは午後４時［　　　　］分に，学校から［　　　　］m のところで出会いました。

（２） お母さんの車の速さは分速何 m ですか。

考え方

答　分速　　　　m

5 たろうさん，はなこさん，かんたさんの３人が会話をしています。

たろう：昨日の国語のテストが返ってきたね。はなこさんの結果はどうだった。
はなこ：私は80点だったよ。だから私とたろうさんの平均点は75点ということになるね。

（１） たろうさんの国語の点数は，［　　　　］点です。

かんた：算数のテストも返ってきたね。私とはなこさんの合計点は125点で，私とたろうさんの合計点は119点だよ。
はなこ：私とたろうさんの合計点は140点だね。

（２） はなこさんの算数の点数は何点ですか。

考え方

答　　　　　点

6 右の図のように，整数を正方形の形に並べていきます。

（１） ５番目の正方形の中で，一番大きい整数は，［　　　　］です。

（２） ２番目の正方形で，４つの頂点の位置にある整数は１，３，５，７なので，和は16です。10番目の正方形で，４つの頂点の位置にある整数の和は，［　　　　］です。

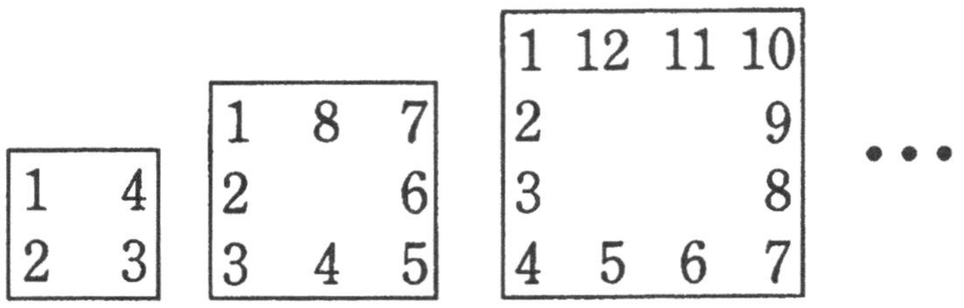

１番目　２番目　３番目

（３） 正方形の４つの頂点の位置にある整数の和が118になるのは，［　　　　］番目の正方形です。

金光学園中学校入学試験(教科型)
令和 3 年 1 月 4 日　　(30分)

理　科　（1）

※50点満点
(配点非公表)

受験番号	

1　種子の発芽と成長について，次の問いに答えなさい。

問1　種子が発芽するためには，何が必要なのかを調べるために，とう明の容器にインゲンマメの種子を入れ，A～Dの条件で発芽するかどうかを調べました。また，A，B，Cは窓の近くにおき，Dは冷蔵庫にいれました。この実験の結果，Aのインゲンマメのみが発芽しました。

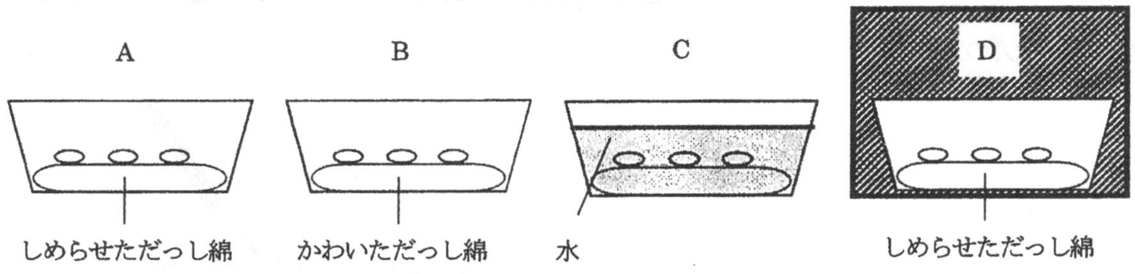

（1）発芽に水が必要なことは，どの容器とどの容器を比べるとわかりますか。A～Dの記号で答えなさい。

（2）発芽に温度が必要であることをたしかめるためには，Dの実験にくわえて，どのような実験を行い何をたしかめるとよいですか。ア～エから１つ選び，記号で答えなさい。

ア．Aを日光があたらないように箱に入れ，窓の近くにおくと発芽しないこと。
イ．Aを日光があたらないように箱に入れ，窓の近くにおくと発芽すること。
ウ．Bを冷蔵庫に入れると発芽しないこと。
エ．Bを冷蔵庫に入れると発芽すること。

問2　発芽したインゲンマメが成長するために必要なものは何ですか。発芽の条件以外に１つ答えなさい。

問3　右の図１はインゲンマメの種子を切ったようすです。Aの部分は発芽後，子葉になります。

《図１》

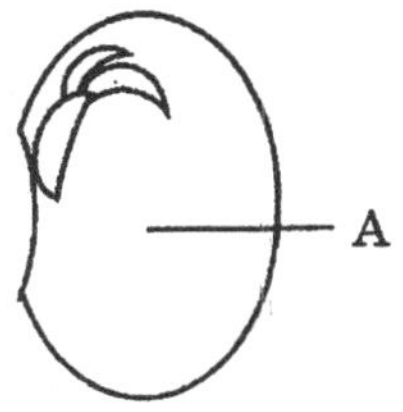

（1）種子の中のAの部分にヨウ素液をかけると，青むらさき色になりました。Aの部分にふくまれているものは何ですか。

（2）（1）で答えたものは，植物のからだのどこでつくられたものですか。

（3）子葉は，発芽してしばらくすると小さくなってしおれてきます。子葉のはたらきを「発芽」という言葉を使って説明しなさい。

問1	（1）	と
	（2）	
問2		
問3	（1）	
	（2）	
	（3）	

2　月と太陽について，次の問いに答えなさい。

《図２》

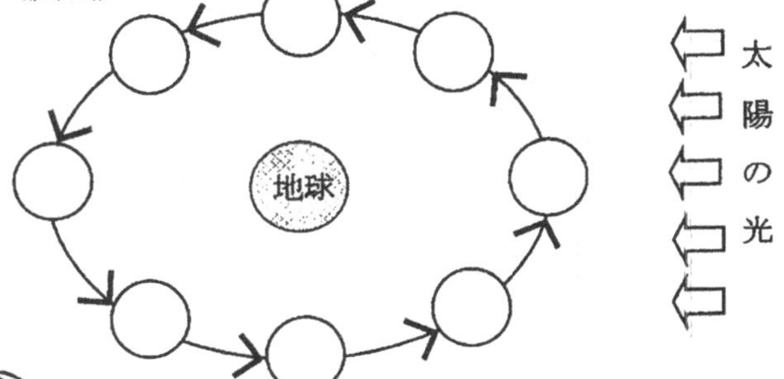

問1　図２は，月，地球，太陽の位置関係と地球の周りをまわっている月の動きを表したものです。月は地球のまわりを約１か月で矢印の向きに一周します。

（1）月はどのようにして光っていますか。簡単に説明しなさい。

（2）１か月間の月の形の変化として正しいものはどれですか。ア～エから１つ選び，記号で答えなさい。

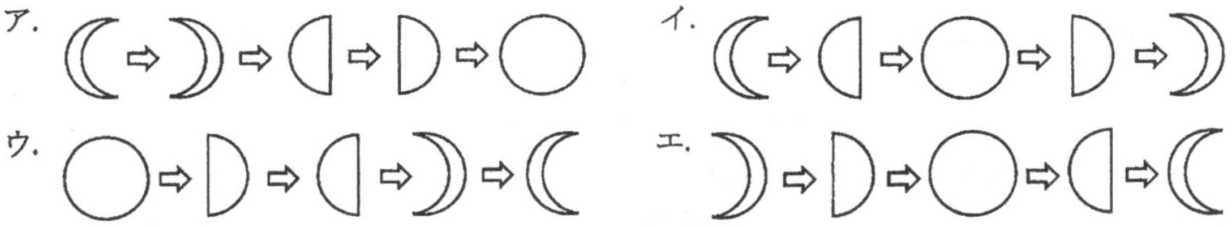

問2　ある日，南の空に月が図３のように見えました。

《図３》

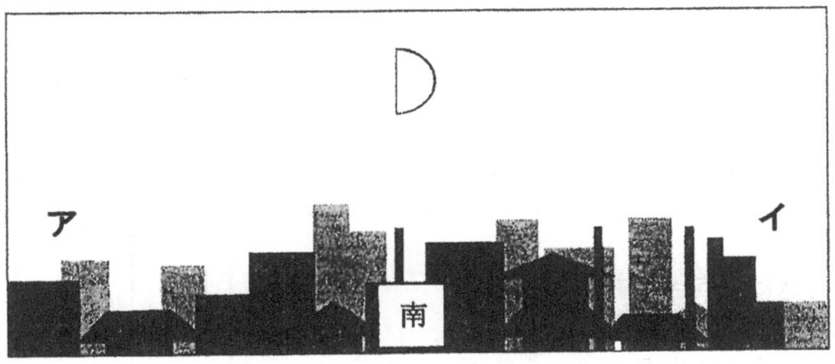

（1）このとき，太陽はア，イのどちらの方向にありますか。記号で答えなさい。

（2）観察したのはいつごろですか。ア～エから１つ選び，記号で答えなさい。

ア．夜明け前　　イ．正午　　ウ．夕方　　エ．真夜中

（3）１週間後の同じ時間に見たときの月の形を解答らんに図で書きなさい。

（4）１週間後の同じ時間に月が見える方角は東西南北のどれですか。

問1	（1）	
	（2）	
問2	（1）	
	（2）	
	（3）	
	（4）	

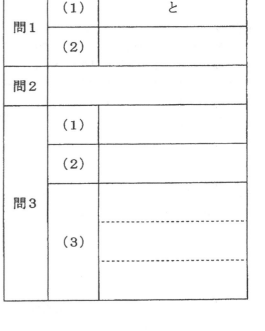

金光学園中学校入学試験(教科型)
令和 3 年 1 月 4 日

理 科 (2)

受験番号	

③ てこのはたらきについて，次の問いに答えなさい。

《ペンチ》

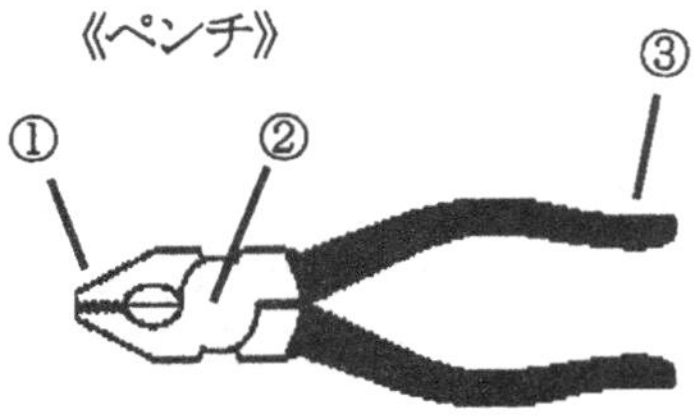

《ピンセット》

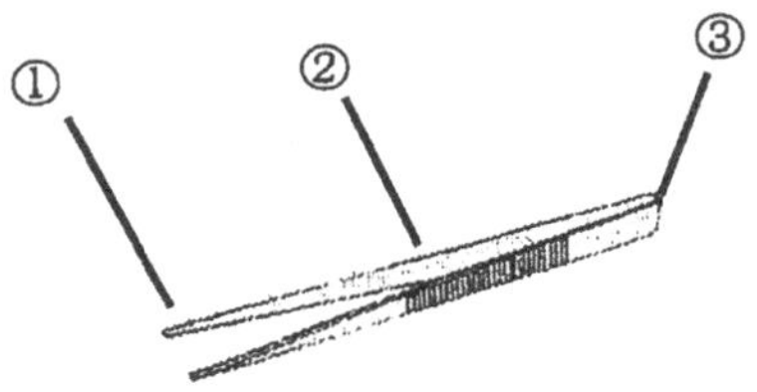

問1　てこを利用した身のまわりの道具に，ペンチとピンセットがあります。右の図の①～③は，支点・力点・作用点のどれですか。あてはまる言葉を書きなさい。

問2　右の図1はくぎぬきです。このくぎぬきの力点と支点の間の長さが長いくぎぬきを使うと，くぎをぬくのに必要な力の大きさはどうなりますか。ア～ウから1つ選び，記号で答えなさい。

ア．大きくなる。

イ．小さくなる。

ウ．変わらない。

《図1》

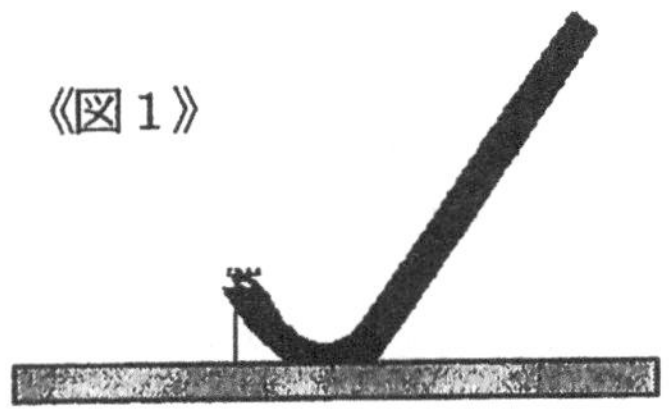

問3　下の図2は長さ 60 cm の棒《ぼう》を使って作ったてんびんです。重さが 10 g，20 g，30 g，40 g，50 g のおもりが1つずつあるとします。ひもと棒の重さは考えないものとします。

《図2》

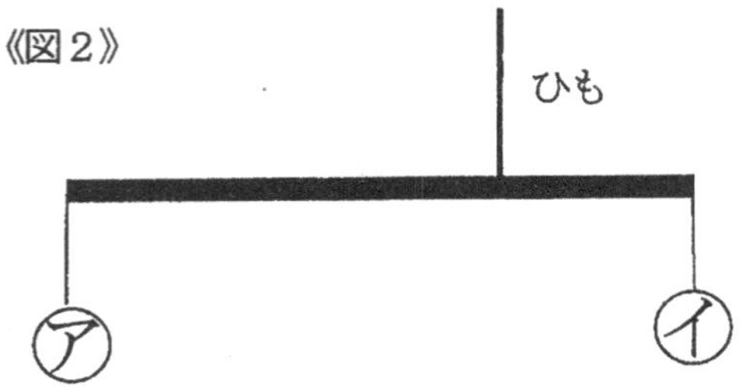

（1）棒の左はしの㋐には 20 g のおもりをつるし，棒の左はしから 40 cm のところをひもでつるしました。棒を水平にするためには，棒の右はしの㋑には何 g のおもりをつるしますか。

（2）さらに，棒の左はしから 30 cm のところに 10 g のおもりをつるしました。棒を水平にするためには，50 g のおもりを，棒の左はしから何 cm のところにつるしますか。

（3）おもりをすべてはずしてから，棒の左はしから 30 cm のところをひもでつるしました。㋐には 30 g のおもり，㋑には 50 g のおもりをつるしました。棒を水平にするためには，さらに何 g のおもりを，棒の左はしから何 cm のところにつるせばよいですか。解答らんの（　　）内にあてはまる数を書きなさい。ただし，㋐には 30 g，㋑には 50 g のおもりをつるしているので，ここに他のおもりをつるすことはできないとします。また，つるすことができるおもりは，残った 10 g，20 g，40 g の中で1つとします。

問1	ペンチ	①	
		②	
		③	
	ピンセット	①	
		②	
		③	
問2			
問3	（1）	g	

問3	（2）	cm	（3）	（　　　）g のおもりを，棒の左はしから（　　　）cm のところにつるす。

④ 物の燃え方やとけ方，あたたまり方について，次の問いに答えなさい。

問1　次の文は，物が燃える前と後について説明しています。（ ① ）～（ ③ ）にあてはまる言葉を選び，ア～ウの記号で答えなさい。ただし，同じ記号を何度用いてもかまいません。

物が燃えると，空気中の（ ① ）の一部が使われて，（ ② ）ができる。このことから，（ ③ ）には，物を燃やすはたらきがあることがわかる。

ア．ちっ素　　イ．酸素　　ウ．二酸化炭素

問2　水 100 g に 35 g の食塩をとかしました。

（1）食塩の水よう液の重さは何 g ですか。

（2）食塩の水よう液から食塩を取り出す方法を書きなさい。

問3　部屋全体の温度をできるだけはやく調節するとき，エアコンのふき出し口の向きを変えることによって，夏の暑い日はすずしく，冬の寒い日はあたたかくすることができます。

（1）エアコンのふき出し口の向きとして最も適当なものはどれですか。ア～エから1つ選び，記号で答えなさい。

ア．夏に冷ぼうするときは上向きに，冬に暖ぼうするときは下向きにする。

イ．夏に冷ぼうするときは下向きに，冬に暖ぼうするときは上向きにする。

ウ．夏に冷ぼうするときも，冬に暖ぼうするときも常に上向きにする。

エ．夏に冷ぼうするときも，冬に暖ぼうするときも常に下向きにする。

（2）（1）の理由を簡単に説明しなさい。

問1	①	
	②	
	③	
問2	（1）	g
	（2）	
問3	（1）	

問3	（2）	

金光学園中学校入学試験(教科型)
令和３年１月４日　(30分)

社　会　(1)

※50点満点
(配点非公表)

受験番号	

1　次の文章は，たろうさんとはなこさんがスーパーマーケットで買い物をしている場面の会話です。これについて下の問いに答えなさい。

たろう：買ってくるようにたのまれたものは
　　　　これで全部かな。
はなこ：あとは①牛乳ね。
たろう：牛乳の値段をたして計算すると，
　　　　おつりは五円だね。
はなこ：そういえば，五円玉のおもてには日本の
　　　　産業に関係するものが，かかれているよね。
たろう：イネは農業，水平線は②水産業，穴の周りの歯車は③工業だね。
　　　　他のお金にはどのようなものがかかれているのか気になって
　　　　きたよ。
はなこ：あっ！　レジぶくろが有料だったのを忘れてた！
　　　　レジぶくろの値段も計算しなくちゃ。
たろう：マイバッグを持って来ているからいらないよ。
はなこ：よかった。マイバッグを使うと，お金もかからないし，
　　　　④かんきょうにもやさしいし，いい気分になるね。

資料１　**漁業種類別生産量の移り変わり**

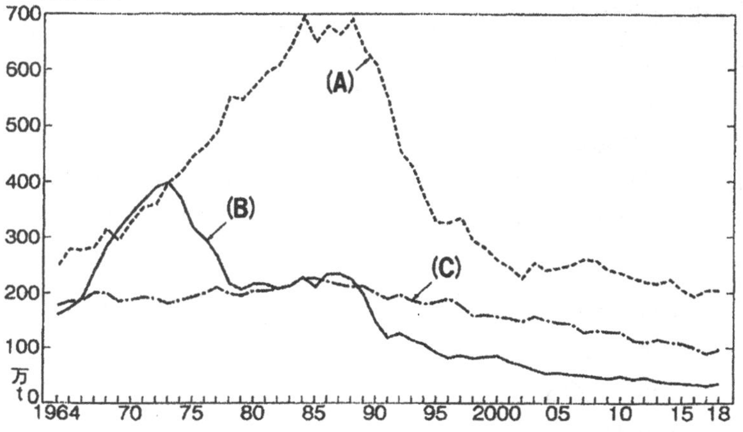

(2020/21　日本国勢図絵より作成)

資料２　**工業地帯・工業地域の製造品出荷額の内わけ**

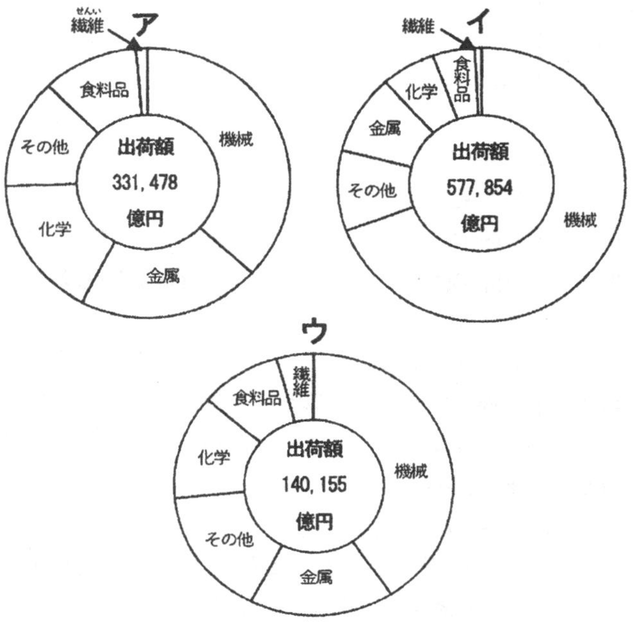

(2020/21　日本国勢図絵より作成)

問１　下線部①について，乳牛を飼って，牛乳やバターなどの乳製品をつくる農業を何というか，答えなさい。

問２　下線部②について，下の問いに答えなさい。

(1)　遠くの海まで出かけ，長期間行う漁業を何というか，答えなさい。

(2)　(1)の漁業を表しているものを，資料１の(A)～(C)から１つ選び，記号で答えなさい。

問３　下線部③について，資料２の**ア**～**ウ**は，中京《ちゅうきょう》工業地帯，阪神《はんしん》工業地帯，北陸《ほくりく》工業地域の製造品《せいぞうひん》出荷額《がく》の内わけを示しています。３つの工業地帯・工業地域にあてはまるものとして，適当なものをそれぞれ選び，記号で答えなさい。

問４　下線部④について，下の問いに答えなさい。

(1)　空気や水，土のよごれ，そう音，悪しゅうなどによって，人びとのくらしや生命がおびやかされることを何というか，答えなさい。

(2)　工場から出たけむりや，自動車の排出《はいしゅつ》ガスにふくまれる有毒な物質がとけこんだ雨を何というか，答えなさい。

(3)　自然や歴史的な建造物などを守るために，募金《ぼきん》を集めて土地や建物を買い取り，保存していく運動を何というか，答えなさい。

問１		問２	(1)	(2)

問３	中京工業地帯	阪神工業地帯	北陸工業地域

問４	(1)	(2)	(3)

2　次の①～⑥の文を読んで，下線部が**正しければ○と答え，まちがっていれば正しく書き直しなさい。**

①　日本はユーラシア大陸の 西 に位置する。

②　日本は山地と平地のうち，平地 の面積の方が多い。

③　日本アルプスとは，飛騨《ひだ》山脈・木曽《きそ》山脈・ 奥羽《おうう》 山脈の３つの山脈のことである。

④　地図上で土地の高さを表すために，同じ高さのところを線で結んだものを等高線 という。

⑤　長野《ながの》県，新潟《にいがた》県，宮崎《みやざき》県の農産物生産額を示した右のグラフの**ア**～**ウ**のうち，宮崎県を表しているものは ア である。

⑥　河川のこう水から家や田畑を守るために，まわりを堤防で囲んだ低地のことを水屋 という。

農産物生産額の各都道府県における割合

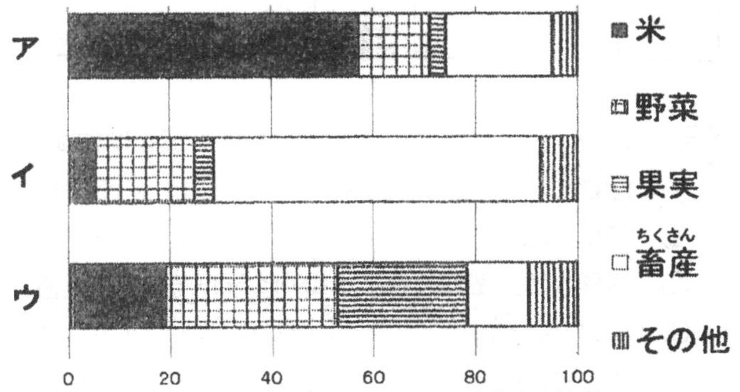

(データブック・オブ・ザ・ワールド2020年版より作成)

①		②		③	
④		⑤		⑥	

金光学園中学校入学試験(教科型)
令和 3年 1月 4日

社 会 (2)

受験番号	

3 次の文章を読んで，下の問いに答えなさい。

令和２年９月１６日に，菅義偉《すがよしひで》内閣が誕生《たんじょう》しました。内閣総理大臣の指名は，①日本国憲法に書かれているように，②国会の議決により行われました。総理大臣を中心とした内閣が行うおもな仕事は(　　　A　　　)などです。③国民から集めたお金を使いながら，日本の国をより良くするために政治を行います。

問１　下線部①の日本国憲法について下の問いに答えなさい。

(1)　日本国憲法には，国会は二つの院で構成すると書かれています。この二つの院とは何か，それぞれ答えなさい。

(2)　日本国憲法には，三つの原則があります。国民主権，平和主義，あともう一つは何か，答えなさい。

問２　下線部②について，下の文の【　　　　】にあてはまる語句として正しいものを下のア～エから１つ選び，記号で答えなさい。

内閣総理大臣になるには条件があり，憲法には内閣総理大臣は【　　　　　】の中から国会の議決で，これを指名する，と書かれてます。

ア　国務大臣　　**イ**　４０歳《さい》以上の日本人　　**ウ**　国会議員　　**エ**　都道府県知事

問３　文章中の(　　A　　)に入る文として，**まちがっているもの**を下の**ア～エ**から１つ選び，記号で答えなさい。

ア　法律が憲法に違反《いはん》していないかについて判断する。　**イ**　外国と条約を結ぶ。

ウ　法律案や予算案をつくって，国会に提出する。　**エ**　最高裁判所の長官を指名する。

問４　下線部③について，内閣が仕事をするために国民から集めるお金のことを何というか，漢字２文字で書きなさい。

問１	(1)　　　院	院	(2)
問２		問３		問４	

4 右の年表は，天皇中心の国づくりについてのできごとをまとめたものです。年表を見て，下の問いに答えなさい。

年	できごと
5世紀頃	①仁徳陵古墳《にんとくりょうこふん》(大仙《だいせん》古墳)がつくられた
593年	②聖徳太子《しょうとくたいし》が天皇を助ける役職に就く
645年	③中大兄皇子《なかのおおえのおうじ》たちが蘇我《そが》氏《し》をたおす
701年	新しい法律を定める
724年	④聖武天皇《しょうむてんのう》が位につく
794年	京都《きょうと》に都が移される
1017年	⑤藤原道長《ふじわらみちなが》が(　　A　　)となり天皇に代わって政治を行う

問１　下線部①について，写真１のような古墳の形を何というか，答えなさい。

問２　下線部②について，聖徳太子と**関係ないもの**を下の**ア～エ**から１つ選び，記号で答えなさい。

ア　十七条《じゅうしちじょう》の憲法《けんぽう》　**イ**　冠位十二階《かんいじゅうにかい》　**ウ**　法隆寺《ほうりゅうじ》　**エ**　藤原京《ふじわらきょう》

問３　下線部③について，蘇我氏をたおした中大兄皇子たちが行った，天皇を中心とした国づくりをすすめるための改革を何というか，答えなさい。

問４　下線部④の天皇が行ったこととして正しいものを，次の**ア～エ**から１つ選び，記号で答えなさい。

ア　菅原道真《すがわらのみちざね》の意見を取り入れ，遣唐使《けんとうし》の廃止《はいし》を決断した。

イ　仏教の力で社会の不安をしずめようと，東大寺《とうだいじ》の大仏づくりを行った。

ウ　各地の人びとのようすや，地域の自然などを『風土記《ふどき》』に記させた。

エ　小野妹子《おののいもこ》たちを使者として隋《ずい》に送り(遣隋使《けんずいし》)，国の交わりを結ぼうとした。

問５　下線部⑤について，下の問いに答えなさい。

(1)　藤原道長が就いた役職名である(　　A　　)の中にあてはまる語句を書きなさい。

(2)　資料１は藤原道長が自分の娘《むすめ》を天皇のきさきとし，大きな力を手に入れた時によんだ歌です。(　　B　　)にあてはまる語句を書きなさい。

写真１

この世をば
我が世とぞ思う(　B　)の
欠けたることも
なしと思えば

資料１

問１		問２		問３	
問４		問５	(1)	(2)	

5 次の①～⑤の文を読んで，下線部が**正しければ○と答え，まちがっていれば正しく書き直しなさい。**

①　1192年，源頼朝《みなもとのよりとも》は朝廷《ちょうてい》から 関白《かんぱく》 に任命され，武士をしたがえる最高の地位についた。

②　写真２は，室町《むろまち》時代の銀閣《ぎんかく》にも取り入れられた 寝殿造《しんでんづくり》 のものである。

③　写真３は，室町時代に水墨画《すいぼくが》を完成させた 雪舟《せっしゅう》 の「天橋立図《あまのはしだてず》」である。

④　1582年，織田信長《おだのぶなが》は中国《ちゅうごく》地方の戦いに向かうとちゅう，本能寺《ほんのうじ》で 武田信玄《たけだしんげん》 に攻《せ》められ，自ら命を絶った。

⑤　江戸《えど》時代において全国の大名《だいみょう》が，自分の領地と江戸を一年おきに行き来する制度を 御恩《ごおん》と奉公《ほうこう》 という。

写真２

写真３

①		②			
③		④		⑤	

適性検査Ⅰ－１

※70点満点
（配点非公表）

受験番号	

課題１　太郎《たろう》さんと花子《はなこ》さんは，岡山県《おかやまけん》の北部に山登りにきて，次のような会話をしています。あとの（１）～（４）に答えましょう。

太郎：岡山県と鳥取《とっとり》県の県境には，上蒜山《かみひるぜん》，中蒜山《なかひるぜん》，下蒜山《しもひるぜん》という有名な山が３つあるんだね。

花子：地図を見ると，この３つの山は，上蒜山，中蒜山，下蒜山の順番にほぼ一直線に並んでいるわ。

太郎：下蒜山の山頂に登ったとき，中蒜山にさえぎられずに上蒜山の山頂は見えるかな。

花子：山の高さの差と２つの地点の距離《きょり》を比べてみると，わかるんじゃないかな。

（１）　1：10000 の縮尺《しゅくしゃく》の地図上で，２つの地点の距離が 15 cm のとき，この２つの地点の実際の距離が何 km か答えましょう。

km

（２）　花子さんが上蒜山，中蒜山，下蒜山の模型を作りました。図１は，その模型を真横から見た図です。図１の AB：BC の比の値《あたい》は $\frac{12}{52}$，CD：DE の比の値は $\frac{14}{63}$ となりました。この２つの比の値 $\frac{12}{52}$，$\frac{14}{63}$ のうち，どちらが大きいか答えましょう。また，どのようにして考えたかも説明しましょう。

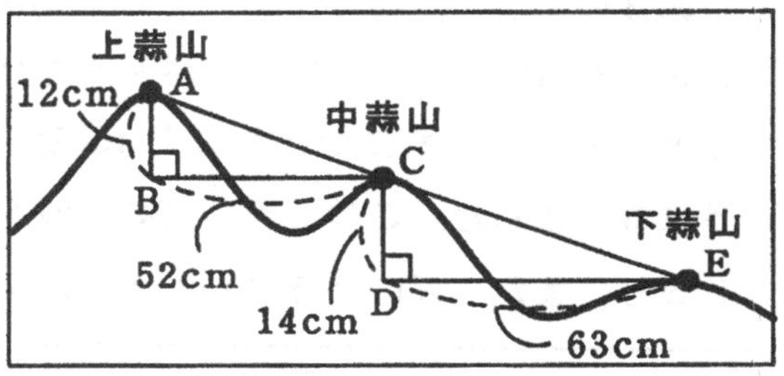

図１

説明

大きい方の比の値

花子：方位磁針《じしん》を持たないで山登りをするとき，どうやって方角を調べるの。

太郎：太陽と時計を使って南の方角を調べる方法があるって，先生に聞いたことがあるよ。

（３）　時計の短針が１時間で動く角度は，太陽が１時間で動く角度の何倍か答えましょう。また，どのようにして求めたのかも説明しましょう。ただし，太陽は 24 時間で 360 度動くものとします。

説明

倍

花子：先生の言っていた南の方角を調べる方法はどんな方法なの。

太郎：短針を太陽の方向に向けたとき，短針から文字盤《ばん》の 12 時までの角を半分にする線の先が南の方角になるんだ。

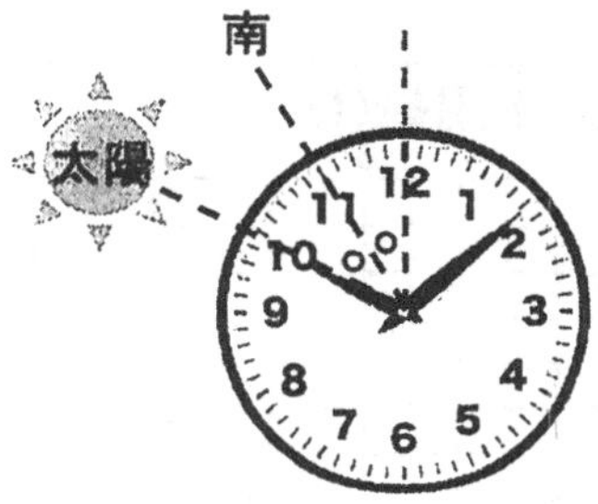

図２

（４）　晴れた日の午前に，図２のように，時計の短針を太陽の方向に向けたとき，短針から文字盤の 12 時までの角を半分にする線の先が南の方角になる理由を説明しましょう。ただし，太陽は正午に南の方角にあるものとします。

説明

金光学園中学校入学試験（適性検査型）

適性検査Ⅰ－2

受験番号	

令和2年12月6日

課題2　太郎さんと花子さんは，牛乳パックについて，次のような会話をしています。
あとの（１）～（４）に答えましょう。

太郎：スーパーマーケットで販売している牛乳パックのサイズを測ったら，図1のようになったよ。

花子：このパックに牛乳はどのくらい入っているのかな。

太郎：直方体の部分の体積を求めることで，おおよその量が分かるんじゃないかな。

花子：小数があるから計算が面倒だわ。工夫して計算できないかしら。

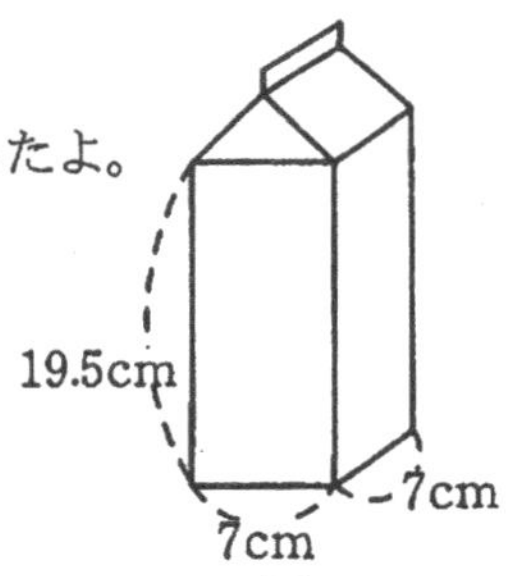

図1

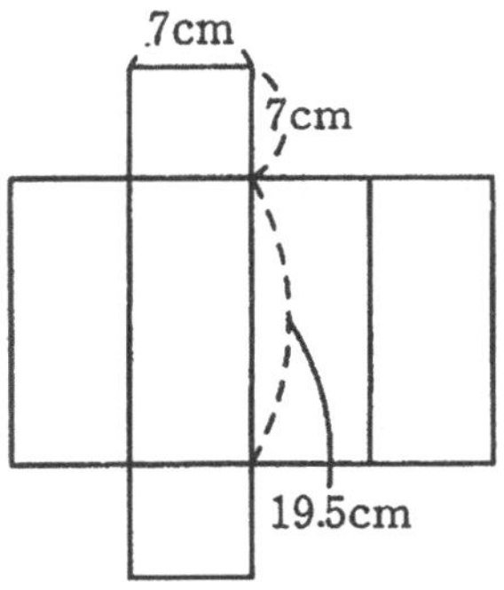

図2

（１）　図２は直方体の展開図です。この直方体の体積を答えましょう。

cm³

太郎：牛乳を少し飲んじゃったけど，あとどれくらい残っているのかな。

（２）　図３のように，内のりが，たて７cm，横７cm，深さ19.5cmの透明《とうめい》な直方体の容器に牛乳が入っています。この容器を，底面の正方形の１辺を机につけたまま45度かたむけたところ，図４のようになりました。このとき，（あ）の長さは何cmになるか答えましょう。また，どのようにして考えたかも説明しましょう。

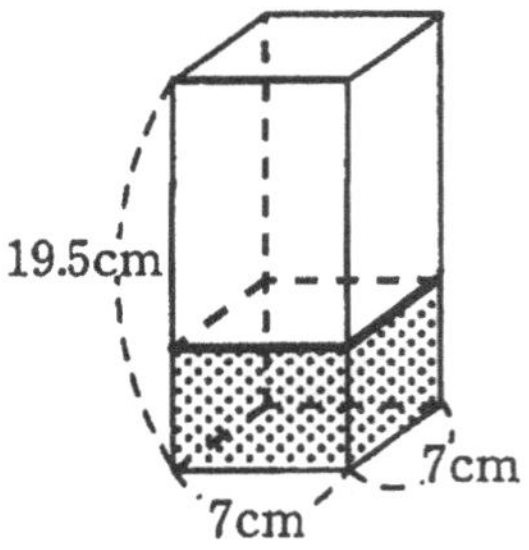

図3

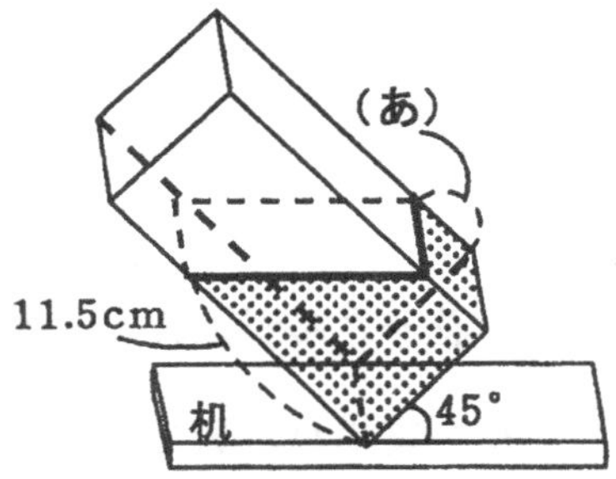

図4

説明

cm

（３）　図３の残っている牛乳の量が何mLか答えましょう。また，どのようにして考えたかも説明しましょう。

説明

mL

花子：スーパーマーケットに買い物に行ったら，いろいろなサイズのジュースのパックがあったわ。

（４）　図５は，ある直方体の展開図をたて20cm，横30cmの工作用紙にかいたものです。この直方体と体積が同じで，形がちがう直方体を考え，その展開図を，下のたて20cm，横30cmの工作用紙①と②にそれぞれ１つずつ書きましょう。ただし，工作用紙の１めもりは１cmとします。

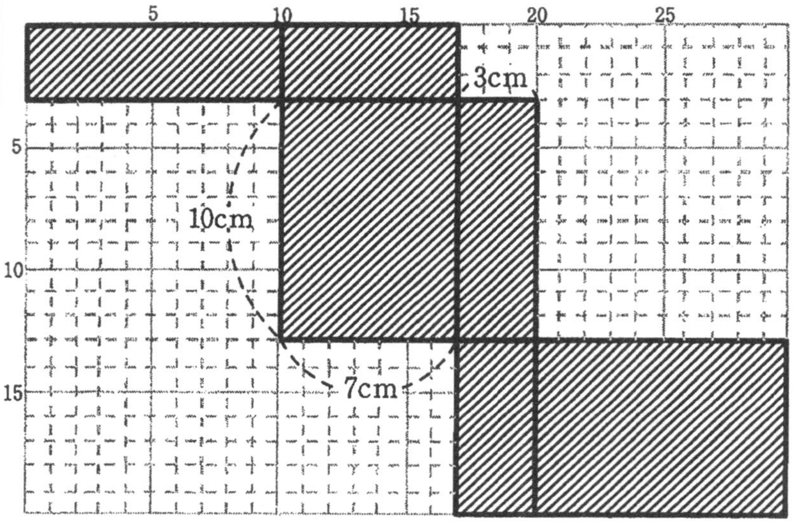

図5

工作用紙①

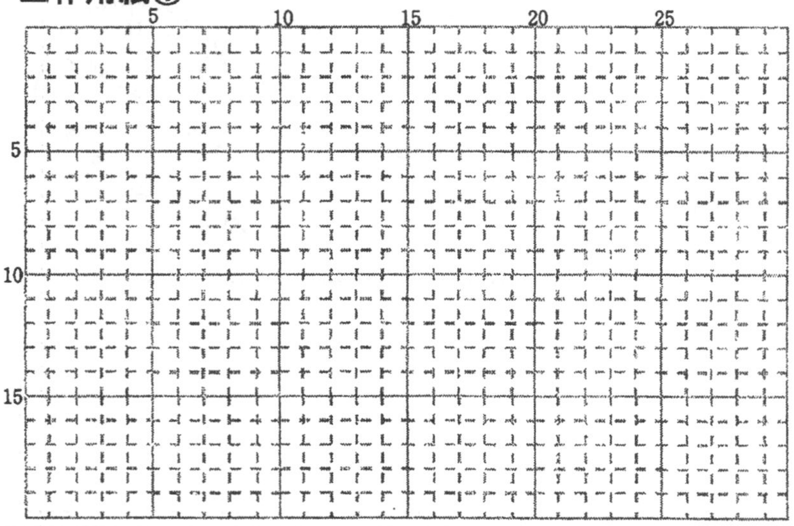

工作用紙②

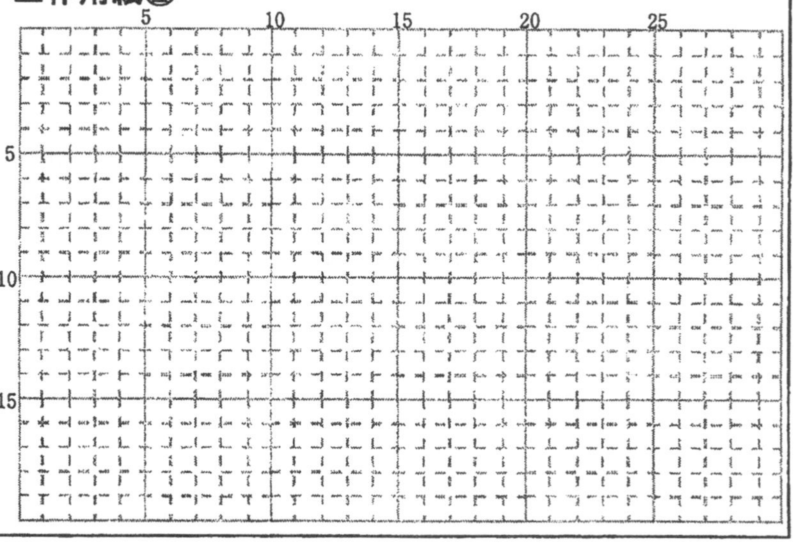

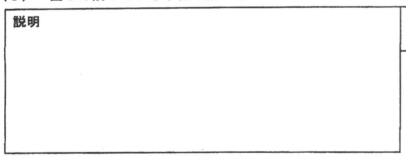

適性検査Ⅰ－３

受験番号	

課題３　太郎さんと花子さんは次のような会話をしました。あとの（１）～（５）に答えましょう。

花子：電車に乗っていると，ガタンゴトンと音がするのはなぜかしら。
太郎：レールとレールの間にすき間が空いているからだよ。

図１

（１）　図１のように，レールとレールのつなぎ目にはすき間が空けられています。この理由を説明しましょう。

太郎：最近，話題になっているリニアモーターカーは，電磁石《でんじしゃく》を使って地上から浮《う》いて走っているので，ガタンゴトンと音がしないらしいよ。さらに，車両の速度を上げたり下げたりするためにも，電磁石を使っているよ。

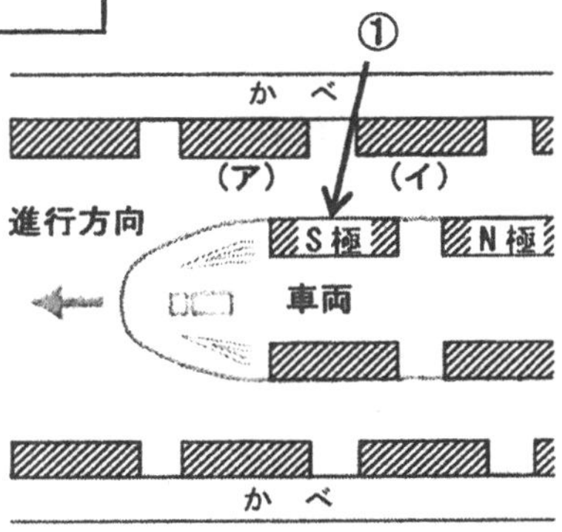

図２

（２）　リニアモーターカーは，図２（車両を真上から見た図）のように，車両とかべに取り付けられた電磁石（▨で示す）の間にはたらく力によって，車両の速度を上げたり下げたりしています。図２のとき，速度を上げるためには，かべに取り付けられた電磁石の（ア），（イ）の部分はＮ極かＳ極のどちらになっていますか。また，その説明として，以下の文が正しいものになるように文中の（　　）に入る言葉を答えましょう。

（ア）	極
（イ）	極

説明
①の電磁石と（ア）の部分の間には（　　　　　　　　）がはたらき，①の電磁石と（イ）の部分の間には（　　　　　　　　）がはたらくことで，車両の速度を上げている。

花子：リニアモーターカーの他に，電磁石は身の周りで何に使われているのかしら。

（３）　身の周りで電磁石が利用されている具体例を１つあげ，どのように電磁石が利用されているのかを説明しましょう。

具体例	説明

太郎：金光学園のまわりには田んぼやため池があり，多くの野鳥がすんでいるよ。その中でも図３のようなサギのなかまをよく見かけるね。
花子：サギは何を食べて，どこに巣を作っているのかしら。
太郎：サギは小魚やカエル，ザリガニなどを食べていて，木の上に集団で巣をつくることが多いよ。日本のある地域では，図４のように，高速道路に囲まれた場所の木の上に，たくさんのサギが巣をつくっているんだ。この周辺には自然が多くあり，サギのえさ場が豊富なんだって。
花子：ここは車が多く走っていてうるさいし，安心して子育てができる場所とは思えないわ。高速道路からはなれている木のほうが静かなのに，なぜ高速道路に囲まれた場所の木の上に巣をつくったのかしら。

図３

（４）　図４の周辺には，巣をつくるのに適した木が多くあるにもかかわらず，サギが高速道路に囲まれた場所の木の上に巣をつくったのはなぜだと考えますか。その理由を説明しましょう。

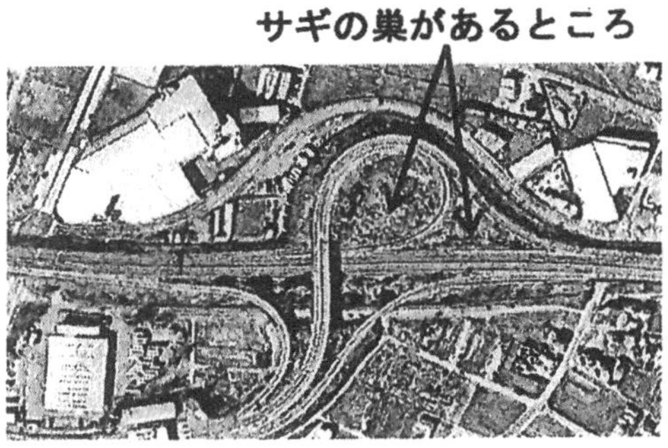

図４

太郎：でも，走っている車の前をとつぜんサギが飛んで横切るという問題があるんだ。あわてた運転手が事故を起こすかもしれないし，サギが車とぶつかって死んでしまうこともあるよね。
花子：巣がある木を切って，サギがすめないようにすれば，問題は解決するわ。
太郎：人間は，自然や生き物とのつながりなしでは生きていけないよ。人間とサギの両方の生活を守る方法を考えていくことが大切だよね。

（５）　サギの生活を守りながら，運転手が安全に高速道路を通るために，どのような工夫をしたら良いですか。方法を２つ考えて書きましょう。

金光学園中学校入学試験（適性検査型）
令和２年12月６日

適性検査Ⅱ―１

（45分）

※70点満点
（配点非公表）

受験番号

課題１　次の文章を読んで、あとの(1)から(4)に答えましょう。

　かたづけができない人の意識の中に必ずあるのが「もったいない」精神。

　ノーベル平和賞を受賞したワンガリ・マータイさんが、来日した際、日本語の「もったいない」という言葉を知って感銘《かんめい》*1を受け、「MOTTAINAI」キャンペーンを展開したことから、「もったいない」が脚光《きゃっこう》*2を浴びました。

　私も、この日本の「もったいない」という考え方は、とっても大事だと思っています。しかし、①モノがない時代の「もったいない」と、現在のようにモノが余っている時代の「もったいない」とでは、意味が違《ちが》います。

　戦前戦後を生きてきた人々がモノをためこんでしまうのは、「モノが無くなるかもしれない」、「手に入らないかもしれない」といった不安が大半です。

　実際にモノのない時代に生きていて、モノが手に入りにくければ、モノをていねいに使っていたでしょうし、きちんと使い切ってゴミそのものを少なくしていたでしょう。食べ物も天候によっては不作であったり、その季節にしか食べられないからこそ、食材のありがたみを感じつつ、残すことなく食べ切ってきたのだと思います。

　しかし今では、その時代を経験してきた人でも、ひたすらモノをためこむ一方で、使い切れなくなっている人が多いのではないでしょうか。理由は簡単です。使い切る速度よりも、モノがたまる速度の方が速いのです。

　捨てるのがもったいないからと、押《お》し入れの中にためこまれたモノ。例えば、友だちの結婚《こん》式でもらった引出物《ひきでもの》*3のお皿。自分の使っているモノとは趣味《しゅみ》が違うし、大きさも中途半端《ちゅうとはんぱ》。でもせっかく友だちが選んでくれたと思うと手放せない。手放してしまうと、友だちの気持ちまで手放してしまうようで、心苦しい気持ちになるのも当然です。でも、もしモノを贈《おく》ったのがあなただとした場合、喜んでもらえると思って選んだけれども、友だちが心に何かしらの負担をかかえて、しかも使わずにしまってあると知ったらどうでしょう。

　なんだか申し訳ない気持ちになります。モノの出口まで想像してプレゼントを贈るとなると、なんだか大変なことかもしれませんが、それだけ思いも伝わることでしょう。

　プレゼントは、贈るモノそのものよりも、贈る気持ち、受け取った時のありがとうの気持ちを交換《かん》した時点で役割の大半を終えていると考えてもよいのではないかと私は考えています。

　そこでもう一度、②そのお皿をモノとしてだけ考えてみてください。使われずに押し入れにしまいこまれたお皿は、もったいない状態でしょうか。それとも、もったいなくない状態でしょうか。

　私からすればもったいないとしか言えません。いつまでも押し入れにしまわれたままということは、残念ながらあなたの生活に必要ないということです。その必要のないモノが、あなたの生活スペースを占領《せんりょう》*4していると思うと、実にもったいない。

　あなたの生活に必要ではなくても、そのお皿を必要としている人がほかにいるかもしれない。必要な人が必要なモノを使えないのだとしたら、それはとても残念なことですし、そのお皿にとっても、哀《かな》しいことです。

　モノ余りの時代のもったいないは、必要な場所で必要とされるモノが適切に使われていない、使い切ってもらえないことです。もったいないを理由にして、使わないモノと向き合うことを避《さ》けてはいないでしょうか？

　だからこそきちんと家の中のモノをすべて出して、分けて、しっかりと自分で選んで、自分の選んだモノで生活する！という体験をしてもらいたいのです。

（杉田明子・佐藤剛史著『中高生のための「かたづけ」の本』岩波ジュニア新書から）

＊１　感銘…忘れることのできないほど、心に深く感じること。
＊２　脚光を浴びる…世間の注目の的となる。
＊３　引出物…招待客に贈る品物。
＊４　占領…ある場所をひとりじめにすること。

(1)　本文の中には、＝＝「受賞」という熟語が使われていますが、これは「―を」や「―に」に当たる意味の漢字が下にくる組み合わせでできています。このような組み合わせでできている二字の熟語には、ほかにどのようなものがあるか、二つ書きましょう。

適性検査Ⅱ―2

受験番号

(2)　――線①「モノがない時代の『もったいない』と、現在のようにモノが余っている時代の『もったいない』とでは、意味が違います」とありますが、どのような違いがあるのでしょうか。解答らんに合うように、八十字以内で書きましょう。（、や。や「　」も一字に数えます。）

という違い。

(3)　――線②「そのお皿をモノとしてだけ考えてみてください」とありますが、何をどのように考えることでしょうか。解答らんに合うように、四十字以内で書きましょう。（、や。や「　」も一字に数えます。）

と考えること。

(4)　あなたの現在の生活の中で、筆者が考える「もったいない」にあてはまるものにはどのようなものがありますか。それが「もったいない」理由を明らかにしながら、三十字以上五十字以内で書きましょう。（、や。や「　」も一字に数えます。）

課題２　あなたのクラスに海外からの留学生がやって来て、「日本文化を体験する」という交流会を開くことが決まりました。あなたはその実行委員として、どのようなことを計画しますか。計画の内容とそれを選んだ理由、そして会を成功させるための工夫や注意点を二百字以内で書きましょう。（、や。や「　」も一字に数えます。段落分けはしなくてよろしい。一マス目から書き始めましょう。）

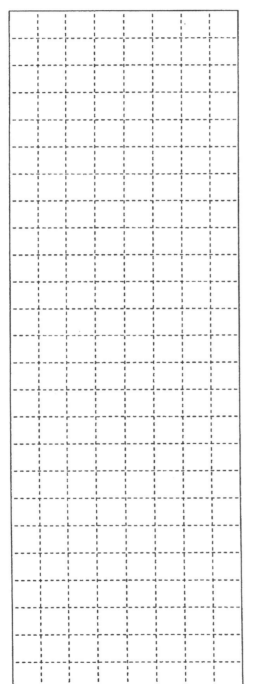

適性検査Ⅱ－３

受験番号	

課題３　小学６年生の太郎さんと花子さんが，先生と日本の人口問題について会話をしています。その文を読んで，あとの（１）～（４）に答えましょう。

先生：2015 年の日本の人口はどれくらいだと思いますか？

太郎：この前の授業で，およそ１億 2700 万人だと習いました。

先生：そうです。よく覚えていましたね。では，資料１を見てみましょう。日本の人口の総数は，2010 年を境にだんだんと減少していますね。

花子：ほんとうだ。資料１は年齢層《ねんれいそう》別の人口の変化を示しているけれど，①年齢層によって人口の変化に特徴《とくちょう》がありますね。

先生：そうですね。②このままだと社会にどんな問題が起こると考えられますか？

太郎：15歳《さい》から 64 歳の人たちは，いろいろな仕事について働いている人たちですね。そうなると，［　　A　　］という問題が起こると思います。

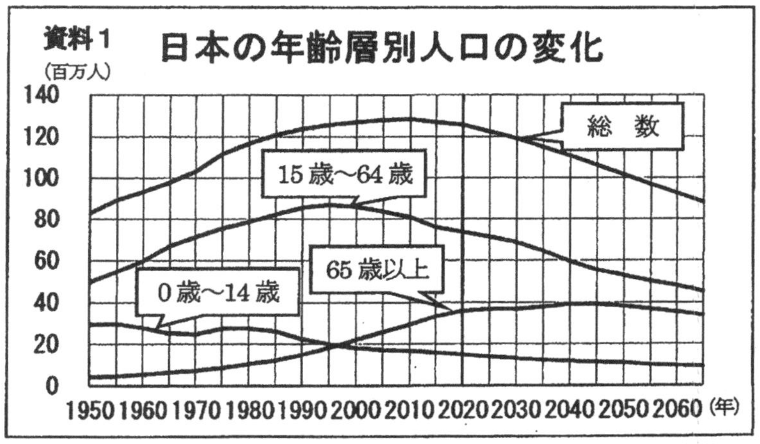

（国立社会保障・人口問題研究所の資料から作成。2020 年以降は推計）

花子：65 歳以上の人たちで仕事についている人はそれほど多くなく，国などから支給されるお金で生活している人がたくさんいるそうです。そして，そのお金は働いている人たちが納めている税金などから支出されていると祖父から聞きました。そうなると，［　　B　　］という問題が起こると考えられます。

先生：よく気がつきましたね。しかし，これらの問題を解決するにはあなたたちの年齢層の人口問題を考えていかなければなりません。

太郎：えっ，そうなんですか。では，資料１のような，私たちの年齢層の人口の変化が，どうして起こってきたのですか？

先生：資料２を見てみましょう。③このグラフの中に，あなたたちの年齢層の人口の変化が起こる理由のヒントがあります。

太郎：資料２には，1970 年と 2018 年の女性の年齢層別出生《しゅっしょう》数が示してあるけれど，この二つには違《ちが》いがありますね。1970 年に比べて，2018 年は［　　C　　］ようです。このことが，私たちの年齢層の人口の変化に関係があるのではないかと思います。

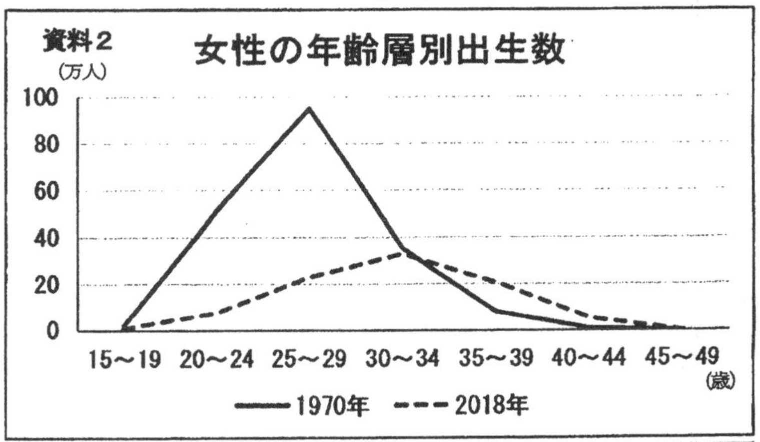

＊女性の年齢層別出生数とは，その年に生まれた子どもの数を，母親の出産した年齢層別に表したものである。

（国立社会保障・人口問題研究所の資料から作成）

花子：そういえば，働く女性が増える一方で，仕事と出産・子育てとの両立に不安があるという話を聞いたことがあります。日本の人口問題を解決していくためには，④子どもを産んで育てやすい社会にしていくことが必要だと思いました。

（１）　下線部①について，資料１から読み取れることをまとめた，次の文の（　　　）にあてはまる語句を答えましょう。

1980 年から 2015 年の間，65 歳以上の人口は（　　　　　　　）しており，0 歳～14 歳の人口は（　　　　　　　）している。

（２）　下線部②について，資料１と会話文を参考にして，［　A　］・［　B　］にあてはまる文を考えて書きましょう。

A

B

（３）　下線部③について，資料２を参考にして，［　C　］にあてはまる文を考えて書きましょう。

（４）　下線部④について，「子どもを産んで育てやすい社会にしていく」ために必要なことを，２つ考えて書きましょう。

金光学園中学校入学試験（教科型）
令和４年１月４日

国語（１）

（60分）

※100点満点
（配点非公表）

受験番号

一　次の文章を読んで、あとの問いに答えなさい。

きみはスローフードということばを聞いたことがあるんじゃないかな？　※1ファストフードの流行のかげで失われそうなおいしい食べものを守れ、という、北部イタリアの小さな村に住むとびきり食いしん坊のおじさんがはじめた運動のことだ。

それにしてもスローフードとは変なことばだときみは思うかもしれないね。「ゆっくりな食べもの」だなんて。でもその疑問もまた「食べものは生きものである」ということからゆっくり考えていけば解けるはずだ。

生きものにはそれぞれの「生きもの時間」がある。ニンジンにはニンジン時間があり、ニワトリにはニワトリ時間がある。どの生きものもそれ独自の時間をそれぞれのペースで生きている。生きものである動植物は成長し、次の世代を残すための※2繁殖《はんしょく》活動をし、老い、死んでゆく。途中《とちゅう》で他の生きものに食べられるものもあるし、死んでから栄養となって他のいのちを育むものもある。個々の生きものの時間がくさりのように長く連なって※3種《しゅ》全体の時間をつくっている。

長い歴史の中で人間は、こうした①さまざまな種の生きもの時間に学び、その※4ペースにうまく自分たちのくらしのペースを合わせるようにして生きてきたはずなのだ。木の実や草の根を食べものにする人たちは、もちろん、その木や草が生きるペースをよく知って、それに合わせた生活をするだろうし、動物や魚の肉を食べる人たちは、えものの生活のリズムをちゃんとつかんでおく必要がある。欲ばっていっぺんにたくさんとってしまえば、次の世代を産み、育ててゆく動植物のペースが追いつかなくなって、結局、自分たちの食べるものがなくなって困ることになる。（　Ａ　）、自分が生きていくためには、急がず、あせらず、相手の時間に合わせることが必要なのだ。

農業や牧畜《ぼくちく》や養殖をする人たちは、ただ相手の生きもの時間にこちらのくらしを合わせるだけでなく、さらに一歩進めて、相手を自分のくらしのペースの中に引き入れることによって食べものをもっと確実に手に入れようとする。イネやムギは、人間がつくった田んぼや畑で、野生の植物だったときとはちょっとちがう時間や空間の中に生きて、多くの実をみのらせ、人間が一年を通じて食べる主食となる。牛やブタやニワトリなどの動物は、人間のつくった農場や牧場で、これもまた野生の動物とはずいぶんちがうくらしぶりをしながらも、それぞれの動物に独特の時間を生きて、やがて人間の食べものとなる。

今世界中に生きている人々が食べる食べもののほとんどは、農業や牧畜や養殖によって得られるものだ。大昔にはすべての人間がやっていた狩猟《しゅりょう》、採集、漁労——野生の動植物や天然の魚介《ぎょかい》類をとる活動——は、どんどん少なくなってゆく。それは、人間が入りこんできたために動植物の住んでいた場所が減ったからでもあり、また人間があまりにたくさんの動植物をあまりにも速いペースでとってきてしまったからでもある。（　Ｂ　）、②人間の時間と動植物の時間が歩みよるようにしてできたはずの農業や牧畜や養殖のほうはどうなっているだろう。生きものを相手にするこうした仕事のことをまとめて第一次産業という。昔に比べて、最近の第一次産業を仕事とする人々は、どんどんせっかちになってきていて、生きものたちが生きる時間のスローなペースがもう待ちきれなくなっているようなのだ。

前にぼくは、せまい場所にギュウギュウづめにされたニワトリや、ふつうより何倍も速く育つようにつくり直されたサケやレタスの話をしたね。それはみな、ぼくたち人間がいかに生きものたちの時間を大切にしていないか、を表しているだろう。いや、それどころではないかもしれない。ぼくたちはもう、「　③　」というあたり前のことさえ、忘れかけているのではないだろうか。

生きものとしてのあつかいを受けない生きものは不幸せにちがいない。それは、人間らしいあつかいを受けない人間が不幸せなのと似ている。動物や植物に幸せも不幸せもない、と考える人もいるだろうが、ぼくの考えはちがう。ぼくは『ファーブル昆虫《こんちゅう》記』で有名な昆虫学者のファーブルの、どんな生きものにも「　④　」があるという考えに賛成だ。彼は虫たちが鳴く理由をつきとめるためにいろいろ調べたすえに、こういう結論に達した。

「キリギリスのバイオリンや、アマガエルの風笛や、カンカンゼミの歌は、きっと生きるよろこびを、虫それぞれのやりかたでうたっているのだと思うよりしかたありません」

⑤生きるよろこびをうばわれた生きものたちの実や肉や卵がぼくたちの食卓にやってくる。不幸せないのちをいただいて、果たしてぼくたちのいのちは幸せになれるのだろうか、とぼくは疑わずにいられない。ぼくたちの「生きるよろこび」もまた、自分が食べものとしていただく生きものたちを生きものらしくあつかえるかどうかにかかっている、という気がするんだ。

スローフードということばの意味について考えてきたことを、このへんでまとめてみることにしよう。それは単にゆっくり食べようということじゃない。それも大事だけど、もっと重要なのは、「食べものは生きものである」ということを思い出すこと。（　Ｃ　）、その生きもののまわりに流れるゆっくりとした時間を尊重すること。つまり、食べものを養殖し、栽培《さいばい》する人も、買う人も、食べる人も、みな⑥「上手に待てる」ようになること。

食卓《しょくたく》にはいろんな時間が混じりこんでいる。土の中の無数の微《び》生物が植物を育てる時間。季節ごとの風や雨や虫。雨が降り土にしみ込み、植物の根がそれを吸い上げる時間。植物の成長に立ち会って、そっと手をそえる農民たちの時間。彼らのくらしのリズム。食物が都会へと運ばれてくる時間。調理や盛りつけの時間。そんないろんな時間の積み重ねの上に、今、こうして家族や友人たちが食卓を囲んでおしゃべりしたり笑ったりしながら、ゆっくりとした時の流れを楽しんでいる。また仏壇《ぶつだん》や神棚《かみだな》に供えた食べ物を通して、ぼくたちは、今はもうこの世にいない人々の時間ともつながっている。

そう思うと、⑦食卓ってすごい場所だ。きみはそこでふと目を閉じてちょっと※5神妙《しんみょう》に、「⑧いただきます」という。それをいわないとなんかもの足りなくて変な感じがするだろう？　それもそのはず、ぼくたちは本当にたくさんのいのちのおかげで、こうして生きている。ありがたいことだ。そのありがたさこそが、食べもののおいしさの最大の秘密なのではないだろうか。

（辻信一著『「ゆっくり」でいいんだよ』ちくまプリマー新書）

（注）　※1　ファストフード…ハンバーガーなど、注文するとすぐに出される食品。　※2　繁殖…動物・植物が生まれふえること。
※3　種…生きものをわける最も基本となる単位。　※4　ペース…物事が進む速度。　※5　神妙…ふだんとはちがって、おとなしくすなおなこと。

金光学園中学校入学試験（教科型）
令和４年１月４日

国語（２）

受験番号

問１　文中の（　Ａ　）～（　Ｃ　）に入る言葉として最も適当なものを次の中からそれぞれ選んで、記号で答えなさい。

ア　つまり　イ　なぜなら　ウ　では　エ　しかし　オ　そして

Ａ　Ｂ　Ｃ

問２　――線①「さまざまな種の生きもの時間に学び、そのペースにうまく自分たちのくらしのペースを合わせるようにして生きてきた」とあるが、人間がこのように生きてきたのはなぜだと考えられるか。解答らんに当てはまるように文中から三十字以内でぬき出しなさい。

生きもののペースに自分たちのくらしのペースを合わせないと、　　から。

問３　――線②「人間の時間と動植物の時間が歩みよる」とはどういうことか。最も適当なものを次の中から選んで、記号で答えなさい。

ア　動植物が野生の時間をそれぞれのペースで生きて人間の食物となること。
イ　人間のつくった場所で動植物が野生のときとは異なる時間を生きること。
ウ　人間が野生の動植物がたくさんいる場所を求めて移動していくこと。
エ　人間が野生の動植物を人間のペースに合わせて上手にとっていくこと。

問４　③、④に当てはまる言葉を、③は十二字、④は七字で、それぞれ文中からぬき出しなさい。

③　④

問５　――線⑤「生きるよろこびをうばわれた生きものたち」を具体的に説明している部分を文中から五十五字以内でぬき出し、最初と最後の三字をそれぞれ書きなさい。

～

問６　――線⑥「『上手に待てる』ようになる」とはどういうことか。文中の言葉を用いて四十字以内で書きなさい。

問７　――線⑦「食卓ってすごい場所だ」と筆者が思うのはなぜか。最も適当なものを次の中から選んで、記号で答えなさい。

ア　食卓にはその家でくらしてきた人たちの思い出がたくさんつまっているから。
イ　食べるということは、人間が生きていく上で最も大切で尊いことだから。
ウ　家族や友人たちが集まって食事をすることで、楽しい時間が過ごせるから。
エ　食べものが食卓にとどくまでには、多くの自然や人間が関わっているから。

問８　――線⑧「いただきます」とあるが、人が食事の前に「いただきます」と言うのは何のためだと筆者は考えているか。解答らんに当てはまるように三十字以内で書きなさい。

　　を表すため。

問９　本文の内容として正しいものを次の中から一つ選んで、記号で答えなさい。

ア　スローフードでは、人間の手があまり加わっていない食物をゆっくり食べることが重要である。
イ　人間が「生きもの時間」を大切にすることによって、個々の生きものの生きる時間は長くなる。
ウ　農業をする人たちは、だんだんと生きものが生きる時間のおそいペースに合わせられなくなっている。
エ　人間らしいあつかいを受けなかった人間は、生きものを生きものらしくあつかわないようになる。

二　次の各問いに答えなさい。

問１　次の①～③のそれぞれの熟語の上に「無・不・非・未」のどれかを付け、三文字の熟語を完成させなさい。

①　公平　②　常識　③　責任

①　公平　②　常識　③　責任

問２　次の①の文から主語を、②の文から述語をそれぞれぬき出しなさい。

①　「まあ！」と　母は　おどろいて　私を　見ました。
②　明日の　試合には　勝つよ　、　絶対に　。

①　②

問３　次の①～③の文の（　）に体に関する漢字をそれぞれ一字書き入れ、慣用句を完成させなさい。

①　おさない弟の世話に（　）をやく。
②　本の内容を理解するのに（　）がおれた。
③　今日は、（　）が回るような一日だった。

①　②　③

受験番号

三　次の文章を読んで、あとの問いに答えなさい。

小学五年生の「颯太《そうた》」は、夏休みに新潟《にいがた》県の佐渡《さど》に住む祖母の家に泊まりに行った。そこで、いとこの「あおい」も参加した遠泳大会のビデオを見て、自分も挑戦《ちょうせん》すると決意する。しかし二十五メートルしか泳げない颯太は、祖母の知り合いの十七歳《さい》の青年「夏生《なつき》」をはじめ、あおいやその友人の「健斗《けんと》」らに、大会本番まで泳ぎの特訓を受けることになった。

「今日は約束どおり、あの緑岩までいくからな」

夏生くんが、二百メートルくらい沖にある、小島のような大きな緑の岩を指さした。泳ぎの得意な人がたどりついているのを見たことはあるけれど、まさか、自分が泳ぐなんて……。

覚悟《かくご》はしていたけど、体の中からつきあげるようにドックンドックンと心臓が動きはじめた。

完全に足の着かないところまでいくのは、はじめてだ。

「みんなは自分のペースでいけるよな。颯太はおれがずっといっしょに泳ぐから」

「ほーい。楽勝、楽勝」健斗はなんだか浮《う》かれている。

「あんまり調子にのるなよ」夏生くんが海を見つめた。波はやさしく打ち寄せている。①左胸をドンドンとこぶしでたたいた。

夏生くんの、はじめて会ったとき（　Ａ　）焼けた背中にある大きい肩甲骨《けんこうこつ》と、細いけどたくましい腕《うで》を見ていたら、気もちが落ち着いてきた。

（夏生くんについていけば、きっとだいじょうぶだ）

「いいか。②今日はとにかくオレの背中だけ見て泳げ。足が着くかどうか確認するなよ」

「う、うん」

「岸をふりかえるな。前だけ見ろ。下と後ろはむかないこと」

「はいっ」

「よしっ、いくぞ」夏生くんがぼくの肩《かた》をポンとおした。

③海に顔をつけているときは、ゴーグルをしているけど目をつぶる。足が着かなくなるのがわかると怖《こわ》い。後ろもふりむかない。おおいかぶさるような波がきて、思いっきり海水を飲んだ。

（しょっぱいっ！）

「ゴホッゴホッ」のどが焼けるように痛い。夏生くんがふりかえると「だいじょうぶか？」と声をかけてきた。

「ゲホゲホッ……だ、だいじょうぶ……」

④夏生くんはぼくの顔をじっと見ただけで、それ以上は何もいわずにまた沖にむかって泳ぎだした。

（もういくの……？）

まだのどの奥《おく》に海水がひっかかっているような感じでヒリヒリする。もうちょっと待ってくれてもいいのに。みんな、あっという間に小さくなって、緑岩の方にまっすぐむかっている。

やっぱり……佐渡の子は速いんだな。※1あおいなんて、今年は何も練習していないのに、やっぱり先頭きってる。

本番はだれも助けてくれない。自分でがんばるしかないんだ。

⑤くやしさをぶつけるように、水をかく。

しばらくすると、手も足もだるくなってきた。さっきまでより力が入らない。もう何も考えられなくなってきた。

すると、急に体がひんやりした。水深が変わったのかもしれない。ドキッとして顔を上げる。波間に浮かびあがる夏生くんの背中と、緑岩（　Ｂ　）見えない。

――颯太、［　⑥　］。

夏生くんの背中がそういっているみたいだ。

（いくぞ……。緑岩までいくんだ）

背中にひっぱられるように泳ぎつづけると、手がぶつかった。気がつくと、緑岩が目の前にせまっていて、先に着いた健斗がのぼっていた。

「よーし、おつかれ！　ふりかえってみろ」

（ええっ？）

※2立ち泳ぎをしながら体をぐいっとひねる。ふりむくだけでもパワーがいる。

⑦（わあっ……）

ふりかえると、青い海が目の前に広がっていて、遠くに岸が見えた。遊んでいる人たちもパラソルも、すごく小さくなっている。はしゃぐ声（　Ｃ　）聞こえない。さっきまであの中を通ってきたのに。音のない映画を見ているみたいだ。こんなところから海岸を見たことなんてなかった。

青い海のむこうに白い石の海岸。そのすぐ裏手はこんもりとした森。海からそびえるように突《つ》き出ているはさみ岩に、おだやかな波が打ち寄せている。海は宝石みたいに、キラキラと輝《かがや》いている。

「こんなにきれいなところでいつも泳いでいたんだ……」

心臓のドキドキがおさまってきて、顔がほてる。

「こんなところから海岸を見られるのは、泳いでここまできたやつだけ。でも大会で泳ぎきったら、もっといいモンが見られるぞ」

もっといいモン……？

「今、ちょっと泳ぎがラクになったような気がした？」

「う、ううん」

「ずっと泳いどると、そんな時がくるよ。※3ランナーズハイみたいな感じ。そこがくるまでがんばるんだぞ」

「う、うん……」

ぼくが泳いでランナーズハイ？　そんなの、信じられないよ。

健斗がザッパンと海に飛びこむと、あおむけになってプカ～ッと浮かびあがってきた。気がつくと、みんなあおむけになって空を見ていた。ぼくも、夏生くんにちょっとだけつかまってから、思いきってあおむけになった。

夏生くんが、ぼくのとなりでつぶやく。

「昼間も、本当は星って光っとるんだって。太陽の光が強くて見えないだけなんだって」

目をこらして空を見つめた。わきあがっている入道雲のむこうに、光るものが見えるかと思ったけど、空は相変わらず青いだけだ。

「やっぱ……見えないなあ」

「ハハハ。そりゃそーだ。でもさ、見えなくてもあるって信じると、星が見えてくる気がしない？」

「うん……」

波にゆられながら答えると、空で何かが光った気がした。

（高田由紀子著『青いスタートライン』）

（注）※1　あおい…あおいは大学受験へ向けて勉強するため、今年の遠泳大会への出場を断念していた。
※2　立ち泳ぎ…体を水面に対して垂直に保ち、頭を常に水面上に出したまま静止する泳ぎ方。
※3　ランナーズハイ…マラソンなど長時間走り続けているうちに苦しさが無くなり、気分が高まって楽になる状態。

国語（4）

受験番号

問1　文中の（　A　）～（　C　）に入る言葉として最も適当なものを次の中からそれぞれ選んで、記号で答えなさい。

ア　しか　　イ　よりも　　ウ　すら　　エ　のみ

A
B
C

問2　――線①「左胸をドンドンとこぶしでたたいた」とあるが、颯太はなぜこのような行動をしたのか。その目的として最も適当なものを次の中から選んで、記号で答えなさい。

ア　泳ぎ切れるか不安になっている自分に気合いを入れようとした。
イ　遠い距離《きょり》を泳がせることに不安な夏生くんを安心させようとした。
ウ　泳げない自分を見下している健斗になめられないようにした。
エ　なんとか無事に泳ぎ切れるように神様にお願いをしようとした。

問3　――線②「今日はとにかくオレの背中だけ見て泳げ」とあるが、夏生くんがそう言った理由として最も適当なものを次の中から選んで、記号で答えなさい。

ア　足が着かない遠いところまで行く覚悟を持たせるため。
イ　つかれない正しい泳ぎ方をしている自分のまねをさせるため。
ウ　他に気をとられずにひたすらまっすぐ泳がせるため。
エ　はりきりすぎて自分より先に行かないようにするため。

問4　――線③「海に顔をつけているときは、ゴーグルをしているけど目をつぶる」とあるが、それはなぜか。「～から」に続くように、文中から二十字以内でぬき出しなさい。

から。

問5　――線④「夏生くんはぼくの顔をじっと見ただけで、それ以上は何もいわずにまた沖にむかって泳ぎだした」とあるが、このような夏生の態度をきっかけに、颯太はどのようなことに気がついたのか。最も適当なものを次の中から選んで、記号で答えなさい。

ア　少しも上達しないのでこのままでは夏生くんに見放されてしまうということ。
イ　自分のことを気づかうみんなの優しさがプレッシャーになっているということ。
ウ　本番までに泳げるようになる気がせず自分には無理な挑戦だったということ。
エ　大会本番ではどんなことが起こっても自分の力にたよるしかないということ。

問6　――線⑤「くやしさをぶつけるように」とあるが、颯太はこの時何がくやしいのか。最も適当なものを次の中から選んで、記号で答えなさい。

ア　苦しんでいるのにだれも気づかってくれないこと。　イ　あおいや佐渡の子たちのように上手に泳げないこと。
ウ　夏生くんの期待にうまく応えられていないこと。　エ　自分が思っていた以上に自分には体力がないこと。

問7　⑥ に当てはまる言葉を、十字以内で考えて書きなさい。

問8　――線⑦「わあっ……」とあるが、この時の颯太はどのような気持ちだったのか。二十五字以内で考えて書きなさい。

問9　本文の内容として正しいものを次の中から一つ選んで、記号で答えなさい。

ア　颯太は、これまでの練習とはちがう、今まで行ったことのない沖への遠泳練習が楽しみで興奮していた。
イ　颯太は、水温が変わったことで、深いところを泳いでいることを自覚し、今すぐ岸にもどりたくなった。
ウ　颯太は、本番を泳ぎ切った後に見られる「いいモン」が気になって、今以上に練習をしようと決意した。
エ　颯太は、ずっと泳いでいるうちに泳ぐのが楽になると教えられたが、自分がそうなるとは思えなかった。

国語（５）

受験番号

四　次の文章を読んで、あとの問いに答えなさい。

小学校の何年生のときだったろう。わたしはある女の子の家に遊びに行った。お誕生日会か何かだったのかもしれない。夕方になり、別れ際にその子が「すごくおもしろいから読んでみて」と、わたしだけに一冊の本を貸してくれた。『ふたりはともだち』という本だった。ぜんぜんおもしろそうじゃないと思った。

家に帰っても開いてみる気になれず、そこらへんにぽいっと放り出したまんま。①それがいけなかった。借りた本に、お茶をびっしょりこぼしてしまったのである。ふいても、表紙のシミは取れなかった。どうしよう……。こんなに汚《よご》れたのを見せたら、あの子は怒《おこ》って口をきいてくれなくなるんじゃないだろうか。だって、すごく気に入っている本みたいだったから。

汚した本を見せたくなくて、翌朝、学校には持って行かなかった。だけど、黙《だま》っているわけにもいかず、休み時間、②その子にお茶をこぼしてしまったことを伝えた。すると、彼女《かのじょ》は怒るどころか、わたしにその本をあげると言ったのである。③あげるから、もう持ってこなくていいよと言ってくれたのだった。わたしは「ごめん」を言う前に許され、ぱーっと明るい気持ちになった。よかった！　という思いでいっぱいになり、大切な本を譲《ゆず》ってくれた友達の胸の内など考えもしなかったのである。

それから何ヶ月かが過ぎた頃《ころ》。自宅の本を持ち寄ってクラスの学級文庫に寄付することになった。わたしは、絵が嫌《きら》いだし、汚れているからいらないやと『ふたりはともだち』を寄付した。あの日のことをすっかり忘れていて、自分の本だと勘違《かんちが》いしたのだ。あ学級文庫に『ふたりはともだち』が並んでいるのを見つけて、④彼女が席までやってきた。

「そんな汚れてなかったな」冷たく言われ、「あっ」と思い出した。わたしは、自分がひどいことをしたと気づき、衝撃《しょうげき》のあまり「ごめん」が出てこなかった。ごめんも言わず、笑ってごまかしたのである。それからしばらくして、クラス替《が》えになり、その子とも遊ばなくなった。以来、『ふたりはともだち』は、わたしにとってモヤモヤした本のままだった。

三十年ぶりに、この絵本を買って手にしてみた。読むのははじめてである。それは、二匹《ひき》のかえるの友情物語だった。一度も手紙をもらったことがないと悲しんでいるがまがえるくんのために、かえるくんは手紙を書く。そしてその手紙が届くまで、かえるくんは、がまがえるくんと一緒《しょ》に待っていてあげるのだけれど、手紙に何を書いたのか、がまがえるくんに教えてしまう。

「しんあいなる　がまがえるくん。ぼくは　きみが　ぼくの　しんゆうで　あることを　うれしく　おもって　います。きみの　しんゆう、かえる」

がまがえるくんは、とてもいい手紙だと喜び、何が書いてあるのかわかっている手紙を、ふたり、玄関《げんかん》に並んで待つのである。

あの子は、わたしともっと仲良くなりたくてこの本を貸してくれたのではなかったか。今頃になって切なくなる。

（益田ミリ著『おとな小学生』）

問１　――線①「それ」の指す内容を、文中の言葉を用いて三十字以内で書きなさい。

問２　――線②「その子にお茶をこぼしてしまったことを伝えた」とあるが、わたしは、その子がどのような反応をすると予想していたか。文中から一文でぬき出し、最初の四字を書きなさい。

問３　――線③「あげるから、もう持ってこなくていいよと言ってくれたのだった」とあるが、この時のわたしの気持ちとして最も適当なものを選んで、記号で答えなさい。

ア　友達が許してくれたことでいっきに心が軽くなった。
イ　友達にとって大切な本ではなかったのだとほっとした。
ウ　本を汚されても怒らなかった友達の心の広さに感動した。
エ　高価な本を譲ってくれた友達の優しさがうれしかった。

問４　――線④「彼女が席までやってきた」のは、なぜか。最も適当なものを選んで、記号で答えなさい。

ア　貸した本が汚れたとうそをついたわたしに驚《おどろ》いたから。
イ　譲った本が無断で寄付されているのに腹を立てたから。
ウ　彼女の大切な本が捨てられたことに衝撃を受けたから。
エ　借りた本を返さないわたしに不満を持っていたから。

問５　＝＝線「友達の胸の内」とあるが、大人になったわたしは、なぜ友達が『ふたりはともだち』を貸してくれたと考えているか。文中の言葉を用いて四十字以内で書きなさい。

五　次の①～⑤の――線の漢字をひらがなに直し、⑥～⑮のひらがなを漢字に直しなさい。

①時代の風潮（　　）
②祖父母を敬う（　　）
③快い風がふく（　　）
④尊いお話を聞く（　　）
⑤河原で虫をとる（　　）

⑥きょうどの歴史
⑦費用をすいていする
⑧税金をおさめる
⑨ぼうさい訓練
⑩こくそう地帯
⑪駅前に店をかまえる
⑫いろんを唱える
⑬ちゅうせいをちかう
⑭ワクチンのこうか
⑮操作をあやまる

⑥	⑦	⑧	⑨	⑩
⑪	⑫	⑬	⑭	⑮

金光学園中学校入学試験（教科型）
令和４年１月４日　(60分)

算　数　（１）

※100点満点
（配点非公表）

受験番号 □

※ □ には，あてはまる数や式を書き入れ，考え方の ⬚ には，その答えが出た理由を，式や表や図などで表しなさい。

1 次の計算をしなさい。

（1）$32 \div 4 - 6 \div 2 =$ □

（2）$\frac{8}{3} -$ □ $+1 = 2$

（3）$\frac{\square - 5}{7} = 17$

（4）$1.25 \times \frac{5}{6} \div 2.5 =$ □

2 次の □ にあてはまる数や記号を書き入れなさい。

（1）右の【図1】の □ に，1桁《けた》の数を入れて，計算の穴うめをしなさい。

【図1】

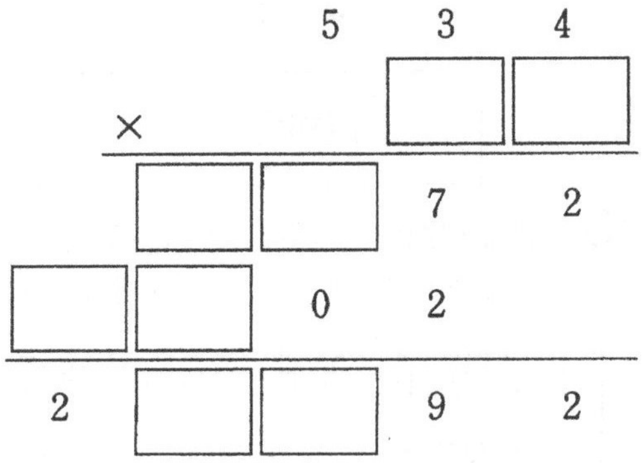

（2）牛肉１パックとチーズ１箱を買うと合わせて 1040 円になりました。牛肉１パックが，チーズ１箱よりも 800円 高いとき，チーズ１箱の値段は， □ 円です。

（3）30 km 離《はな》れたところに，車で行きました。行きは時速 40 km で走り，帰りは時速 60 km で走りました。このとき，行きにかかった時間は， □ 分であり，往復したときの平均の速さは，時速 □ km です。

（4）A，B，C３人が，それぞれプレゼントを作ってプレゼント交換《こうかん》をしました。自分以外の人から必ずプレゼントをもらうとすると，交換の仕方は， □ 通りです。

（5）10 %の消費税を入れて 1210 円になる商品の，税をぬいたときの値段は， □ 円です。

（6）正六角形の角の大きさの和は， □° です。

（7）下の【図２】の立方体で，∠DBE の大きさは， □° です。

（8）下の【図３】の立方体の展開図で，アの面と平行な面はイ～カのうち， □ です。

（9）下の【図４】のように，△ABCを点Cを中心に時計回りに，120° 回転すると，△DECのところにきました。このとき，色をつけた部分の面積は， □ cm^2 です。ただし，円周率は，3.14 とします。

【図2】

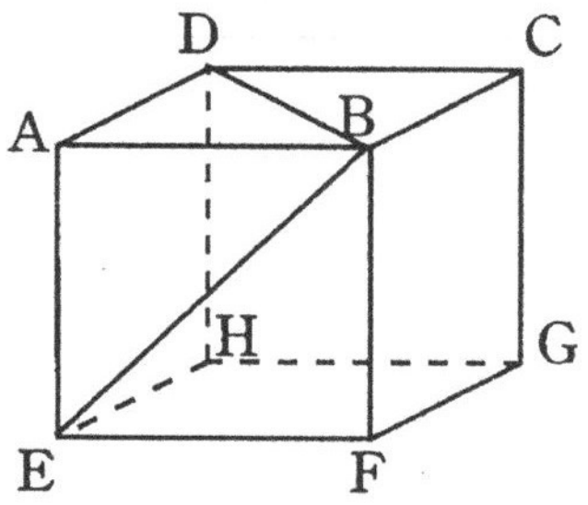

【図3】

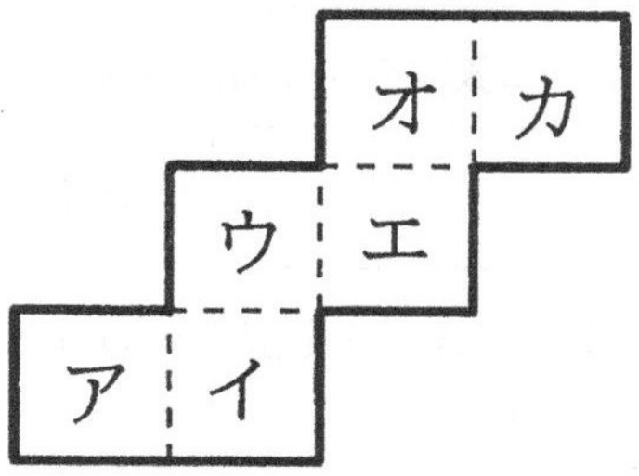

【図4】

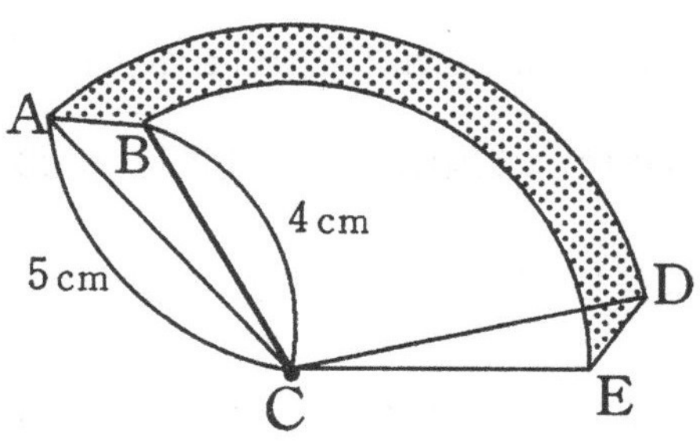

算　数　（２）

受験番号	

3　直線上に４点Ａ，Ｂ，Ｃ，Ｄがあり，下の図には，２点Ａ，Ｂが書き込まれています。点Ｐがこの直線上を一定の速さで動くと，ＡからＢまでは８秒，ＢからＣまでは６秒，ＣからＤまでは10秒，ＤからＡまでは４秒かかります。このとき，点Ｄはどこにありますか。下の図に書き込みなさい。

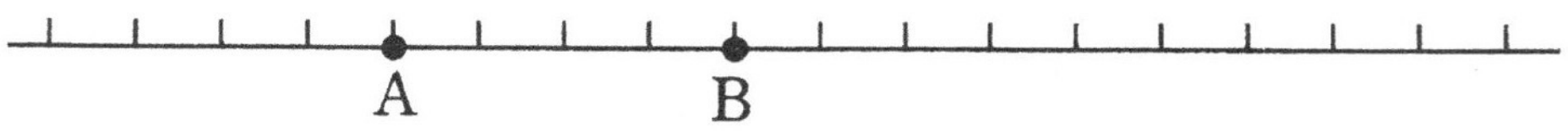

4　次の図形について，線対称《せんたいしょう》な図形には，線対称の対称軸《じく》の本数を，線対称ではない図形には×をかきなさい。また，点対称《てんたいしょう》な図形には○を，点対称ではない図形には×をかきなさい。

	正三角形	正方形	正五角形
線対称			
点対称			

5　ある兄弟は，現在，同じ金額のお金を持っています。２人はお母さんから毎月同じ金額のおこづかいをもらいます。また，２人がひと月にもらうおこづかいの金額は同じです。２人の会話を読んで，次の問いに答えなさい。

【兄】毎月1800円ずつ使うつもりだよ。そうしたら，４ケ月でなくなってしまう。
【弟】なるほど。それならば，ぼくは毎月1600円ずつ使うことにする。そうしたら６カ月でなくなるよ。

（１）兄は４カ月間で，［　　　］円使うことになり，弟は６カ月間で，［　　　］円使うことになります。

（２）兄も弟も，毎月何円ずつのおこづかいをもらっていますか。

考え方

答［　　　］円

（３）兄も弟も，現在何円ずつのお金を持っていますか。

考え方

答［　　　］円

6　１辺が１cmの立方体を，右の図のようにすきまなく積み重ねて，１辺が３cmの立方体を作り，その表面を全部赤くぬりました。このとき，次の問いに答えなさい。

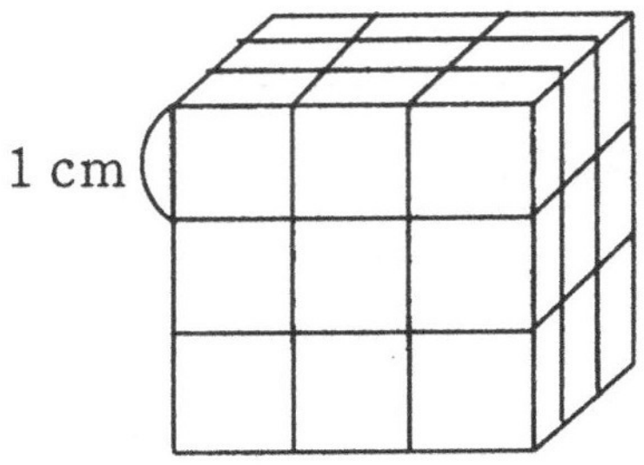

（１）３つの面が赤くぬられた，１辺が１cmの立方体は，［　　　］個あります。

（２）１つの面が赤くぬられた，１辺が１cmの立方体は，［　　　］個あります。

（３）次に，１辺が４cmの立方体を作りました。同じように表面を全部赤くぬったとき，
１つの面が赤くぬられた，１辺が１cmの立方体は，［　　　］個あります。

（４）次に，１辺が10cmの立方体を作りました。同じように表面を全部赤くぬったとき，
１つの面が赤くぬられた，１辺が１cmの立方体は，［　　　］個あります。

理　科　（1）

※50点満点
（配点非公表）

受験番号	

1　花のつくりと実のできかたについて，次の問いに答えなさい。

問１　ヘチマのおばなのおしべの先に花粉がありました。花粉の形をけんび鏡で調べるために，セロハンテープとスライドガラスを使って観察の準備を行いました。

（1）けんび鏡の使い方の説明でまちがっているものはどれですか。ア～エから１つ選び，記号で答えなさい。

ア．目をいためるおそれがあるので，日光が直接当たらない，明るい所で観察する。

イ．真横から見ながら調節ねじを回して，対物レンズにプレパラート（観察する物《もの》をのせたスライドガラス）をできるだけ近づける。

ウ．プレパラートの上の物を50倍の大きさで観察するためには，倍率が10倍の接眼レンズと，倍率が40倍の対物レンズを使う。

エ．プレパラートの上の物は，けんび鏡で見ると上下左右が逆に見えるので，左上に見える物を中央に動かしたいときは，左上に動かす。

（2）文中の下線部について，「セロハンテープ」と「スライドガラス」という言葉を使って，どのようにしてプレパラートを準備するか答えなさい。

（3）ヘチマの花粉をけんび鏡で観察したときの図として正しいものはどれですか。ア～エから１つ選び，記号で答えなさい。

問２　次の文は，ヘチマのめばなについて説明したものです。文中の（　A　），（　B　）にあてはまる言葉を答えなさい。

めばなの中心にあるめしべをさわると，ベタベタとしたねばりけがあり，これは，（　A　）が運んだ花粉をめしべの先につきやすくするためである。花粉がめしべの先につくことを（　B　）という。

問３　ヘチマのめばなのつぼみにふくろをかぶせたままにすると実《み》はできませんでしたが，アサガオのつぼみにふくろをかぶせたままにしても実ができました。これは，ヘチマとアサガオで花のつくりにちがいがあるからです。アサガオはどのような花のつくりになっているか答えなさい。

問１	（1）	
	（2）	
	（3）	
問２	A	
	B	
問３		

2　気温と天気，太陽の動きについて，次の問いに答えなさい。

問１　図１は気温を正しくはかるように考えてつくられた物です。これを何といいますか。

図１

問２　晴れた日に観察したとき，次のア～ウの時刻を１日のなかで早いものから順番に記号で答えなさい。

ア．気温が最も高くなる時刻

イ．太陽の高さが最も高くなる時刻

ウ．地面の温度が最も高くなる時刻

問１		
問２	→　→	
問３		
問４	（1）	
	（2）	度
	（3）	

問３　天気と雲について説明した文として正しいものはどれですか。ア～エから１つ選び，記号で答えなさい。

ア．雲の量が，空全体の半分のときの天気はくもりである。

イ．積らん雲は，冬によく見られる高く広がる雲であり，かみなり雲ともよばれる。

ウ．天気が変化するときには，雲の量が増えたり，減ったりするなど，雲のようすが変化する。

エ．明日の天気を予想するためには，自分が住んでいる地域よりも東の雲のようすを調べると良い。

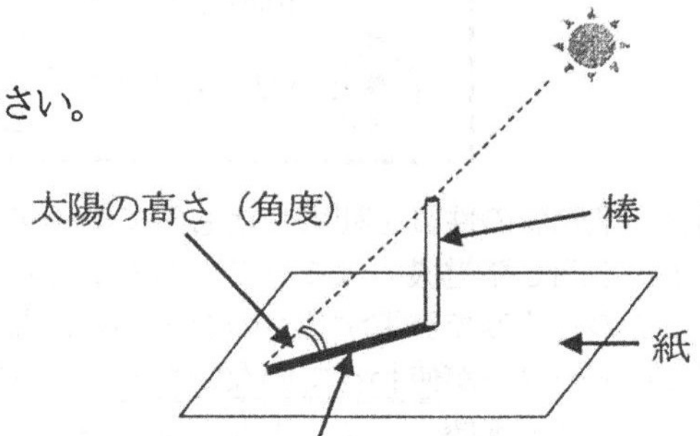

図２

問４　９月のある晴れた日に，平らな地面に置いた紙の上に棒をまっすぐ立てて，棒のかげが移動していくようすを２時間おきに４回観察しました。図２はこの実験で使った道具と太陽の高さ（角度）を示したもので，図３は図２の道具を真上から見たときのようすと観察した棒のかげを示したものです。

（1）図３のアの方角は，東西南北のどれですか。

（2）棒の長さとかげの長さが等しいときの太陽の高さ（角度）は何度になっていますか。

（3）１月の晴れた日に同じ観察を行った場合，９月の結果と比べて，かげの長さはどうなりますか。

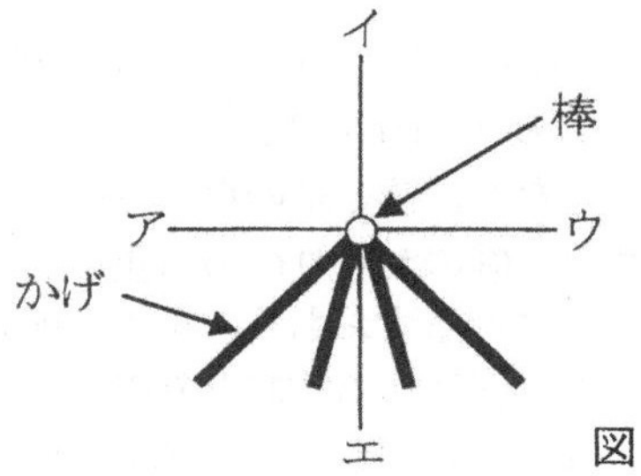

図３

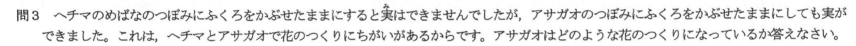

理 科 (2)

受験番号	

3 物《もの》のとけ方について，次の問いに答えなさい。

問1 物がとけるという言葉には，2つの意味があります。1つ目は「物のつぶが見えなくなって，液《えき》全体に同じように広がる」の意味であり，2つ目は「固体が温められて液体《えきたい》に変化する」の意味です。1つ目の意味で用いられているものはどれですか。ア～オからすべて選び，記号で答えなさい。

ア．春になって雪がとける。
イ．あたたかいコーヒーには砂糖がよくとける。
ウ．ソフトクリームは急いで食べないととけてしまう。
エ．海水には塩がとけている。
オ．氷がとけて水になる。

問2 下の表は，水100ｇにとける食塩と砂糖の量と温度の関係を表したものです。

温度(℃)	0	10	20	30	40	50	60
食塩(ｇ)	35.6	35.7	35.9	36.1	36.4	36.7	37.0
砂糖(ｇ)	179	191	204	220	233	260	287

(1) 水25ｇに砂糖を70ｇとかすためには，水の温度をおよそ何℃にすればよいですか。ア～オから1つ選び，記号で答えなさい。

ア．20℃　イ．30℃　ウ．40℃　エ．50℃　オ．60℃

(2) 次の文の（ ）の中の2つの言葉のうち，正しい方を選びなさい。

50ｇの水が入ったビーカーを2つ用意し，水の温度を上げて，食塩と砂糖をそれぞれ溶けるだけとかしました。この2つの水よう液の温度を下げたとき，より多くの物が出てくるのは（① 食塩 ・ 砂糖 ）をとかした方です。その理由は，温度を下げたとき，物のとける量の（② 増え方 ・ 減り方 ）がより（③ 大きい ・ 小さい ）からです。

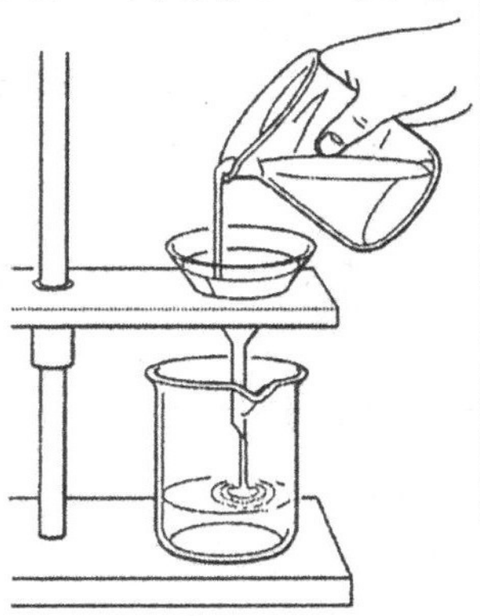

図1

問3 問2の(2)のように温度を下げることで出てくる物はろ過《か》によって取り出すことができます。図1のろ過のしかたには正しくないところが2つあります。どのように直せば正しくろ過することができるかを答えなさい。

問1		
問2	(1)	
	(2)	①
		②
		③
問3	1つ目	
	2つ目	

4 電気とてこのはたらきについて，次の問いに答えなさい。

問1 電磁石《でんじしゃく》の性質について調べるために，電磁石，かん電池，検流計《けんりゅうけい》，スイッチで図1の回路をつくり，電流を流します。そのとき，電磁石の左右に置いた方位磁針《じしん》のはりがどうなるかを調べると，図2のようになりました。回路に流れる電流の向きを逆にすると，方位磁針の針の向きはどのように変わりますか。解答らんの図の中に方位磁針の針を書きなさい。

図1

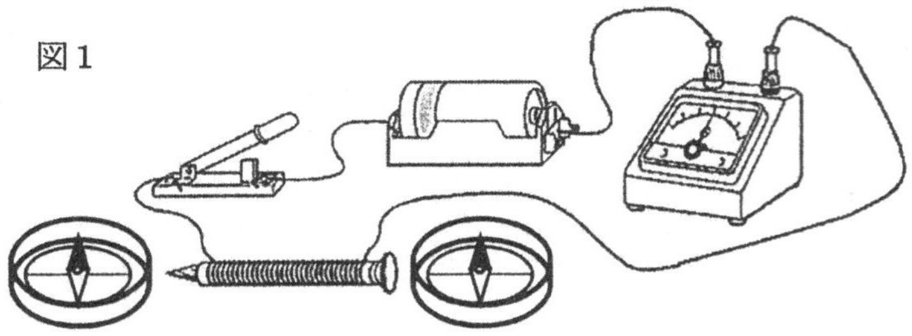

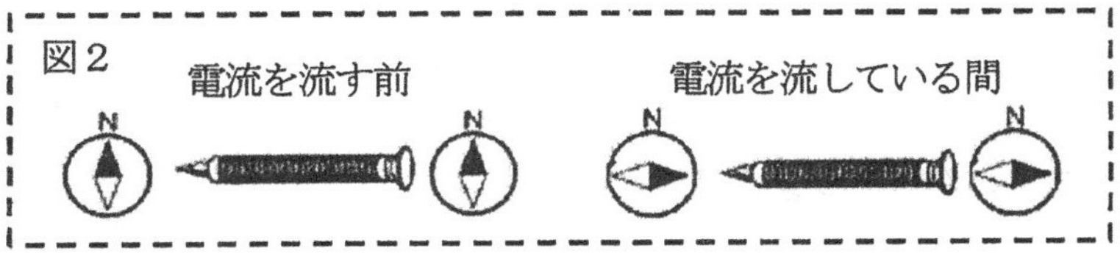

問2 電磁石の性質を利用したものにモーターがあります。

(1) 手回し発電機にはモーターが入っており，モーターのじくが回ることで発電するしくみです。このしくみで発電するものを1つ答えなさい。

(2) モーターが使われていないものはどれですか。ア～オからすべて選び，記号で答えなさい。

ア．せん風機　イ．ホットカーペット　ウ．ドライヤー　エ．洗たく機　オ．電子オルゴール

問3 10ｇ，20ｇ，30ｇ，40ｇ，50ｇのおもりを1個ずつ用意し，そのうち3つのおもりを図3の①～③につるすと2本の棒が水平につりあいました。

ただし，棒と糸の重さは考えないものとし，②，③のおもりの重さについては，③のおもりの方が重いものとします。

(1) ①につるすおもりの重さは何ｇですか。

(2) ②，③につるすおもりの重さは何ｇですか。

(3) 支点からのきょり④は何cmですか。

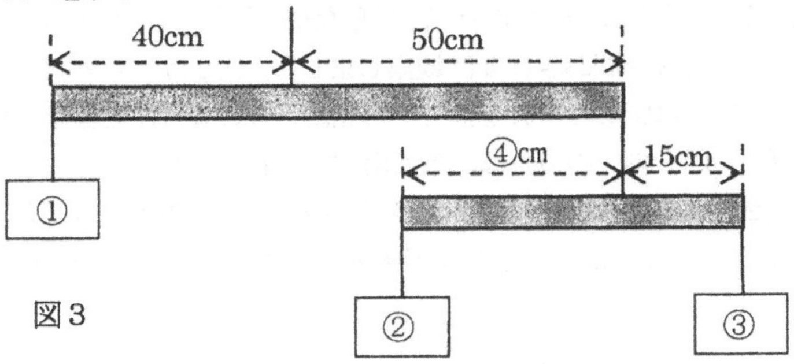

図3

問1		
問2	(1)	
	(2)	
問3	(1)	ｇ
	(2) ②	ｇ
	(2) ③	ｇ
	(3)	ｃｍ

金光学園中学校入学試験(教科型)
令和 4年 1月 4日　　(30分)

社　会　(1)

※50点満点
(配点非公表)

受験番号	

1　次の文章や図を見て，下の問いに答えなさい。

①日本にはたくさんの川があり，②土地の気候《こう》や地形によって様々《さまざま》な特徴《ちょう》があります。川は私たちに恵《めぐ》みをもたらしますが，時に洪《こう》水などの災害の原因になることもあります。特に近年は，日本各地で大雨による洪水の被《ひ》害が出ています。日頃《ごろ》から災害に備えるとともに，その原因であると考えられている地球温暖化を食い止めるため，③資源の使い方を見直し，④再生可能エネルギーの活用をさらに進める必要があります。

図Ⅰ

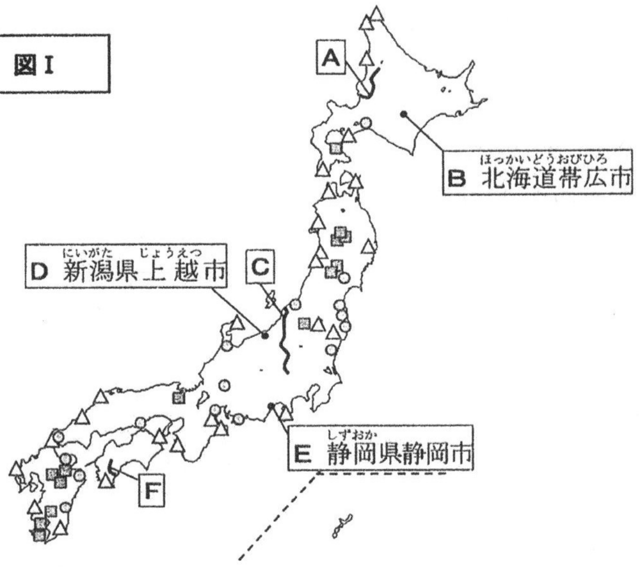

図Ⅱ

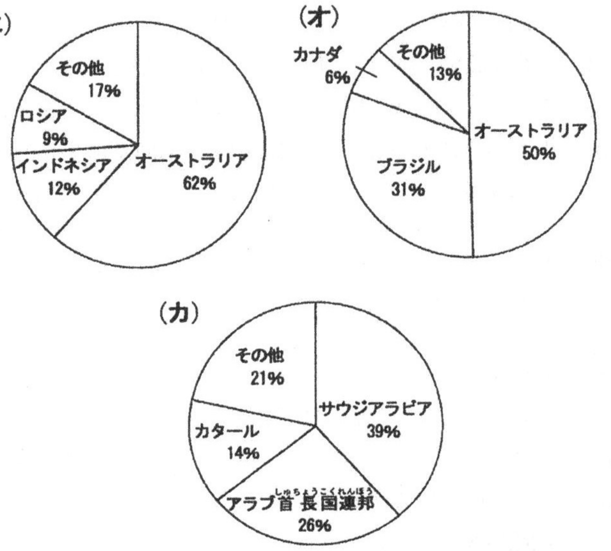

(グラフは日本国勢図絵 2019/20 より作成)

問1　下線部①について，**図ⅠのA，C，F**は何という川ですか。それぞれ答えなさい。

問2　下線部①について，川の説明として**まちがっているもの**を，下の**ア〜エ**から１つ選び，記号で答えなさい。

ア　平野には必ず川が流れている。　　**イ**　日本の川は世界の川と比べて，長いものが多い。
ウ　日本の川は世界の川と比べて，流れが急である。　　**エ**　川の水量を調整するためにダムがつくられることがある。

問3　下線部②について，**図ⅠのB，D，E**の月ごとの平均気温と降水量をまとめたグラフを次の**(ア)〜(ウ)**からそれぞれ選び，記号で答えなさい。

(グラフは気象庁ホームページより作成)

(ア)

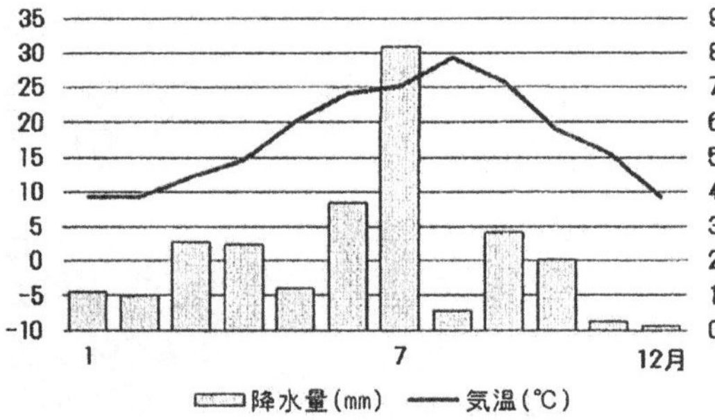

(イ)

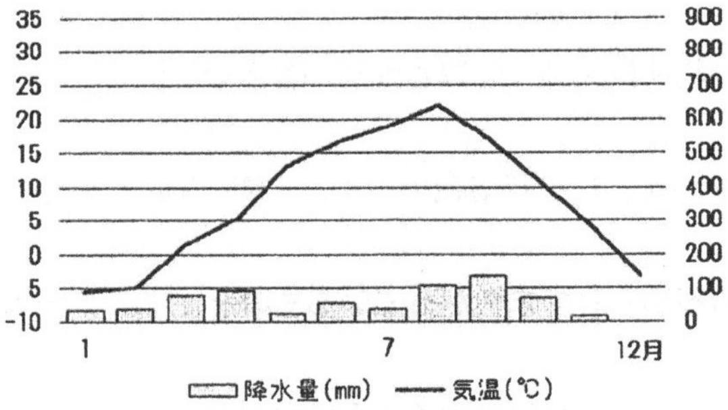

(ウ)

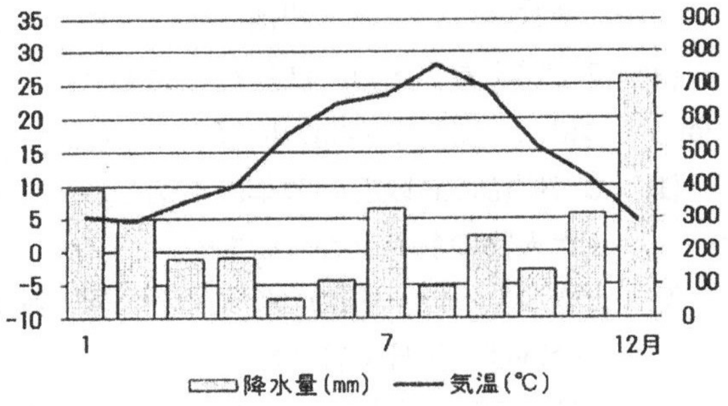

問4　下線部③について，**図Ⅱ**は，日本が輸入している鉄鉱石・石炭・石油の輸入相手国をまとめたものです。鉄鉱石・石炭・石油を示したグラフとして，最も適当なものを**(エ)〜(カ)**からそれぞれ選び，記号で答えなさい。

問5　下線部④について，**図Ⅰ**中の記号（△，▩，◯）は，主な太陽光発電所，風力発電所，地熱発電所の位置を示しています。この中で地熱発電所の位置を示している記号を，あとの**ア〜ウ**から１つ選び，記号で答えなさい。　**ア** △　**イ** ▩　**ウ** ◯

問1	A：	C：	F：	問2	
問3	B：	D：	E：		
問4	(鉄鉱石)	(石炭)	(石油)	問5	

2　次の①〜⑤の文を読んで，下線部が**正しければ〇と答え，まちがっていれば正しく書き直しなさい。**

① インターネット上で人と人とのつながりを支援《えん》する会員制のサービスをまとめて<u>ＧＰＳ</u>という。
② 学校などで見られる，右の写真の矢印が指している部分は<u>火事</u>に備えて取り付けられている。
③ 農業以外で働いている家族が，だれもいない農家を<u>専業農家</u>という。
④ 「⯅」は，<u>裁判所</u>をあらわす地図記号である。
⑤ 都道府県を「あいうえお順」にならべると，最初にくるのは<u>青森《あおもり》</u>県である。

①		②			
③		④		⑤	

社　会　(２)

受験番号	

３　次の文章を読んで，下の問いに答えなさい。

令和３年10月31日に，①衆議院議員の総選挙が行われました。10月４日に岸田文雄《きしだふみお》②内閣が発足して，初めての大きな選挙になりました。国民は③日本国憲法の三大原則の１つである国民主権にあるように，国民の意見を政治に反映させるため，選挙という形で自分たちの代表を選びました。

問１　下線部①について，任期は何年ですか。また，何歳《さい》から立候補できるか答えなさい。

問２　下線部②について，内閣が行うものとして正しいものを下の**ア**～**エ**から１つ選び，記号で答えなさい。

ア　法律が憲法に違反《いはん》していないかについて判断する。　**イ**　裁判官をやめさせるかどうかの裁判をする。

ウ　国会の召集《しょうしゅう》や解散を決定する。　**エ**　法律案について話し合い，法律を制定する。

問３　下線部③について，下の問いに答えなさい。

(1)　下線部③の日本国憲法の三大原則は，国民主権，基本的人権の尊重，もう１つは何か答えなさい。

(2)　(1)で答えた原則は，日本国憲法の第何条に書かれているか，正しいものを下の**ア**～**エ**から１つ選び，記号で答えなさい。

ア　第９条　**イ**　第14条　**ウ**　第25条　**エ**　第41条

問１	年	歳から	問２		問３	(1)	(2)

４　右にある戦いの様子を描《か》いた絵**Ａ**～**Ｃ**について，下の問いに答えなさい。

問１　**Ａ**について，下の問いに答えなさい。

(1)　**Ａ**は長篠《ながしの》の戦いです。この戦いに勝利した戦国大名の名前を答えなさい。

(2)　この戦いで取り入れられたあるものにより，戦い方は大きく変化しました。取り入れられたものが何か答えなさい。

問２　**Ｂ**について，下の問いに答えなさい。

(1)　**Ｂ**は関ケ原《せきがはら》の戦いです。この戦いと最も関係の深いものを下の**ア**～**エ**から１つ選び，記号で答えなさい。

ア　天王山《てんのうざん》の戦い　**イ**　世直し一揆《いっき》　**ウ**　いざ鎌倉《かまくら》　**エ**　天下《てんか》分け目の戦い

(2)　江戸《えど》幕府は支配体制を整え，大名を全国に配置しました。**Ｂ**の戦いの後に，徳川家に従った大名のことを何というか，下の**ア**～**エ**から１つ選び，記号で答えなさい。

ア　譜代《ふだい》　**イ**　親藩《しんぱん》　**ウ**　外様《とざま》　**エ**　御三家《ごさんけ》

(3)　(2)で答えた大名は，江戸から見てどのような場所に領地を配置されたか答えなさい。

問３　**Ｃ**について，下の問いに答えなさい。

(1)　**Ｃ**は明治の新政府の改革に不満をもった士族《しぞく》が起こした西南戦争《せいなんせんそう》です。士族を率いて戦争を起こした人物の名前を答えなさい。

(2)　士族がもった，明治の新政府の改革に対する不満として**まちがっているもの**を，下の**ア**～**エ**から１つ選び，記号で答えなさい。

ア　武士の特別な権利として得ていた収入がなくなり，生活に困るようになった。

イ　選挙で政治家が選ばれるようになり，政治を行うという武士の特別な権利が奪《うば》われた。

ウ　武士の特別な権利であった，刀を持つことが禁止され，武士のほこりが失われた。

エ　四民平等によって農民や町人も名字を名乗るようになり，武士の特別な権利が奪われた。

(3)　西南戦争の後，武力による反乱はなくなり，言論によって主張が行われるようになりました。このころに始まった，国会の開設や憲法制定などを求めた運動のことを何というか答えなさい。

問１	(1)	(2)	問２	(1)	(2)
問２	(3)		問３	(1)	(2)
問３	(3)				

５　右にある外国との関わりを記した年表の①～③にあてはまるできごとを，下の**ア**～**エ**から１つずつ選び，記号で答えなさい。また，【　**Ａ**　】・【　**Ｂ**　】にあてはまる言葉を答えなさい。

ア　岩倉具視《いわくらともみ》を中心とする使節団がアメリカやヨーロッパに向けて出発する

イ　鑑真《がんじん》が来日し，仏教を広める

ウ　フランシスコ・ザビエルが来日し，キリスト教を伝える

エ　杉田玄白《すぎたげんぱく》らがオランダ語の医学書をほん訳した「解体新書」を出版する

年	できごと
607年	小野妹子《おののいもこ》らを隋《ずい》に使いとして送る(遣隋使《けんずいし》)
	①
1270年 1281年	【　Ａ　】の大軍が２度にわたり九州にせめてくる
	②
1639年	幕府が【　Ｂ　】を行い，オランダと中国《ちゅうごく》の貿易船のみ長崎《ながさき》に限って出入りを認める
	③
1853年	ペリーが軍艦《ぐんかん》４せきを率いて浦賀《うらが》に上陸する

①	②	③	Ａ	Ｂ

金光学園中学校入学試験（適性検査型）

令和３年12月５日　　　　（45分）

適性検査Ⅰ－１

※70点満点（配点非公表）

受験番号	

課題１　先生と太郎《たろう》さんと花子《はなこ》さんは，音について次のような会話をしています。あとの（１）～（４）に答えましょう。

先生：音とは，物が動き，こすれ，またはぶつかって出る空気のふるえが，耳に伝わって聞こえるものだよ。

太郎：音が伝わるということは，音には伝わる速さというものがあるということですね。

花子：山頂からはなれた山に向かってさけんだとき，やまびこが返ってくることでも音が伝わるのに時間がかかっていることがわかるね。

（１）　いなずまが見えてから2.5秒たってかみなりの音が聞こえました。このとき，かみなりまでのきょりを答えましょう。ただし，音が伝わる速さは，秒速340ｍとします。

m

（２）　図１のように，川の反対側に高い建物が垂直に立っています。あなたが今いる場所からこの建物までのおおよそのきょりを，笛とストップウォッチを使って求めるとき，あなたはどのようにして求めますか。求め方を説明しましょう。ただし，音が伝わる速さは，秒速340ｍとします。

説明

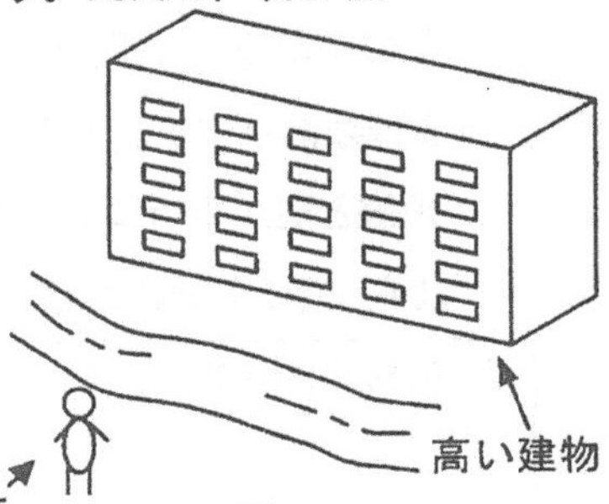

図１

先生：ギターなどの弦楽器《げんがっき》では，弦を指で押さえて弦の長さを調整することで，音の高さを変えることができるよ。
資料１は，ドの音が出る弦の長さを基準にしたときの，その他の音の出る弦の長さの割合を示しているよ。

資料１

階名	ド	レ	ミ	ファ	ソ	ラ	シ	$\overline{\text{ド}}$
ドの音が出る弦の長さを基準にしたときの，弦の長さの割合	1	$\frac{8}{9}$	$\frac{4}{5}$	$\frac{3}{4}$	$\frac{2}{3}$	$\frac{3}{5}$	$\frac{8}{15}$	$\frac{1}{2}$

※　弦の長さが半分になると，１オクターブ高い音が出ます。
　弦の長さが２倍になると，１オクターブ低い音が出ます。

先生：音の高さについて考えてみよう。図２のように，１本の弦の両はしを固定し，ピンと張ったモノコードという道具を使うとわかるよ。
「ことじ」の位置を左右に動かして，弦の長さを調整してみよう。

（３）　図２のモノコードで，弦の長さが40cmの部分をはじくとレの音が出たとき，シの音を出そうとすると，弦の長さを何cmにすればよいか，資料１を参考にして答えましょう。また，どのようにして求めたのかも説明しましょう。

説明

cm

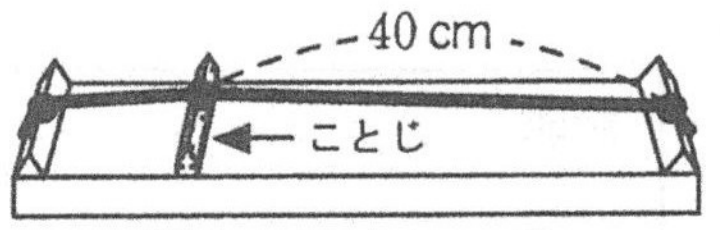

図２　モノコード

太郎：ドの音が出る弦の$\frac{4}{3}$倍の長さの弦をはじいたときに出る音はなんだろう。

花子：ドの音が出る弦の$\frac{2}{3}$倍の長さの弦をはじいて出る音がソだから，その弦の長さの２倍なので，１オクターブ低いソになるよ。

（４）　図３のモノコードで，長い方の弦をはじくとドの音が出て，短い方の弦をはじくと１オクターブ高いドの音が出ました。このとき，「ことじ」をはずして弦をはじくと何の音が出るか，その階名を資料１を参考にして答えましょう。また，どのようにして求めたのかも説明しましょう。

説明

階名

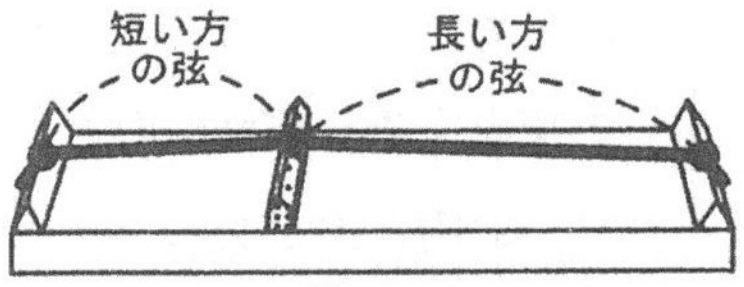

図３

金光学園中学校入学試験（適性検査型）
令和３年12月５日

適性検査Ⅰ－２

受験番号	

課題２　太郎さんと花子さんと先生は，東京オリンピックのロゴについて，次のような会話をしています。
あとの（１）～（４）に答えましょう。

（東京オリンピックのロゴ）

お詫び：著作権上の都合により，
掲載しておりません。
ご不便をおかけし，
誠に申し訳ございません。
教英出版

図１　東京オリンピックのロゴ

太郎：今年の明るい話題として，東京オリンピックでの日本人の活躍《かつやく》があったね。

花子：そうね。ロゴも日本らしいと評判だったわ。図１を見ると，正方形と２種類の長方形をいくつか使って，その頂点がくっつくように円形に並べられているわ。

先生：この正方形と２種類の長方形は，正十二角形の12個の頂点から４つの頂点を選び結んでできているよ。

（１）　図２のように，直径が４cmの円の周りに12個の点を同じ間隔《かんかく》にとり，その中から４つの点を結んでできる四角形で，すべての角が90度のものは３種類あります。その３種類のそれぞれの四角形の周りに，その四角形の対角線と辺が平行になる四角形を図３の太線のように作ります。このとき，(あ)，(い)，(う)の角の大きさはそれぞれ何度か答えましょう。

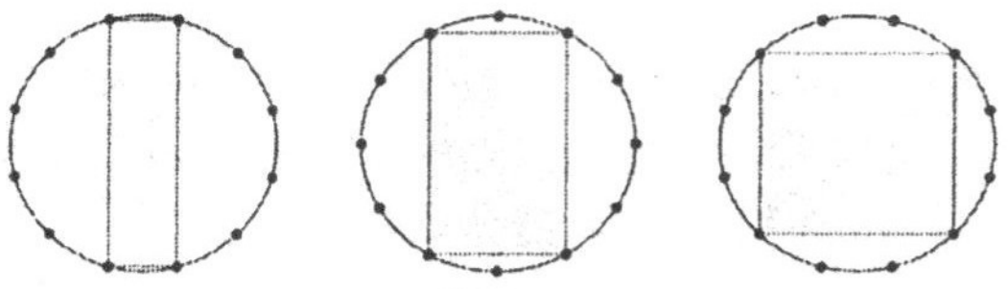

図２

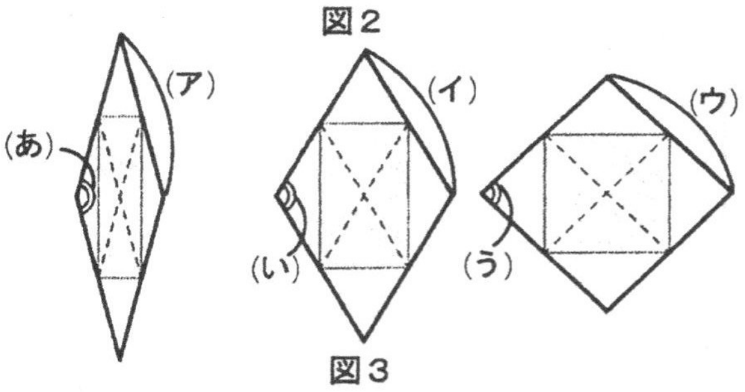

図３

(あ)の角の大きさ	(い)の角の大きさ	(う)の角の大きさ
度	度	度

（２）　図３の(ア)，(イ)，(ウ)の長さはすべて等しいことを説明しましょう。

説明

先生：図３の太線の四角形を辺がぴったり重なるように並べていくと，図４のようになるよ。

太郎：図４の中央に小さい正十二角形の空白があるね。ここにも図３の太線の四角形をしきつめられないかな。

花子：図３の太線の四角形の辺の長さはすべて等しいから，角の大きさをうまく組み合わせるとできそうね。

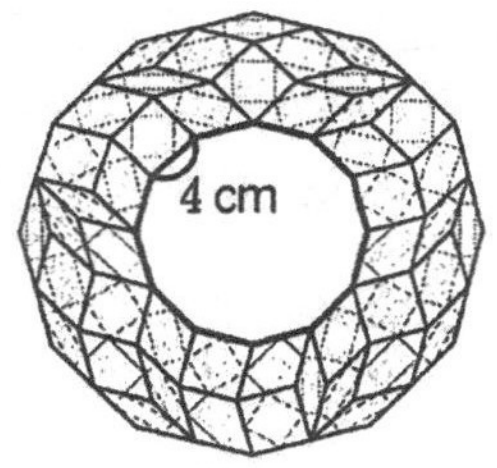

図４

（３）　図５の点は，図４の中央にある１辺の長さが４cmの正十二角形の頂点と，その12個の頂点を通る円の中心を表しています。このとき，(え)の角の大きさを答えましょう。また，どのようにして求めたのかも説明しましょう。

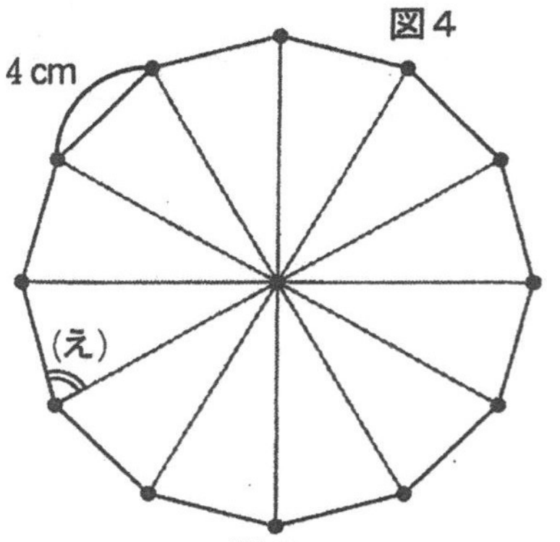

図５

説明	
	度

（４）　右の解答らんにある点は，資料１のようにしてかかれています。その点を結んで，１辺の長さが４cmの正十二角形の中を，図３の太線の四角形のみでしきつめましょう。ただし，使わない点があってもよいものとします。

資料１

①図６のように１辺の長さが４cmの正十二角形のすべての頂点をそれぞれ中心として，半径４cmの円をかいたときの円と円が交わった点
②図７のように，図６の内側の12個の点を通る円の中心

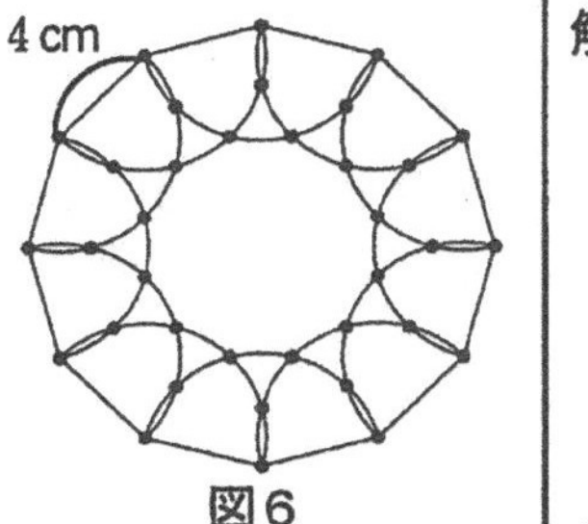

図６

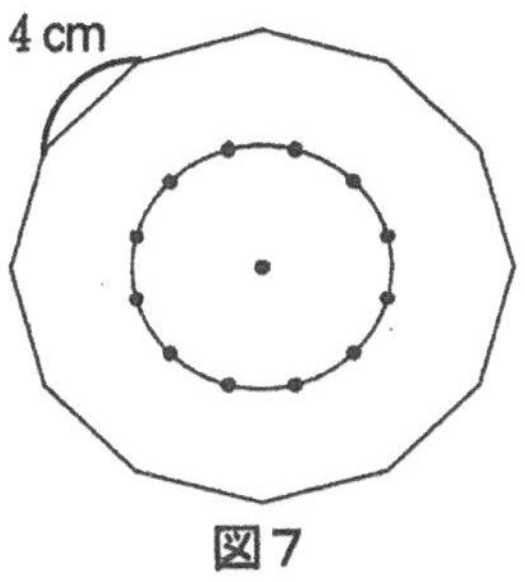

図７

解答らん

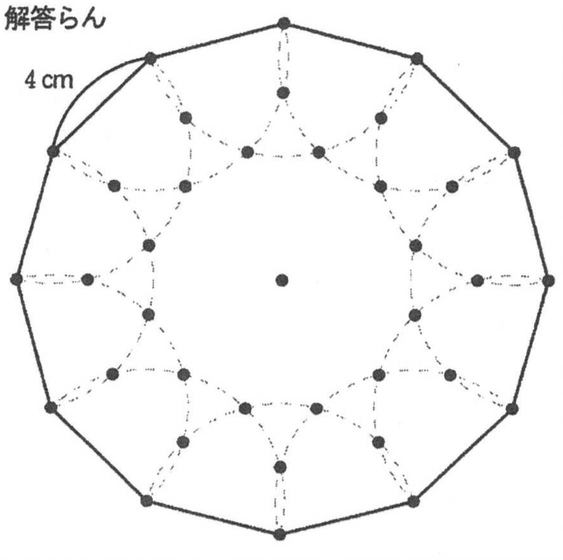

適性検査Ⅰ－３

受験番号

課題３　太郎さんと花子さんは次のような会話をしています。あとの（１）～（４）に答えましょう。

太郎：金ぞくを熱すると，熱したところから順にあたたまっていくよね。
花子：水ではどのようにしてあたたまるのかしら。

（１）　図１のように，ビーカーの中に４ ℃の水が入っています。この水をビーカーの下の方から熱してしばらくすると，水の温度はビーカーの底の方に比べて，上の方が高くなります。その理由を図２のグラフを参考にして，「温度」という言葉を使って説明しましょう。ただし，図２は温度を変化させたときの１ cm³あたりの水の重さを表しています。

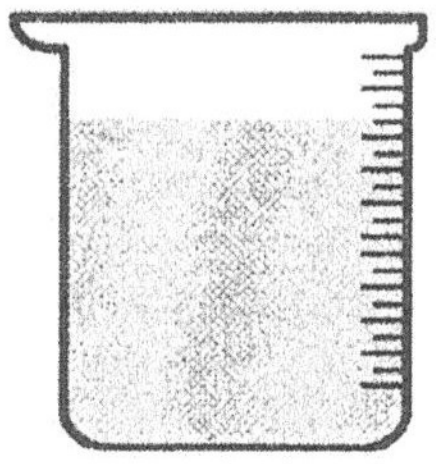

図１

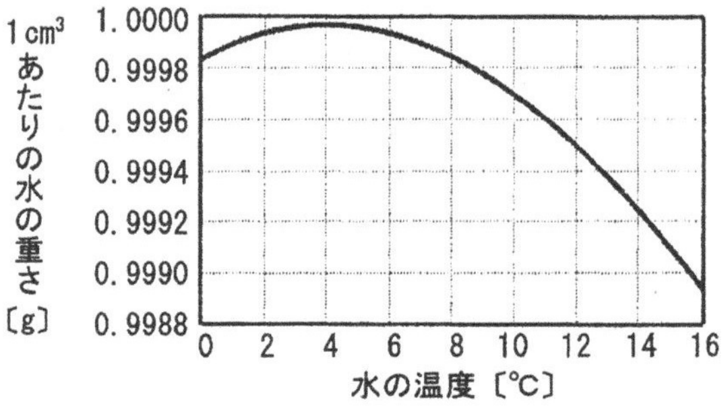

図２

花子：お母さんの料理を手伝っていると，食塩と砂とうを間違えていれてしまったよ。
太郎：食塩も砂とうも白いから見た目だけでは区別がつかないよね。
　　　理科の授業で習ったミョウバンも白い結晶《けっしょう》だったよね。
花子：水にとけた食塩，砂とう，ミョウバンは味のちがいはあるけど，味を確かめる以外の方法で区別できるといいよね。

（２）　机の上に白い結晶 40 gあります。それはミョウバンか食塩であることは分かっていますが，見た目では区別がつきません。ビーカーを用意し，この白い結晶 30 gを 60 ℃，100 gのお湯にとかしました。どちらの結晶がとけているのかを調べるためにはどのような方法がありますか。資料１の中から必要な物だけを使って考え，２通りの方法で説明しましょう。ただし，図３は水 100 gにとけるミョウバンと食塩の量を示しています。

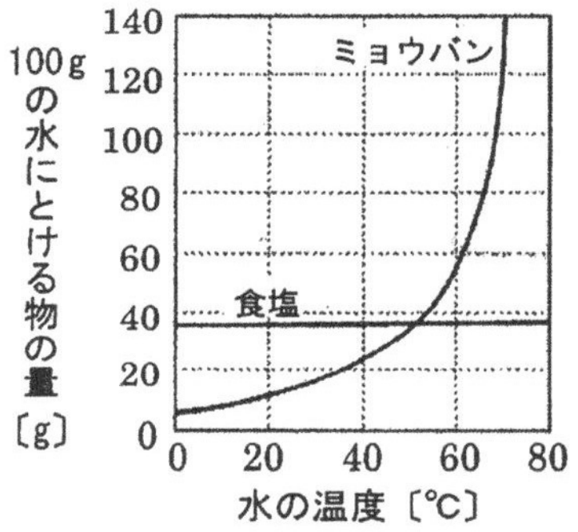

図３

方法①

方法②

資料１

- 残りの白い結晶 10 g
- ガラス棒
- 氷水
- ガスバーナー
- 温度計

太郎：この前，浅口市《あさくちし》の天文台で月を観察したんだ。雲がなく，月がはっきり見えてきれいだったよ。

資料２

月の観察記録

日時	11 月 15 日　午後９時
月の形	半月よりふくらんで見えた。
方角	南の空

スケッチ

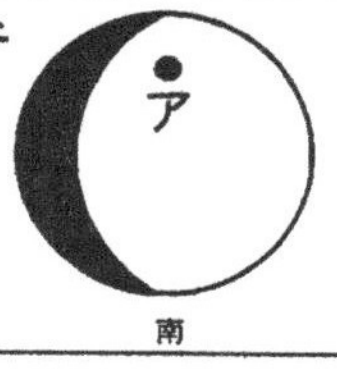

（３）　資料２の月を観察した同じ日の同じ時刻に，月のアの地点から見える地球は，どのような形になりますか。資料２のスケッチのように，欠けている部分を黒くぬりつぶしましょう。

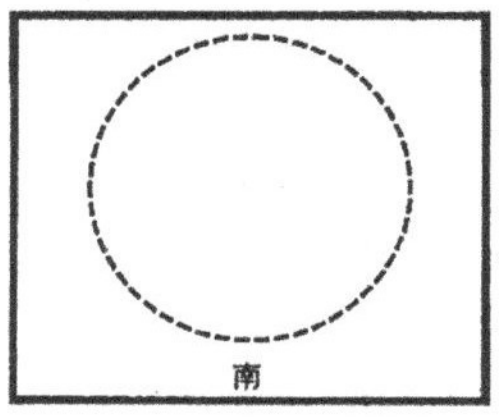

太郎：地球の周りには月だけではなく，スペースデブリと呼ばれる宇宙ゴミもまわっているそうだよ。スペースデブリとは，使われなくなった人工衛星や衛星打ち上げの時に使うロケットの不要な部分が地球の周りを回っているものなんだって。
花子：今後の宇宙開発に影響《えいきょう》はないのかしら。
太郎：スペースデブリが国際宇宙ステーションに衝突《しょうとつ》したら大きな事故が起こるかもしれないね。また，使用中の人工衛星に衝突してこわれたら，私たちの生活にも影響が出るかもしれないね。
花子：スペースデブリの問題は，私たちが将来解決していかなくてはいけない問題の１つになりそうだね。
太郎：ぼくは将来この問題を解決できるように，これからしっかり勉強するつもりだよ。

（４）　スペースデブリが人工衛星に衝突して衛星が使用できなくなった場合，私たちの日常生活にどのような問題が起こると考えられますか。問題となる点を１つ答えましょう。

適性検査Ⅱ－１

（45分）

※70点満点
（配点非公表）

受験番号

課題１　次の文章を読んで、あとの(1)から(4)に答えましょう。

筆者が、魚について調べたことをノートにまとめた宿題を提出すると、担任の先生から新聞にすることを提案されました。この場面は、当時の筆者のあだ名をタイトルにした「ミーボー新聞」が初めて張《は》り出された場面です。

6年4組の廊下《ろうか》に張り出された初めての日は、朝から①ソワソワが止まりませんでした。なんともいえないような気《き》恥《は》ずかしさ。そして足を止めてくれる人が本当にいるのかな？　という不安。先生の話なんてまるで頭に入ってきませんでした。

休み時間になるたび、廊下の様子が気になってしかたがないのに、なんだか怖《こわ》くて見にいくこともできません。

翌日《よくじつ》、昨日《きのう》よりもすこし気持ちが落ちついてきたので、3時間目と4時間目の5分休みに、勇気をだして新聞の様子をチラッと見てみることにしました。教室のドアをすこしだけ開けて、そーっと廊下をのぞいてみると……、あぁ！　1、2、3人4人！　ミーボー新聞の前で足を止め、読んでくれている子たちがいるではないですか！

「『このお魚はウマヅラハギといって頭に角《つの》のようなものがあります。』だって。」

「本当に馬っぽい顔してる、おもしろーい。」

「『キモがとてもおいしいことで有名です。』って、キモってなーに？　食べたことない。」

そこで足を止めているのは、クラスメイトだけではありませんでした。ほかのクラスの子たちが、ニコニコしながらミーボー新聞を読んでくれています。それも、書いてある言葉を声に出して、描《えが》いたお魚の絵を「すごーい。かわいい。」と指さしながら、みんなで楽しそうに話しているのです。

ビックリしました。それまでに感じたことのないような感動が、電気が走ったかのように、ビリビリと体の中を突《つ》き抜《ぬ》けたのです。

②そんな光景は、しばしば見られました。そのうち、大きく書かれた『ミーボー新聞』というタイトル名の上に、吹《ふ》き出しの形をして「今週の！」という言葉がつけたされました。そしてどこからともなく、「今週のミーボー新聞読んだ？」「新しいのにかわってたよ。」「今回のお魚、かわいかったねえ。」などと、たくさんの人がミーボー新聞について話しているのを耳にすることが増えてきました。

クラスメイトたちからは、もっと大きな*反響《はんきょう》がありました。

「オレもダイナンギンポって魚、釣《つ》ってみてえな。今度連れていってよ。」「いいよー、いこういこう！」「ミーボーん家のハゼ、見にいってもいい？」「見にきてくれるのー？　かわいいよお！」「どうしてウマヅラハギは角があるの？」

と、新聞を読んで質問をしてきてくれたり、お魚に興味を持ってくれる友達が、どんどん増えてきたのです。

それまで自分にとって、絵を描くということは、誰《だれ》かに見てもらうためでも誰かのために描くものでもありませんでした。ただただ絵を描くのが好きで、大好きなものを描きたい。そんな自己満足《じこまんぞく》だけで描いていたのです。ところが、そんな自己満足のかたまりのようなミーボー新聞を、たくさんの人が毎回楽しそうに読んでくれる。そのことに、おどろくとともに、言葉にしつくせないほどのうれしさがこみ上げてきたのでした。

③このときを境《さかい》に、自分の中で、絵を描く心構《こころがま》えがガラリと変わっていきました。えらやうろこは細かいところまでていねいに。お魚の顔は、いちばん魅力《みりょく》的に見える表情で。色もキレイに塗《ぬ》ろう。もっとかわいく、もっとワクワク見てもらえるように描いてみよう。自分ではなく誰かのために絵を描きたいと思うようになったのです。

絵は自分で楽しむだけじゃない。人に見てもらい、人をよろこばせるという役割もあるんだ。そして、自分の書いた文や絵が、人を動かし、影響《えいきょう》を与《あた》えることもあるんだ。

④先生がミーボー新聞を通して教えてくれたのは、宝物《たからもの》のようにかけがえのない、たいせつなことでした。絵に力があることを初めて知ったのです。

このときの体験が、さかなクンとしての人生に大きく影響を与えることになろうとは、当時の自分は思ってもみませんでした。

（さかなクン著『さかなクンの一魚一会～まいにち夢中な人生！～』から）

＊反響…ある事件や発表されたことがらに対して起こる、さまざまな反応。

適性検査Ⅱ―２

受験番号

(1)　――線①「ソワソワ」を使って短い文を作りましょう。

(2)　――線②「そんな光景」とは、どのような光景ですか。文中の語句を用いて二十五字以内で書きましょう。（、や。や「　」も一字に数えます。）

(3)　――線③「このときを境に、自分の中で、絵を描く心構えがガラリと変わっていきました」とありますが、このように、あなた自身が何かのきっかけで心構えが変わった経験を、「きっかけ」と「どのように変わったのか」がそれぞれわかるように三十字以上五十字以内で書きましょう。（、や。や「　」も一字に数えます。）

(4)　――線④「先生がミーボー新聞を通して教えてくれたのは、宝物のようにかけがえのない、たいせつなことでした」とありますが、先生は筆者にどのようなことを教えてくれたのですか。文中の語句を用いて八十字以内で書きましょう。（、や。や「　」も一字に数えます。）

課題２　今年の夏に行われた「東京２０２０オリンピック・パラリンピック」は、様々な困難がある中、多くの人の協力によって開かれました。あなたが、小学校の六年間でだれかと協力して行い成功したことについて、どんな人と、どのように協力したのかを二百字以内で書きましょう。（、や。や「　」も一字に数えます。段落分けはしなくてよろしい。一マス目から書き始めましょう。）

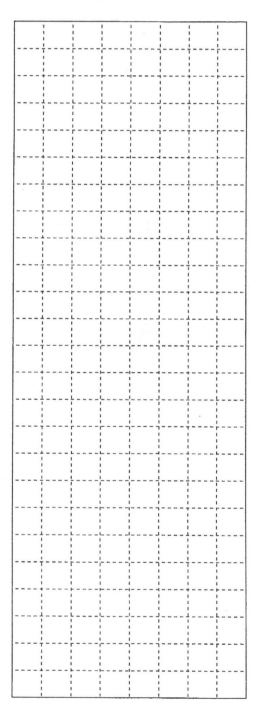

適性検査Ⅱ－３

受験番号	

課題３　太郎《たろう》さんと花子《はなこ》さんが，環境《かんきょう》問題について会話をしています。その文を読んで，あとの（１）～（４）に答えましょう。

太郎：今年の夏も暑かったね。なんか毎年暑くなっている気がするなあ。
花子：気になって調べてみたら，**資料１**を見つけたわ。
太郎：地球の気温はだんだん上がってきているみたいだね。特にここ 20 年は［ A ］の方が気温の上がり方が大きいけれど，その原因は，［ B ］からだろうね。
花子：地球温暖化の原因のひとつが，二酸化炭素（CO_2）などの増加と言われているわ。二酸化炭素は石油や石炭などの燃料を燃やす火力発電で大量に発生するけれど，日本の発電量のほとんどは火力発電なのよ。
太郎：二酸化炭素の発生をおさえるという意味では，原子力発電がいいんじゃないかな。
花子：でも地震《じしん》がおきたときや事故がおこったときなどの危険性については，不安があるわ。それに燃料やはいき物の取りあつかいも難しいと言われているし…。
太郎：じゃあこれからは，①資源には限りがあることだし，再生可能で，より安全なエネルギーの開発に取り組む必要があるなあ。

資料１　世界の年平均気温の変化※（気象庁より）

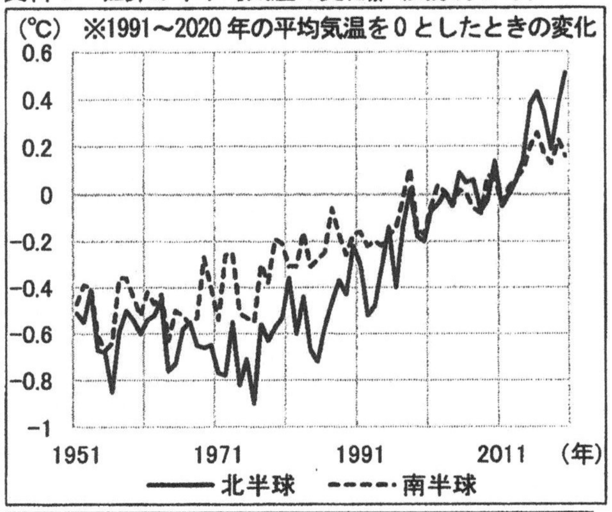

（１）　資料１を見て，文中の［ A ］には北半球と南半球のどちらがあてはまるか答えましょう。また，［ B ］にあてはまる原因を考えて答えましょう。

A	B

（２）　下線部①について，次の資料２・３・４は，火力発電と太陽光発電の出力や費用などを比べたものです。今後，太陽光発電を広く日本で導入する場合，どのような利点と課題が考えられますか。利点と課題の両方について，それぞれひとつの資料を選んで示し，その資料にもとづいて答えましょう。ただし，利点と課題で同じ資料を使ってはいけません。

資料２　発電所数と合計最大出力（資源エネルギー庁より）

	太陽光発電（家庭用を除く）	火力発電（液化天然ガス）
発電所数	2520 カ所	71 カ所
合計最大出力	1055 万 kWh	8236 万 kWh

資料３　発電にかかる費用（資源エネルギー庁より）

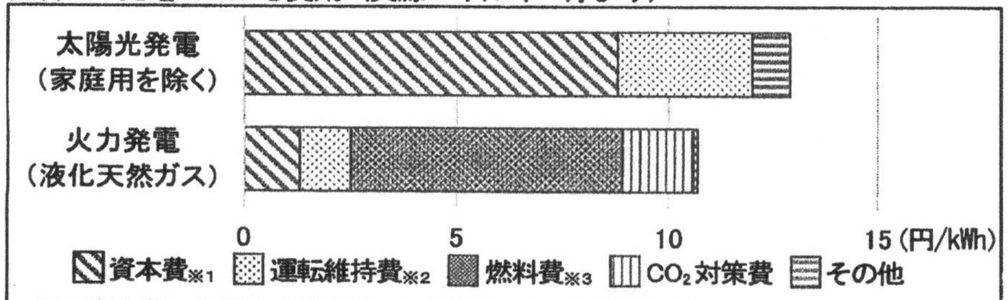

※１資本費…発電所の建設費用・設備のはいき費用など
※２運転維持《いじ》費…運転にかかる費用　※３燃料費…燃料の購入《こうにゅう》・輸送費用など

資料４　ある日の太陽光発電の天候別発電量（日本原子力文化財団より）

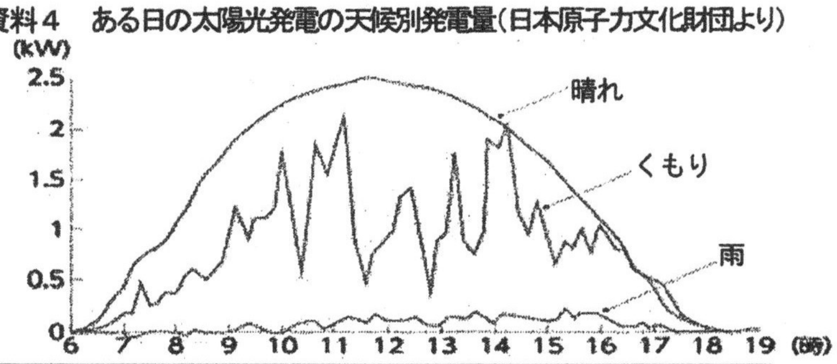

利点	資料	
課題	資料	

花子：地球温暖化が進んで豪雨《ごうう》や干ばつなどの自然災害が増えれば，農産物の生産量も減ってしまうんじゃないかしら。
太郎：日本はたくさんの食料を輸入にたよっているから，影響《えいきょう》も大きいと思うなあ。
花子：食料の輸入については，フード・マイレージ（食料の輸送量に輸送距離《きょり》をかけたもの）という考え方があるそうよ。それについての資料が**資料５**よ。フード・マイレージが大きくなると，地球環境に与える影響も大きくなるんだって。
太郎：②日本のフード・マイレージは，他の国と比べてとても大きいんだね。これは，たくさんの食料を輸入しているからなんだろうね。
花子：日本はたくさんの食料を輸入しているけれど，はいきしている量も多いらしいわ。
太郎：世界にはうえで苦しんでいる人がいるのに，③日本では食品ロスが問題になっているんだね。

資料５　各国のフード・マイレージと求め方（農林水産省より）

［フード・マイレージ（t・km）］＝［輸入相手国別の輸入食料の総量（t）］×［輸入国から自国までの輸送距離（km）］

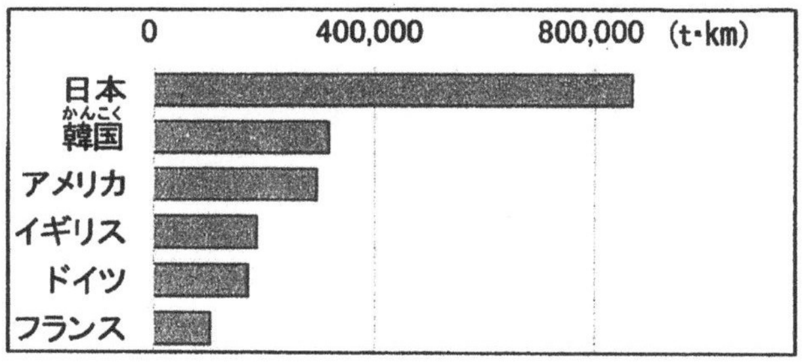

（３）　下線部②について，日本のフード・マイレージが大きい理由として，「たくさんの食料を輸入している」以外にどのようなことが考えられるか答えましょう。また，フード・マイレージが大きくなることで地球環境に与える影響が大きくなるのはどうしてだと考えられるか答えましょう。

フード・マイレージが大きい理由	
地球環境に与える影響	

（４）　下線部③について，どうしたら食品ロスを減らすことができるか，あなたの考えを３つ答えましょう。

1	
2	
3	

国語（1）

（60分）

※100点満点
（配点非公表）

受験番号

一　次の文章を読んで、あとの問いに答えなさい。

かつての日本人は、条例や法律などなくても、共同体の中に水利用に関する※1暗黙《あんもく》のルールをもっていました。それは、よりよくくらすための「生活の知恵《ちえ》」とも言えました。

アメリカからの帰国後、長崎《ながさき》県島原《しまばら》市の浜《はま》の川湧水《がわゆうすい》をたずねました。ここには※2四つに区切られたあらい場があります。浜の川湧水の管理は町内会が自主的におこなっています。四つに区切られたあらい場のうち、一番上では食べ物をあらい、次の場所では食器をあらうなど、用途《と》によって水を利用する場所を変えているのです。

「このルールはいつからできたのですか」

ぼくは食器をあらっていた女性に聞きました。①女性は「ルール？」と聞きかえして首をかしげ、「何をばかなことを。人様に迷惑《めいわく》をかけないようにと思えば、水の使い方は自然と決まってくるでしょう」と言いました。

たしかにその通りです。これこそが、かつてどこの共同体ももっていた暗黙のルールです。こうしたものを守っていければ理想的です。しかし、現在の共同体は変化し、新しくやってくる人もいます。彼らが、暗黙のルールをこえた行動をしたとき、そのことを※3とがめると「ルールがないじゃないか」と反論します。同じ文化を共有している人であれば、※4モラルや良心にそって水を利用することができます。でも、文化を共有できなければ、それはむずかしいのではないかと考えました。

たしかに、コミュニティ（その水を使う人たちのこと）のなかの暗黙の了解《りょうかい》として、②モラルある水の使い方ができるのが理想です。しかしながら、③さまざまな人が水を使うようになると、暗黙の了解にたよることはむずかしくなっていきます。

現在、いろいろな自治体が地下水に関するルールをつくるようになりました。そして、ぼくもそのお手伝いをするようになりました。お手伝いを始めて感じたことは、④地下水に関するルールをつくるのは、なかなかむずかしいということです。

その理由の一つは、地下水が目に見えないことです。地下水が増えているのか、減っているのか、きれいなのか、よごれているのか、さらには減った原因、よごれた原因がわかりにくいからです。

もう一つは、ルールをつくると、得をする人と損をする人がでてくることです。たとえば、これまで自由に水をくんでいた人にとっては損に感じます。ですから、ルールをつくる前に、なぜルールをつくるのかを地域できちんと共有することが大切です。

一つの例として、長野《ながの》県安曇野《あづみの》市の話があります。

信濃川《しなのがわ》の最上流に位置する長野県松本盆地《まつもとぼんち》には、たくさんの地下水がたまっている数百メートルにおよぶ層があります。その量は、琵琶湖《びわこ》の総貯水量の三分の二と推計されています。松本盆地にくらす人たちは、この地下水の恩恵《おんけい》にあずかってきました。

（　A　）二〇〇〇年ごろから、安曇野市では湧《わ》き水の水位が下がり、名産のわさびがかれ、「栽培《さいばい》できなくなった」という声が上がるようになりました。それまでは地下水利用に関するルールはなく、それぞれの利用者が自分の判断で使っていました。

そうしたなか、地下水保全研究委員会が発足《ほっそく》しました。地下水を使っている人たちで地下水利用のルールを考えようというものです。

会合は、［　⑤　］関係にあった人たちが顔をそろえました。それまでは「ペットボトル水メーカーが来たから地下水が減った」「わさび田を拡張しすぎたから地下水が減った」などと、おたがいを責めていた人たちでした。

そこで、地下水保全研究委員会は、地下水の量を調べました。すると地下水は毎年減り続けていて、減少量は年間六〇〇万トンであることがわかりました。このままでは、いずれ地下水はなくなってしまうでしょう。

水位が減っていることが明らかになると、「将来にわたって安曇野の地下水を利用していくには、地下水を増やさなくてはならない。そのために協力しよう」とメンバーは一つになることができました。最初のころは、「だれが使ったから減った」という犯人探しのような議論ばかりだった会議は、「みんなの地下水をみんなで保全しよう。そのためにはどうしたらよいか」という方向に変わりました。

大切なのは、「なぜルールをつくるか」ということだとは、前にも書きました。その「なぜ」とは、「一〇年後も一〇〇年後も水を使えるように」ということです。そのために、できることをルールとして定め、みんなで水を守っていくのです。

こうした会議で⑥ぼくが大切だと考えているのは、地元のルールは地元の人で決めるということです。ある会議でのことです。ぼくは議論の調整役として参加していました。さまざまな立場の参加者がいるので、意見をときほぐしたり、事実関係を整理したりするのが仕事です。

会議が終わった後、「もっとぐいぐい引っぱってください」という人がいました。そこで、「ぼくがぐいぐいひっぱったら、絶対にうまくいきませんよ」と答えました。

（　B　）、共同体のルールは、そこに住む人が決めるべきだからです。地元の水の状況《きょう》を知り、一〇年後も一〇〇年後もその水を使えるようにするには、どうしたらいいかを自分たちで決め、自分たちで行動していく必要があるのです。

そうは言っても、ぼくも強く主張することがあります。それは、［　⑦　］の代弁をするときです。具体的には「子ども」と「生き物」です。水のルールを決める場合、現在の関係者が満足するだけではいけません。一〇年後も一〇〇年後も水を利用できるようなルールが必要です。

（　C　）、水はだれのものかといえば、地球にすむすべての生き物のものです。人間だけが自由にしてよいわけではありません。だから、生き物のことを無視したようなルールができそうなときは、ぼくは生き物の気持ちを代弁しようと思っています。

実際には、めぐりめぐって人間のためでもあります。水を育むのは自然だからです。自然を大切にしていくことが、人間が持続的に水を利用できる唯一《ゆいいつ》の方法です。

（橋本淳司著『一〇〇年後の水を守る～水ジャーナリストの二〇年～』）

（注）※1　暗黙のルール…口に出して言わなくてもみんなが分かっているルール。「暗黙の了解」も同じ。
※2　四つに区切られたあらい場…上から下へと水が流れるように段差があるあらい場。　※3　とがめる…あやまちを非難する。　※4　モラル…道徳意識。

国語（2）

受験番号

問1　文中の（　A　）～（　C　）に入る言葉として最も適当なものを次の中からそれぞれ選んで、記号で答えなさい。

ア　そこで　イ　たとえば　ウ　また　エ　なぜなら　オ　ところが

A	B	C

問2　――線①「女性は『ルール？』と聞きかえして首をかしげ」たのはなぜか。その理由として最も適当なものを次の中から選んで、記号で答えなさい。

ア　いつもの水の使い方をルールだとは思っていないため、何を聞かれているのかすぐに理解できなかったから。
イ　この地域の住民ではない筆者をあやしく思い、水の使い方を簡単に教えてもいいのか迷っていたから。
ウ　筆者の声が小さく質問が聞き取れなかったので、顔を近づけてもう一度きちんと聞き直そうとしたから。
エ　女性が住む前から、この地域にあった水の使い方なので、いつから始まっていたのか分からなかったから。

問3　――線②「モラルある水の使い方」とあるが、それはどのような使い方か。「～ような使い方」に続くように、文中から十字でぬき出しなさい。

ような使い方。

問4　――線③「さまざまな人が水を使うようになると、暗黙の了解にたよることはむずかしくなっていきます」とあるが、どういうことか。その説明として最も適当なものを次の中から選んで、記号で答えなさい。

ア　文化がちがう共同体から来た人は、その地域の水の使い方をまねしようとするがうまくいかないということ。
イ　文化がちがう共同体から来た人は、地元の人が受けつぐ方法とはちがう水の使い方をしてしまうということ。
ウ　新しく共同体にやってきた人は、地元の人たちと仲間意識がもてず、水の使い方を聞き出せないということ。
エ　新しく共同体にやってきた人は、昔からある地域の水の使い方をよりわかりやすくしようとするということ。

問5　――線④「地下水に関するルールをつくるのは、なかなかむずかしい」とあるが、なぜか。文中の言葉を用いて六十字以内で書きなさい。

問6　⑤に入る言葉として最も適当なものを次の中から選んで、記号で答えなさい。

ア　友好　イ　上下　ウ　信頼《しんらい》　エ　対立

問7　――線⑥「ぼくが大切だと考えているのは、地元のルールは地元の人で決めるということ」とあるが、なぜか。「～ために自分たちで決める必要があるから」に続くように、文中から三十五字以内でぬき出しなさい。

ために自分たちで決める必要があるから。

問8　⑦に当てはまる言葉として最も適当なものを次の中から選んで、記号で答えなさい。

ア　自分の意見を持たない人　イ　水のことに興味がない人
ウ　会議に出席できない人　エ　共同体に来たばかりの人

問9　本文の内容として正しいものを次の中から選んで、記号で答えなさい。

ア　長崎県島原市では、水の使い方を住民で話し合って決めたので、モラルある水の使い方ができていた。
イ　長野県安曇野市では、水が減った理由がわかったことで、地下水を守るために外部の専門家の提案に従った。
ウ　共同体のルールを決める時は、現在の関係者だけでなく、子どもやお年寄りも使いやすくするべきである。
エ　地球に住むすべての生き物が、持続的に水を利用できるただ一つの方法は、自然を大切にすることである。

二　次の①～⑤の――線の漢字をひらがなに直し、⑥～⑮のひらがなを漢字に直しなさい。

①世間の目を気にする　②物価が上がる　③奮起して勉強する　④易しい問題ばかり　⑤温厚な性格の人
（　　）（　　）（　　）（　　）（　　）
⑥しゅくふくの言葉　⑦ちょうふくした意見　⑧住民のそういで決める　⑨はいゆうを志す　⑩飲食はげんそく禁止
⑪じゅんじょよく並ぶ　⑫受験たいさくの勉強　⑬再会のかんげきにひたる　⑭ゆうびん局へ行く　⑮しんこくな問題

⑥	⑦	⑧	⑨	⑩
⑪	⑫	⑬	⑭	⑮

受験番号

三　次の文章を読んで、あとの問いに答えなさい。

「ぼく」（周二《しゅうじ》）の家は牛を飼育する農家である。そこに、アフリカのガーナから来たエリックが滞《たい》在し、農業を学んでいる。兄（一樹《かずき》）は、最近反抗《こう》期なのか態度が悪く、作業を手伝わないことが多い。ある冬の日、父と母の留守中に、「ぼく」とエリックだけで牛のえさやりをしていたところ、牛舎（牛小屋）の水道がこわれ、牛舎が水びたしになってしまう。慣れない寒さの中、長時間水をくみ出す作業をしたエリックは高熱を出し、病院で点滴《てき》を打つことになった。「ぼく」は、手伝わなかった兄のせいだと思い腹を立てていた。

看護師さんは、点滴は、たっぷり二時間かかるという。

「父さんは、もう一度牛舎にもどらなければいけない。だれか、ここにのこってあげないとな」

父さんが、ぼくと兄ちゃんの顔を見た。

兄ちゃんが、①蚊《か》のなくような小さな声でぼそりといった。

「おれ、のこる……。」

父さんが一瞬《しゅん》大きく目を見ひらいた。すぐに「そうか」と、うなずいた。

兄ちゃんの目からは、いつものけわしい光が消えていた。

「あとでむかえに来るからな、たのんだぞ。」

「メダワセ（ありがとう）……、カズキ。」

エリックさんが兄ちゃんに手をさしだした。兄ちゃんは、エリックさんの手をそっとにぎりかえした。

「エリックさん、ごめんなさい……。」

え？　と耳をうたがった。小さなつぶやき声だったけれど、兄ちゃんはたしかにそういった。

「メダワセ！　カズキ。」

そのとき、エリックさんが、ぐんと兄ちゃんの体をひきよせた。点滴のくだのついた腕《うで》で、きゅっと兄ちゃんの背中をだきしめた。

ぼくはびっくりして口をあんぐり開けた。

「わ、わあ」

②兄ちゃんはいっしゅんじたばたしかけたが、すぐにおとなしくなった。

ツンツンの髪《かみ》の毛の間から、赤くなった耳がのぞいている。顔は見えないけれど、きっと真っ赤になっているにちがいない。ぼくまでてれくさくて、胸がどきどきした。

ぼくと父さんは、病室のドアをそっと閉めた。

外に出た瞬間、ヒュッと首をすぼめた。冷たい木枯《こが》らしがふいている。車は広い駐《ちゅう》車場のはしっこに止めてある。ぼくは父さんとならんで歩きながら、むしょうに話がしたくなった。

「ねえ、③どうしてエリックさんは、あんな兄ちゃんにやさしくできるんだろう。むかしの写真を見たら、兄ちゃんみたいなこわい顔をしていて、びっくりした。兄ちゃんとおなじ時があったってほんとうなのかな。」

父さんは、ポケットに手をつっこんだまま、冷たい風の中にふうっと白い息をはきだした。

「エリックさんは、つらい農作業やまずしさから一度はにげだしたんだ。でも、家族は優秀《しゅう》なエリックさんをほこりに、土にしがみついてはたらきつづけた。そのすがたを見て、自分は農業の指導者として家族や国のためにはたらこうと決めたそうだ。父さんには、わかるような気がする。たとえ国はちがっても、おなじ農民として通じあうものがあるんだよ。不作の年も、わずかな種を手に、来年にのぞみをたくして生きていくことができる……、大地の力というものかな。」

エリックさんがはじめて見せてくれた家族写真が、頭にうかんだ。広い草原の中で、みんな底ぬけの笑顔で、しっかり肩《かた》をよせあっていたっけ。

「一樹を見ていると、自分が家族にいらだちをぶつけていたころを思い出して、いとおしくなるといっていたよ。」

「ふ〜ん、でも……。」

エリックさんは、指導者になることで農業に帰ってきた。でも、兄ちゃんの夢はちがうところにある。ぼくは、父さんにいってしまいたかった。④ぼくの足どりが、ゆっくりになる。

父さんも歩《ほ》をゆるめ、（　A　）いった。

「一樹はだまっているけれど、将来は飛行機整備士の仕事をしたいんだろうな。」

「え？　知っていたの？」

ぼくの足が、（　B　）止まった。

父さんは、ぼくの頭をぐりっとなでると、寒そうに背中を丸め、足ばやに歩きだした。ぼくもあとをおいかけた。

「そんな本ばかり買っているのもわかっていたよ。牛の世話もむかしのように手伝わなくなったし、農業と別なところに心がむいているとは、感じていたよ。」

父さんは、ぼくに顔をむけた。

「一樹に自分の夢があるなら、父さんたちは応援《えん》するだけだ。もちろん周二、おまえにもだよ。」

「だってさ、⑤農業にはあととりが必要だろ？　エリックさんと『農民のほこり』ってやつで意気投合していたんじゃないの？」

父さんは、車のそばにくると、キーを開けるために立ちどまった。冷たい風が、えり首から入ってきて、背すじがぶるっとふるえる。でも顔だけはじんとあつい。

父さんはことばをかみしめるようにいった。

「むかしとちがって、今の農業は、あとつぎだからってやれる仕事じゃないんだよ。つよい意志と、広い世界を知らなければやっていけないだろう。父さんだって、農業をやることは、自分の意志でえらびとったんだ。」

父さんの声が、⑥直球ストレートのように、ずずんとぼくのはらの中にとびこんでくる。

「それにおまえも、まだ五年生だ。これからやりたいことや夢がどんどん出てくるだろう。一樹も周二も、世界が広がるだいじな時期だ。ゆっくり考えればいいさ。ゆっくりな。」

父さんは、ぼくの背中をドンとたたいた。そのひょうしに、前のめりになってよろけた。

「父さん、力入れすぎ！」

「ははは、ごめんごめん。」

背中を（　C　）立てなおすと、ぼくの肩は、もうすこしで、父さんとすぐならぶところまで来ていた。

ぼくと父さんは、ひんやり冷えきった車に乗りこんだ。父さんは、それっきりなにもいわず、車を発進させた。

⑦ぼくの夢ってなんだろう。車の中でぼんやり考えた。

今のぼくにはわからない。ただ、不思議な確信があった。きっといつか、つかめそうな気がする。自分の生き方にほこりを持つ、父さんやエリックさんのように……。

ぼくは、エリックさんと兄ちゃんがいる部屋をふりかえった。暗い建物の中で、そこだけあたたかい明かりがともっていた。

（堀米薫著『チョコレートと青い空』）

国語（4）

受験番号

問1　文中の（　Ａ　）～（　Ｃ　）に入る言葉として最も適当なものを次の中からそれぞれ選んで、記号で答えなさい。

ア　ぴたっと　　イ　ぽつりと　　ウ　しゃんと　　エ　かちんと　　オ　ぼやっと

Ａ

Ｂ

Ｃ

問2　――線①「蚊のなくような小さな声でぼそりといった」とあるが、兄ちゃんがこのような態度になるのはなぜか。その説明として最も適当なものを次の中から選んで、記号で答えなさい。

ア　残ろうとは思っているが、エリックさんに一人だけで付きそうことは、少し不安で心細い気持ち。
イ　自分が手伝っていれば、エリックさんは熱を出さなかったのかもしれないと、申し訳ない気持ち。
ウ　弟の方が仕事をきちんとしていることに気づき、年上なのに何もしていない自分が情けない気持ち。
エ　エリックさんへの今までの態度を反省していることは伝えたいが、うまく言えず腹立たしい気持ち。

問3　――線②「兄ちゃんはいっしゅんじたばたしかけたが、すぐにおとなしくなった」とあるが、このときの兄ちゃんの気持ちを、文中の言葉を用いて二十五字以内で書きなさい。

問4　――線③「どうしてエリックさんは、あんな兄ちゃんにやさしくできるんだろう」とあるが、その理由がわかる部分を、「～から」に続くように、文中から三十五字以内でぬき出しなさい。

から。

問5　――線④「ぼくの足どりが、ゆっくりになる」とあるが、なぜか。その説明として最も適当なものを次の中から選んで、記号で答えなさい。

ア　兄ちゃんがつらい農作業からにげていることを、父さんに気づいてもらい、しかって欲しかったから。
イ　エリックさんと比べるとやはり兄ちゃんはわがままだと感じ、腹が立っていたことを思い出したから。
ウ　エリックさんや父さんが兄ちゃんに優しいのはおかしいと思い、自分だけ損をしていると感じたから。
エ　兄ちゃんが農業ではない仕事に興味を持っていることを、父さんに打ち明けようかと迷っていたから。

問6　――線⑤「農業にはあととりが必要だろ？」とあるが、一樹や周二が「農業のあととり」になることについて、父さんはどのように考えているか。「～からゆっくり考えればよい」に続くように、文中の言葉を用いて五十字以内で書きなさい。

からゆっくり考えればよい。

問7　――線⑥「直球ストレートのように、ずずんとぼくのはらの中にとびこんでくる」とあるが、どういうことか。その説明として最も適当なものを次の中から選んで、記号で答えなさい。

ア　父さんの思いは、言葉とは逆だとわかり衝撃《しょうげき》を受けたということ。
イ　父さんの発言は、ぼくの弱点をつくもので落ちこんだということ。
ウ　父さんの言葉は、意外であったが納得させられたということ。
エ　父さんの声は、思いのほか大きく聞こえて驚《おどろ》いたということ。

問8　――線⑦「ぼくの夢ってなんだろう」とあるが、このときのぼくの気持ちとして最も適当なものを次の中から選んで、記号で答えなさい。

ア　自分が将来何をしたいかはまだ決まっていないが、きっと目標が見つかると自信がわいてきている。
イ　自分の将来の姿を想像することはできないが、今のままでゆっくり考えればいいと安心している。
ウ　今は将来に向けて特別な夢はないが、たぶん農業をすることになるだろうとぼんやりと思っている。
エ　今は将来のために努力をしていないが、これから意志を持って世界に出ていこうと決意している。

問9　次の各文は、この文章を読んだ小学生が感想を述べ合ったものである。正しいことを述べている人物を一人選んで、記号で答えなさい。

Ａさん　「私は『ぼく』に共感したわ。『父さん』の視点で物語が語られているから、落ち着いた文章だと思ったよ。」
Ｂさん　「『ぼく』と『兄ちゃん』の視点が入れかわるから、どちらの気持ちも読み取れるんだよ。」
Ｃさん　「私は情景に注目したよ。『冷たい木枯らし』や『冷たい風』はエリックのさびしさを表しているよね。」
Ｄさん　「最後の『あたたかい明かり』という表現は、エリックと兄がいる病室のなごやかな雰《ふん》囲気が想像できるね。」

さん

金光学園中学校入学試験（教科型）

国語（5）

受験番号

四　次の文章を読んで、あとの問いに答えなさい。

ぼくの先生の伊谷純一郎《いたにじゅんいちろう》さんは、「自然がほほえむとき」という文学的な表現をしましたが、※1フィールド・ワークを行っていると、本当にそんな瞬間《しゅんかん》に出会うことがあります。

シリーという九歳《さい》のオスゴリラが、ぼくのほうへ近づいてきたときのこと、彼がぼくの目をじっと見つめてきたので、①あわてて目をそらしました。ニホンザルの調査で、サル同士が目を合わせることは※2威嚇《いかく》だと学んでいましたから。優劣《ゆうれつ》がしっかりと決まっているサルの社会では、目をそらすのは「あなたと争うつもりはございません」という意思表示です。だから、そのルールにならって、シリーの視線をやり過ごしたのです。

すると、シリーはぼくが目をそらしたほうへ移動して、顔を近づけてきました。ぼくはまた視線をそらします。このような視線の追いかけっこが何度か続いたのですが、しばらくすると、シリーは二、三歩下がって、ポコポコポコと※3ドラミングをして、去っていきました。

ぼくは「あれ？」と思いました。こんなふうにドラミングをするときは、何か不満があるときです。威嚇ととられないようにシリーの視線を避《さ》けたのに、どうやら彼にとっては、それが不満だったようなのです。

そのときから、ゴリラは目を見つめられたときにどうしているんだろう？　と注意深く観察するようになりました。

すると、驚《おどろ》いたことに、サルとはちがって、彼らは顔をのぞきこまれても視線をそらさず、目と目を合わせていることがわかってきたのです。それまでも、きっとそういう場面に※4遭遇《そうぐう》していたはずですが、その意味をぼくはもちろん、今までの研究者たちもきちんと認識していなかったのでしょう。

これは「のぞきこみ行動」といって、彼らのあいさつのひとつです。シリーはぼくにあいさつをしてくれていたのに、無視されたから怒《おこ》ってドラミングをした、というわけなのです。

こういうことは、フィールド・ワークで彼らの中に入らないとわかりません。ゴリラからあいさつをされて、はじめて気づく。これがまさに、体験を通じて知るということなのです。

人間も、ゴリラと同じように目と目を見つめて、あいさつをします。ニホンザルのように視線をそらしたり、対面を避けたりはしません。つまり、人間はニホンザルの世界ではなくて、ゴリラの世界のほうに属している、ということにシリーは気づかせてくれました。

まったく新しい世界の扉《とびら》が開くとき、あるいは、今まで見ていた世界がひっくり返るようなものに出会うとき。そういう一瞬のきらめきを、伊谷先生は「自然のほほえみ」と呼んだのでしょう。これこそがフィールド・ワークの※5醍醐味《だいごみ》です。

そんな「自然のほほえみ」が、ゴリラの見方や、ひいては②人間の見方に新たな視点をあたえてくれます。そのためには、森の中で［　］を棒にしながらゴリラたちを追いかけ、彼らや人間のことを考え続ける時間が、どうしても必要なのです。

（山極寿一著『ゴリラは語る』）

（注）※1　フィールドワーク…野外調査。　※2　威嚇…おどかすこと。
※3　ドラミング…両うでで胸をたたいて音を出す行動。
※4　遭遇…思いがけなく出会うこと。　※5　醍醐味…ほんとうの面白さ。

問1　――線①「あわてて目をそらしました」について、次の各問いに答えなさい。

（1）筆者が目をそらしたのは何のためか。三十字以内で書きなさい。

（2）その後の観察の結果、目をそらしたことをシリーがどのように受け取ったと筆者は考えたか。十五字以内で書きなさい。

問2　――線②「人間の見方に新たな視点をあたえてくれます」とあるが、この文章では、「人間の見方」にどのような「新たな視点」が得られたか。文中から四十字以内でぬき出し、最初と最後の五字をそれぞれ書きなさい。

～

問3　文中の［　］に入る、体の一部分を表す言葉を漢字一字で書きなさい。

問4　══線部「自然がほほえむとき」とはどのような瞬間のことだと筆者は考えているか。それが書かれている一文を文中からぬき出し、最初の五字を書きなさい。

五　次の会話文は、卒業を前にした小学六年生たちが、宿題の短歌について話をしている場面である。あとの問いに答えなさい。

Aさん　あっという間の六年間だったね。まさに［①］だね。
Bさん　ところでみんな、宿題の短歌はできたかい？
Cさん　ぼくはこんなのをつくったよ。
『［②］終わり日焼けの友の顔二学期もまたきずな深めて』
Dさん　久しぶりに登校した時の様子がよくわかるね。
Cさん　うん、先生も③ほめてくれたよ。
Aさん　中学生になったらいろんなことを経験して、表現にみがきをかけたいね。

問1　［①］に当てはまることわざとして最も適当なものを次の中から選んで、記号で答えなさい。
ア　石の上にも三年　　イ　光陰《こういん》矢のごとし
ウ　果報はねて待て　　エ　時は金なり

問2　［②］に当てはまる言葉を考えて書きなさい。

問3　――線③「ほめてくれた」を適切な敬語に直しなさい。

問4　本文の中に漢字のまちがいが一字ある。まちがっている漢字をぬき出し、正しい漢字に直しなさい。

↓

金光学園中学校入学試験（教科型）
令和５年１月４日　（60分）

算　数　（１）

※100点満点
（配点非公表）

受験番号	

※[　　] には，あてはまる数や記号を書き入れ，考え方の [　　] には，その答えが出た理由を，式や表や図などで表しなさい。

1 次の計算をしなさい。

（1）$28 \div 7 + 4 \times 2 =$ [　　]

（2）$77 \div$ [　　] $= 5$ あまり 2

（3）$\left(2\frac{2}{5} - 1.2\right) \times 5 + 2 =$ [　　]

（4）$3.14 \times 7.5 + 3.14 \times 2.5 =$ [　　]

（5）$2\frac{4}{5} \times \left(0.5 -\right.$ [　　] $\left.\right) = 1$

2 次の [　　] にあてはまる数や記号を書き入れなさい。

（1）48 と 54 の公約数をすべて求めると，[　　] です。

（2）分速 1 km の速さは，時速 4 km の速さの [　　] 倍です。

（3）A さん，B さん，C さん 3 人の体重の平均は 40.2 kgで，この 3 人にD さんを加えた 4 人の体重の平均は 41 kgです。

このとき，D さんの体重は，[　　] kgです。

（4）全体の面積が 1000 m^2 の公園があります。全体の $\frac{3}{5}$ が広場で，広場の $\frac{1}{12}$ が花だんになっています。

花だんの面積は，[　　] m^2 です。

（5）午後 4 時 38 分のときに，時計の長針と短針の作る角のうち，小さいほうの角度は，[　　]° です。

（6）クッキーを子どもたちに分けます。1 人に 6 枚ずつ分けると 9 枚余り，1 人に 7 枚ずつ分けると 3 枚足りなくなります。

このとき，子どもの人数は，[　　] 人で，クッキーの枚数は，[　　] 枚です。

（7）次のルールにしたがって，【図 1】のマスに「○，△，×，□，◎」の記号を書き入れると，㋐ に入る記号は，[　　]

で，㋑ に入る記号は，[　　] です。

【ルール】

- どの縦の列にも，「○，△，×，□，◎」の記号は 1 回ずつ入る。
- どの横の列にも，「○，△，×，□，◎」の記号は 1 回ずつ入る。
- 太い線でかこまれたマスの中にも，「○，△，×，□，◎」の記号は 1 回ずつ入る。

【図 1】

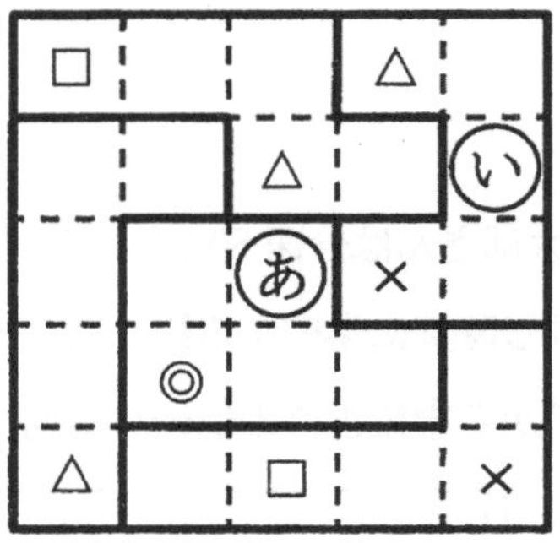

（8）下の【図 2】で，辺 AB，AC，CDの長さは等しくなっています。このとき，① の角度は，[　　]° です。

【図 2】

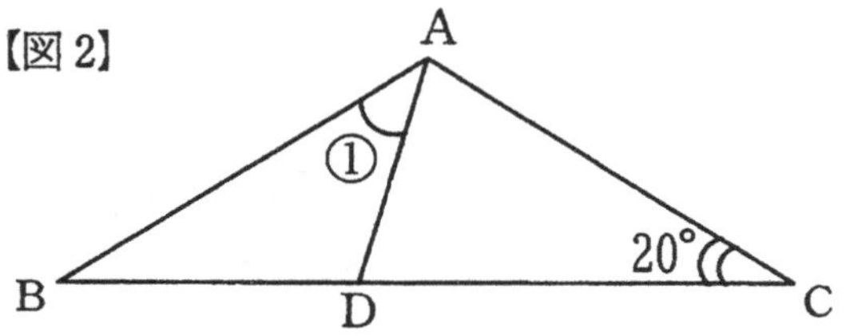

金光学園中学校入学試験（教科型）
令和5年1月4日

算　数　（2）

受験番号	

3　A，B，C，D，Eは1から5までの異なる整数を表します。次の①～⑤が分かっているときCに当てはまる数は，［　　　］です。

①Aは奇数《きすう》　②2×A=B+C　③A+Bは偶数《ぐうすう》　④B<C　⑤2×D=E

4　右のような直方体を組み合わせた形の容器があります。この容器に1分間に0.2 Lずつ10分間水を注ぎました。このとき，水の深さは何cmになりますか。ただし，容器の厚さは考えないものとします。

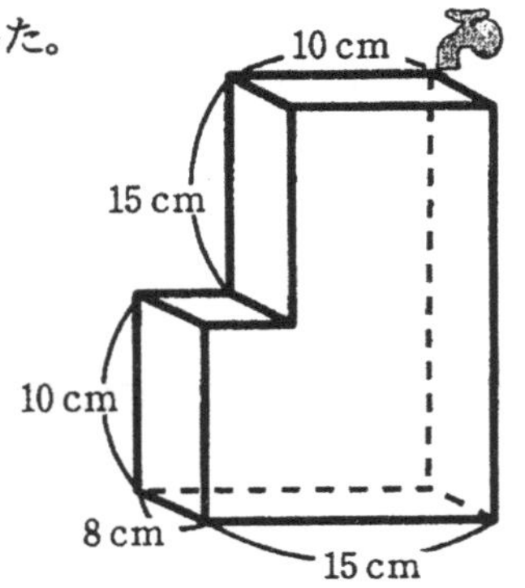

考え方

答　　　cm

5　図1は正方形の折り紙Aよりも，横の辺の長さが4 cm長い長方形の紙です。
図2は正方形の折り紙Aよりも，横の辺と縦の辺の長さが2 cmずつ長い正方形の紙です。
図1の長方形と図2の正方形について，太郎《たろう》さんと花子《はなこ》さんの2人の会話を読んで，次の問いに答えなさい。

【太郎】図1の長方形と図2の正方形は，どちらの面積が大きいのかな。
【花子】図1も図2も折り紙Aの面積に，色のついた部分の面積を加えると面積が求められるね。
【太郎】図1は横の辺が4 cm長くなって，図2は横の辺も縦の辺も2 cmずつ長くなっている。
つまり図1も図2も4 cm長くなっているから面積は同じだね。
㋐

図1

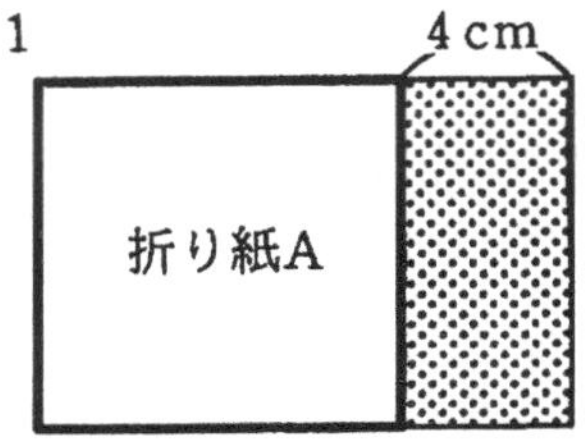

図2

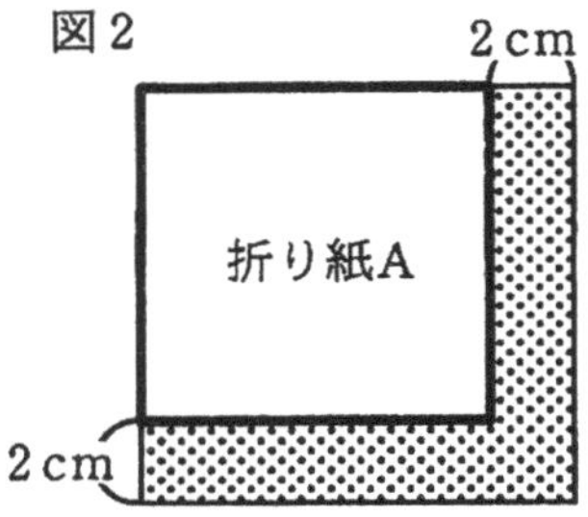

（1）2人の会話の中で，下線部㋐はまちがっています。

正しくは，［図　　］の方が，面積は［　　　］cm^2大きい。

（2）図1の長方形の面積が192 cm^2のとき，折り紙Aの1辺の長さは，［　　　］cmです。

6　太郎さんは分速80 m，花子さんは分速60 mの速さで，午前8時に駅から学校に向かって歩きはじめます。先生は分速90 mの速さで，同じ時刻に学校から駅に向かって歩きはじめます。太郎さんと先生がすれちがってから1分後に，花子さんと先生がすれちがいました。駅から学校までの道のりは何mですか。

考え方

答　　　m

金光学園中学校入学試験(教科型)
令和５年１月４日　(30分)

理　科　(1)

※50点満点
(配点非公表)

受験番号	

1　人の誕生と動物のからだのはたらきについて，次の問いに答えなさい。

問１　図１は，人の子どもが母親の子宮の中にいるようすを表したものです。次の文中の（　　）にあてはまる言葉を答えなさい。

<図１>

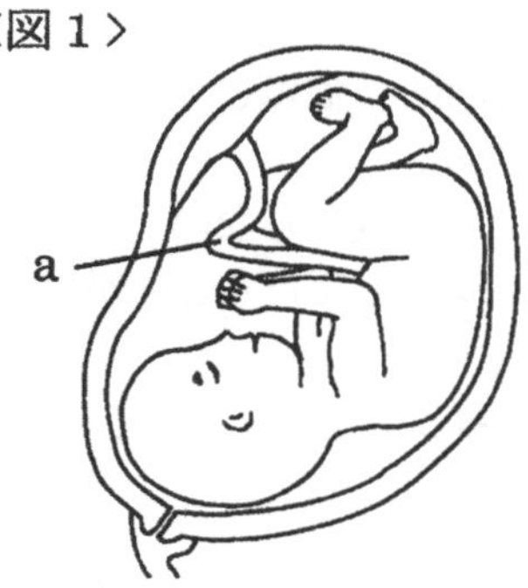

> 図１のａは（　①　）といい，母親の子宮のかべにある（　②　）とつながっている。

問２　次のア～エは，人の子どもが母親の子宮の中で育つようすを表しています。育つ順にならべなさい。

ア．心臓の動きが活発になり，からだを回転させて，よく動くようになる。
イ．心臓が動き始める。
ウ．子宮の中で回転できないぐらいに大きくなり，２６６日ぐらいでうまれ出てくる。
エ．からだの形や顔のようすがはっきりしてきて，女性か男性かが区別できるようになる。

問３　図２は，人の心臓のつくりを表したものです。矢印は血液が流れる向きを示しており，Ａの血管には全身からもどってきた血液が流れています。

<図２>

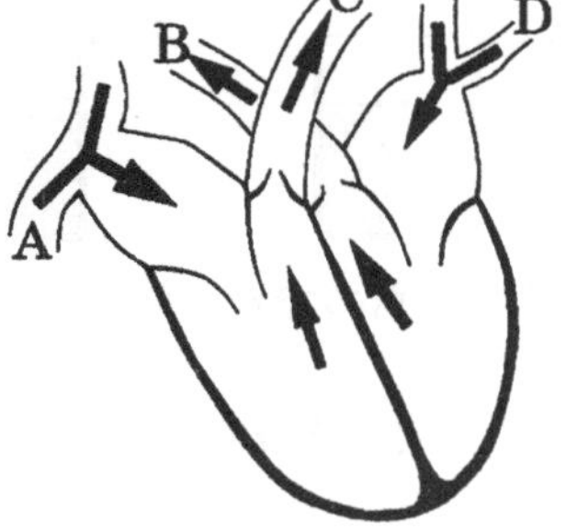

（１）酸素を多く含《ふく》む血液が流れている血管はどれですか。Ａ～Ｄからすべて選び，記号で答えなさい。
（２）心臓が規則正しく縮んだりゆるんだりする動きを何といいますか。

問４　血液中の養分を一時的にたくわえ，必要なときに全身に送り出す内臓を何といいますか。

問１	①	
	②	
問２	→　→　→	
問３	(1)	
	(2)	
問４		

2　大地のつくりと流れる水のはたらきについて，次の問いに答えなさい。

問１　右の図は，がけで見られた地層を表しています。下の地層ほど古い時代にたい積していて，地震《じしん》によってできた断層が見られます。

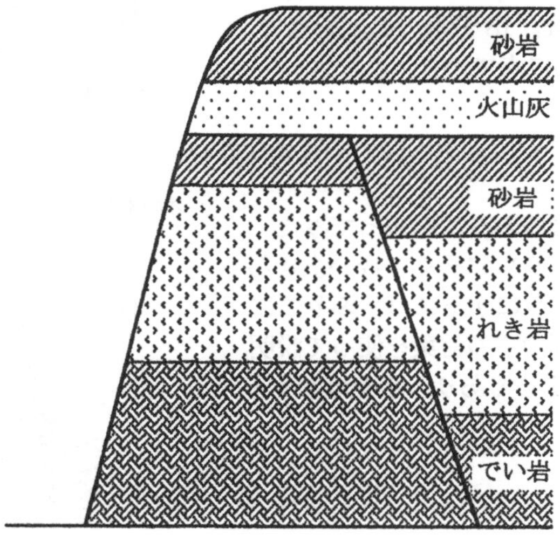

（１）れき岩の地層の中にあるれきは，角のとれたまるみのある形をしていました。れきがこのような形になった理由を答えなさい。
（２）でい岩の地層の中には，木の葉の化石が含まれていました。この地層は水中と陸上のどちらでできましたか。
（３）このがけの地層から，地震と火山のふん火がおきていたことがわかります。地震と火山のふん火について正しく説明した文はどれですか。ア～ウから１つ選び，記号で答えなさい。
　ア．地震が火山のふん火より先におきた。
　イ．火山のふん火が地震より先におきた。
　ウ．火山のふん火と地震は同時におきた。
（４）岩石をつくるつぶが最も小さいものはどれですか。ア～ウから１つ選び，記号で答えなさい。
　ア．砂岩　　イ．れき岩　　ウ．でい岩

問２　次の文を読み，下線部が正しい場合は解答らんに○を，まちがっている場合は解答らんに正しい言葉を書きなさい。
（１）川が大きく曲がっているところの，岸のようすを見ると，<u>内側</u>はけずられてがけになっていた。
（２）流れる水が地面をけずるはたらきを<u>しん食</u>といい，土や石を運ぶはたらきを運ぱんという。
（３）火山灰をそう眼実体けんび鏡で見ると，火山灰をつくる<u>まるい</u>つぶが見られる。

問３　ヒマラヤ山脈では高さ4000mあたりで，アンモナイトの化石が見つかっています。この化石が高い山で見つかった理由を答えなさい。

問１	(1)	
	(2)	
	(3)	
	(4)	
問２	(1)	
	(2)	
	(3)	
問３		

理　科　(2)

受験番号	

3 空気と水の性質について，次の問いに答えなさい。

問1　図1と図2のように，注射器に空気と水を入れて閉じこめました。
（1）図1の注射器のピストンをおしたとき，水面の位置はどうなりますか。ア～ウから1つ選び，記号で答えなさい。
　ア．上がる　　イ．下がる　　ウ．変わらない
（2）図1と図2では，どちらが，よりピストンをおし下げることができますか。
（3）（2）で選んだ注射器が，よりピストンをおし下げることができる理由を説明しなさい。

＜図1＞　＜図2＞

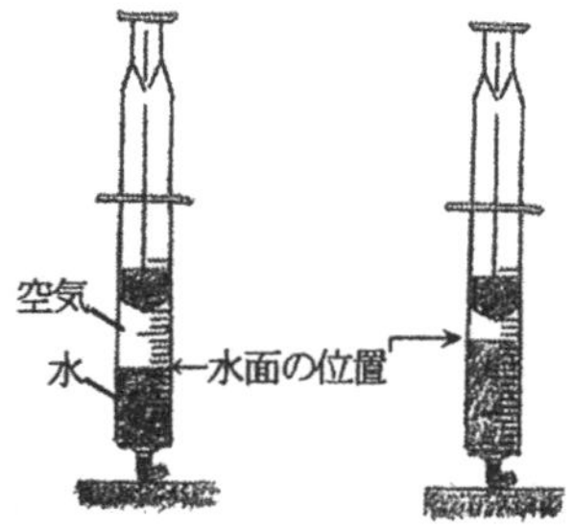

問2　暑い日に，氷水をガラスのコップに注ぐと，コップの表面に水滴《てき》がつきました。
（1）コップの表面に水滴がついた理由として正しい説明はどれですか。ア～エから1つ選び，記号で答えなさい。
　ア．コップのまわりの空気があたためられたから。イ．水がコップの表面にしみ出たから。
　ウ．空気中の水蒸気がコップで冷やされたから。　エ．氷が空気であたためられてとけたから。
（2）氷水の中の氷のようすを正しく表しているのはどれですか。ア～オから1つ選び，記号で答えなさい。

ア．　イ．　ウ．　エ．　オ．

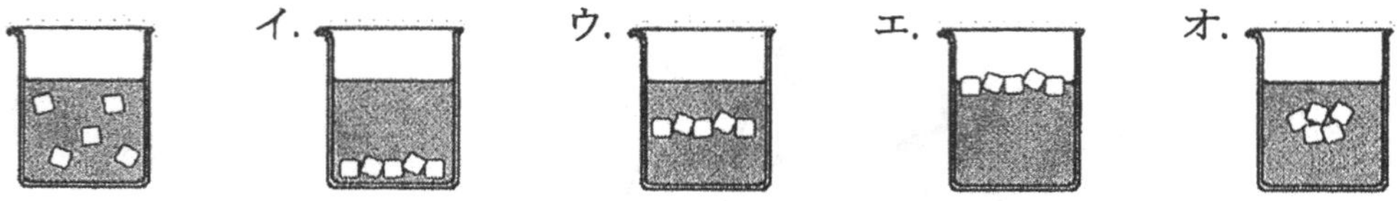

（3）下の文は，（2）で選んだ答えについて説明したものです。（　　）にあてはまる言葉を答えなさい。

> 水は氷になると体積が（　ア　）くなるので，同じ体積で比べたときに氷の重さは水よりも（　イ　）からである。

問3　10℃の水を冷やして－5℃の氷になるまでの温度の変わり方を1分ごとに調べたところ，4分でこおり始め，12分ですべて氷になりました。右の図には，0分，12分後，18分後の温度を点で示しています。6分後の温度を解答らんに点でかき入れなさい。

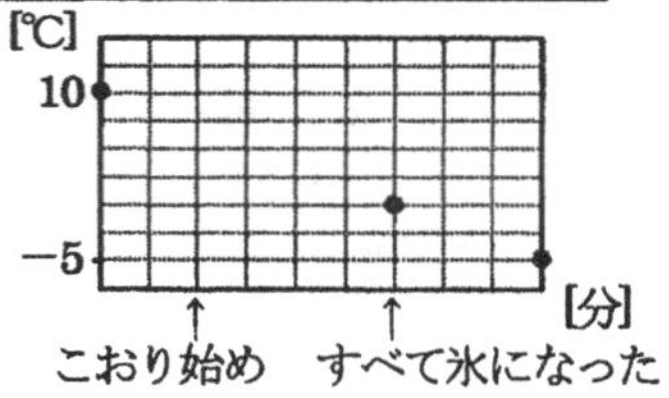

問1	(1)		
	(2)		
	(3)		
問2	(1)		
	(2)		
	(3)	ア	
		イ	
問3	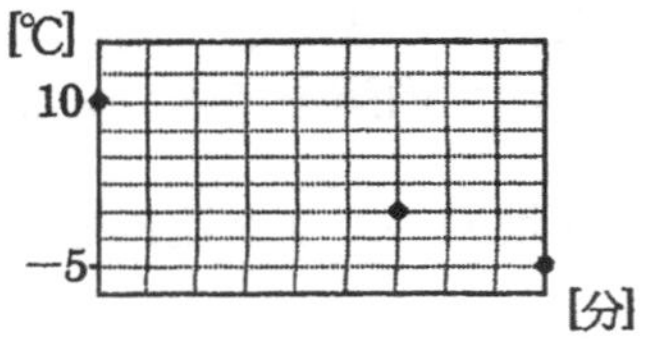		

4 ふりこのきまりとてこのはたらきについて，次の問いに答えなさい。

問1　金光学園の校歌を流しながら，右の図のふりこをふってみたところ，ふりこのふれ方が曲のテンポよりもおそくて合いませんでした。曲のテンポに合わせてふれるようにするには，ふりこにどのような工夫をすればよいですか。図の中の言葉を使って説明しなさい。ただし，木の棒Aは台に固定してあり，手をはなすと木の棒Bは前後にふれます。

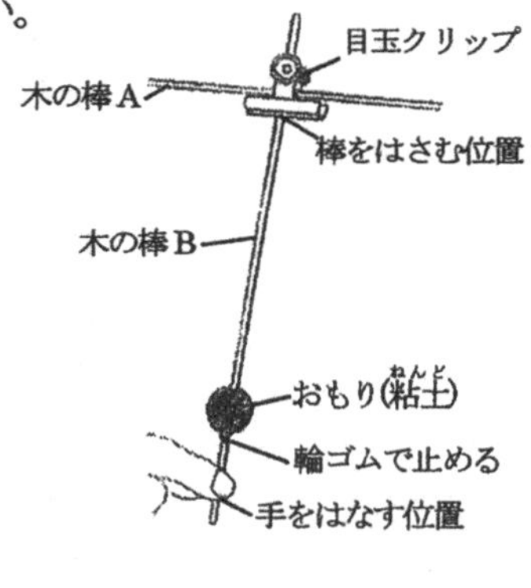

問2　ふりこに関係がある遊具はどれですか。ア～エから1つ選び，記号で答えなさい。
　ア．シーソー　　イ．ブランコ　　ウ．すべり台　　エ．ジェットコースター

問3　私たちの身のまわりには，てこを利用した道具がいろいろとあります。下の文章は，図1のせんぬきと，図2のピンセットについて説明したものです。（　　）にあてはまる言葉を選び，A～Cの記号で答えなさい。ただし，同じ記号を何度用いてもかまいません。

＜図1＞

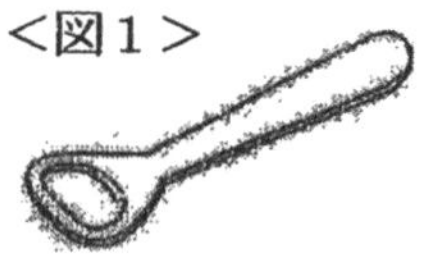

＜図2＞

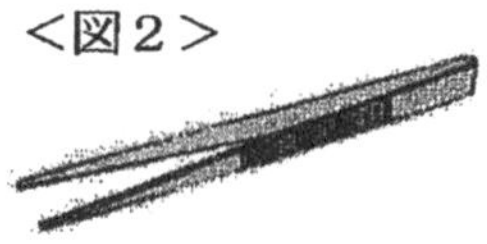

> せんぬきは，（　ア　）より（　イ　）が長いので，小さな力で作業することができる。また，ピンセットは（　ウ　）より（　エ　）が長いので，力を調整しやすく，細かい作業を行いやすい。

　A．支点と力点の距離《きょり》　　B．力点と作用点の距離　　C．支点と作用点の距離

問4　右の図のA～Gのどこか1か所とH～Nのどこか1か所を糸でつなぐと，3本の棒が水平につり合いました。糸や棒の重さは考えないものとします。
（1）H～Nのどこを糸でつなげばよいですか。記号で答えなさい。
（2）㋐のおもりは何gですか。

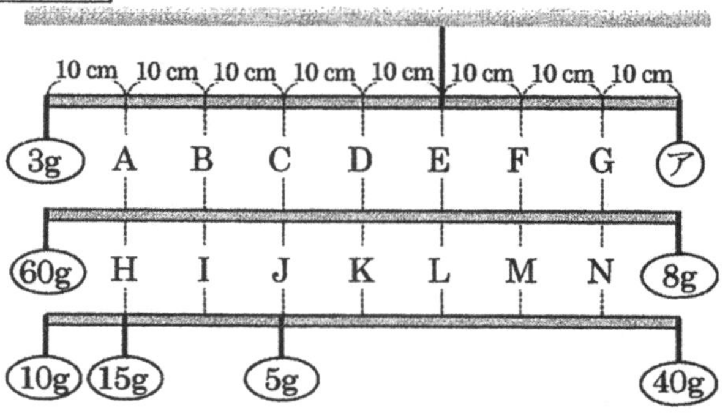

問1		
問2		
問3	ア	
	イ	
	ウ	
	エ	
問4	(1)	
	(2)	g

社　会　(1)

※50点満点
(配点非公表)

受験番号	

1　次の文章を読んで，下の問いに答えなさい。

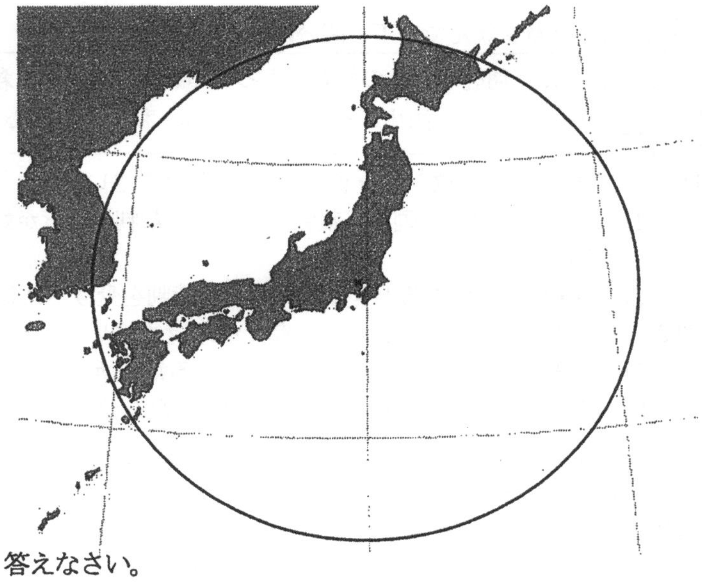

右の地図中の円は，東京から1000㎞の地点を結んだものです。この円の内側に領土のある国は，日本と□と□です。この地図を見ると，①日本列島は南北に細長い形をしていることがわかります。また，日本は近くの国以外とも②貿易がさかんです。農産物や水産物，原料，③工業製品など，たくさんのものを④さまざまな方法で運んでいます。特に，⑤食料は外国からの輸入に頼《たよ》っています。

問１　上の文章中の□にあてはまる国名を２つ答えなさい。

問２　下線部①について，日本の地形の特色について説明したものとして，**まちがっているもの**を，次の**ア**～**エ**のうちから１つ選び，記号で答えなさい。

ア　けわしい山々がそびえている　　**イ**　国土の４分の１が平地である

ウ　火山が多く，噴火するものもある　　**エ**　外国とくらべて川が長い

問３　下線部②について，日本の貿易に関する(1)・(2)の問いに答えなさい。

(1)　輸出国と輸入国との間で起こる，貿易に関する利害の対立のことを何というか，答えなさい。

(2)　(1)の解決のために外国へ工場を移すと，国内でどのような問題が起こるか，答えなさい。

問４　下線部③について，右の表は日本における工業製品の出荷額を示したものです。これについて，(1)・(2)の問いに答えなさい。

(1)　表中の（　A　）にあてはまる都道府県名を答えなさい。

(2)　出荷額の上位５つの地域で工業がさかんな理由を，説明しなさい。

	都道府県	出荷額 (単位:10億《おく》円)
第１位	（　A　）	48, 722
第２位	神奈川《かながわ》県	18, 443
第３位	大阪《おおさか》府	17, 561
第４位	静岡《しずおか》県	17, 539
第５位	兵庫《ひょうご》県	16, 507

(データブック　オブ・ザ・ワールド2022)

問５　下線部④について，下のグラフは日本の輸送のうち，国内と国外への輸送手段の内わけを示したものです。国外への輸送手段を示したものを**ア**・**イ**のどちらか選び，記号で答えなさい。

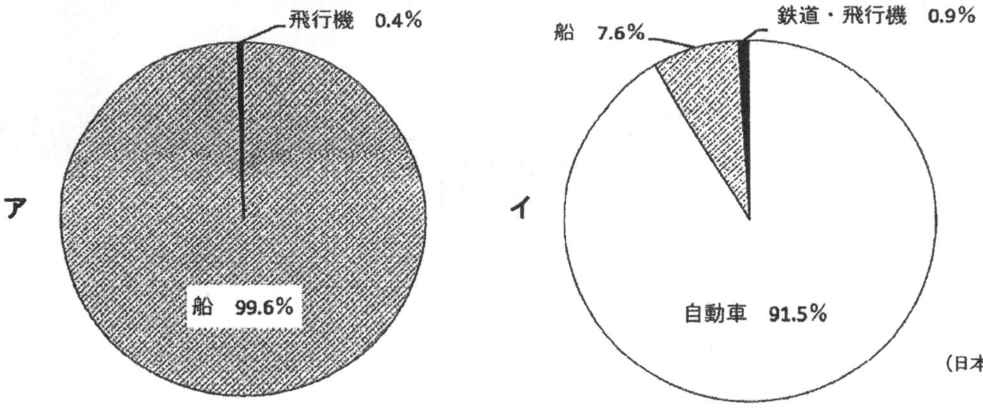

(日本国勢図会 2017/18)

問６　下線部⑤について，日本の食料に関する(1)・(2)の問いに答えなさい。

(1)　小麦，米，肉類，乳製品《にゅうせいひん》のうち，１人１日あたりの消費量が50年前とくらべて減っているものを，１つ答えなさい。

(2)　日本の食料生産に関する問題を解決する方法として，**まちがっているもの**を，次の**ア**～**エ**のうちから１つ選び，記号で答えなさい。

ア　地域で生産したものを，その地域で消費する　　**イ**　国内産の食品のブランド化をはかる

ウ　できるだけ安い食品を選んで買うようにする　　**エ**　食品がいつどこで，どのように生産されたのかを示す

問１			問２	
問３	(1)	(2)		
問４	(1)	(2)		
問５		問６	(1)	(2)

2　次の①～⑤の文を読んで，下線部が**正しければ○と答え，まちがっていれば正しく書き直しなさい。**

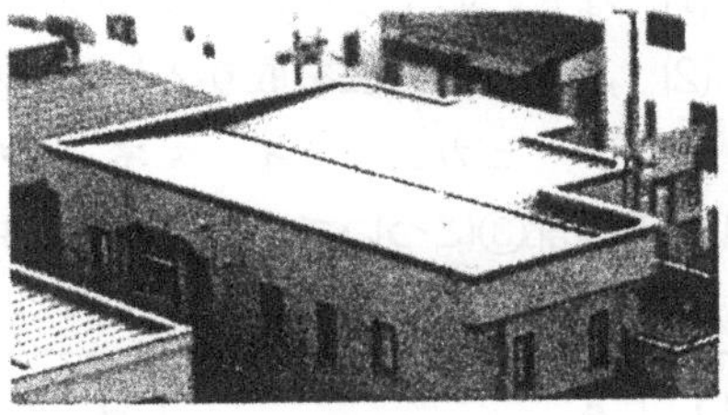

①　食品の売れ残りや期限をすぎたもの，食べ残しなどをすてることを<u>食品ロス</u>という。

②　日本のまわりの太平洋に流れる海流のうち，南側からの流れは<u>親潮</u>と呼ばれている。

③　北海道《ほっかいどう》では，右の写真のような屋根によって<u>台風</u>による被害《ひがい》を減らしている。

④　森林のうち，自然のままのものを<u>人工</u>林という。

⑤　住所，氏名，年齢《ねんれい》など，個人を特定できるあらゆる情報のことを<u>個人情報</u>という。

①		②		③	
④		⑤			

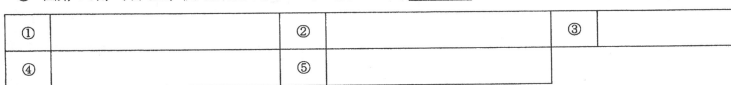

社　会　(2)

受験番号	

3 次の文章を読んで，下の問いに答えなさい。

人々の間に，利益や考えの対立によって争いが起きたり，殺人や強盗《ごうとう》などの犯罪が起きたり，事故によってけが人や死者が出たりした場合に①裁判が開かれます。法律がきちんと守られ，私たちが安心してくらしていくためにも，②裁判所の仕事は重要です。

問１　下線部①について，(1)・(2) の問いに答えなさい。
(1)　2009 年 5 月より国民が裁判に参加する裁判員制度が始まったが，どのようなことを目的としているか，**「国民」**という言葉を使って答えなさい。
(2)　判決に不服があるときは，何回まで裁判を受けられるか，答えなさい。

問２　下線部②について，(1)・(2) の問いに答えなさい。
(1)　広島《ひろしま》や高松《たかまつ》など，全国の 8 か所にある裁判所を何というか，答えなさい。
(2)　国会・内閣・裁判所が，国の重要な役割を分担しているしくみを何というか，答えなさい。

問１	(1)			
	(2)	問２	(1)	(2)

4 次の文章を読んで，下の問いに答えなさい。

源頼朝《みなもとのよりとも》は，家来になった武士（御家人《ごけにん》）に先祖からの領地の所有を認めました。また，手がらを立てた武士には，新しい土地をあたえました。このような頼朝の（　**A**　）に対して，武士たちは（　**B**　）をちかい，戦いが起これば「いざ鎌倉《かまくら》」とかけつけて，幕府のために戦いました。

源氏の将軍は 3 代で絶え，その後，幕府の政治は，将軍を助ける（　**C**　）の職についていた（　**D**　）氏に引きつがれました。

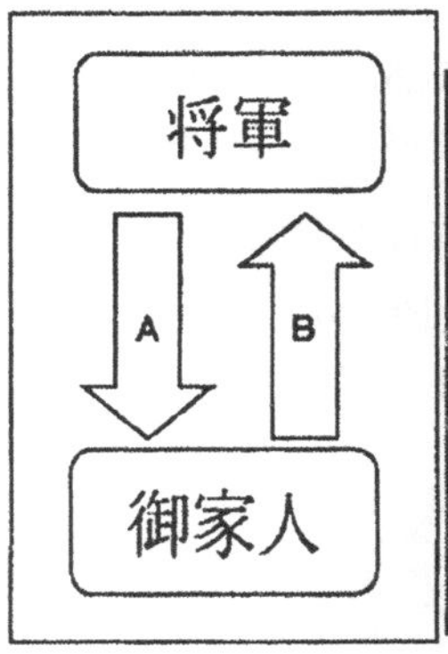

【資料Ⅰ】

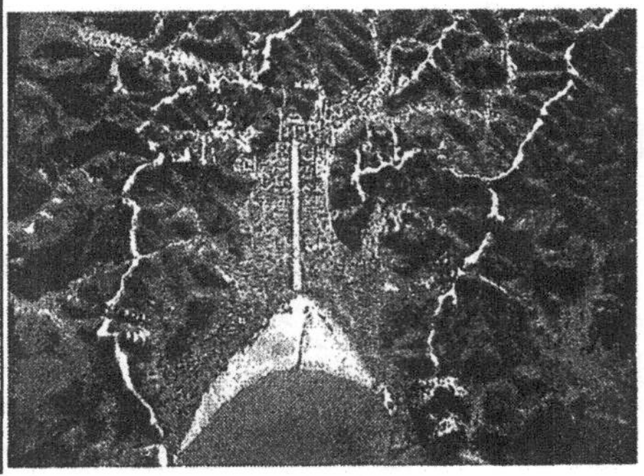
【資料Ⅱ】

問１　文中の（　**A**　）・（　**B**　）にあてはまる言葉を，【資料Ⅰ】を参考にして，それぞれ答えなさい。
問２　文中の（　**C**　）・（　**D**　）にあてはまる言葉を答えなさい。
問３　源頼朝はなぜ鎌倉に幕府を開いたのか，【資料Ⅱ】を参考にして答えなさい。

問１	A	B
問２	C	D
問３		

5 次の**A**～**E**の文を読んで，下の問いに答えなさい。

A　私は，①「古事記《こじき》」の研究に全力を注ぎ，35 年かけて「古事記伝《こじきでん》」という書物を完成させました。
B　私は，子どものころから絵の勉強をし，人気の②浮世絵《うきよえ》師になり，「東海道五十三次《とうかいどうごじゅうさんつぎ》」を描《か》きました。
C　私は，歌舞伎《かぶき》や人形浄瑠璃《じょうるり》の作者で，歴史上の物語や実際に起きた事件を題材にして，変化に富んだ約 150 編の脚本《きゃくほん》を書きました。
D　私は，医者の前野良沢《まえのりょうたく》とともに，満足な辞典がない中，③ヨーロッパの国の医学書をほん訳して，「解体新書《かいたいしんしょ》」を出版しました。
E　私は，江戸で天文学や測量《そくりょう》術を学び，その後，幕府の命令で，72 才までの間に全国を測量し，弟子たちが地図を完成させました。

問１　**A**～**E**の文の人物を，次の**ア**～**オ**からそれぞれ選び，記号で答えなさい。
ア　近松門左衛門《ちかまつもんざえもん》　**イ**　杉田玄白《すぎたげんぱく》　**ウ**　本居宣長《もとおりのりなが》　**エ**　伊能忠敬《いのうただたか》　**オ**　歌川広重《うたがわひろしげ》
問２　下線部①について，仏教や儒教《じゅきょう》などが伝わる前の日本人が持っていた考え方を研究する学問を何というか，答えなさい。
問３　下線部②について，(1)・(2) の問いに答えなさい。
(1)　なぜこのような絵が多くの人々に広まったのか，**「印刷」**という言葉を使って答えなさい。
(2)　この表現方法を取り入れて，右の【資料Ⅲ】の作品を描いた作者はだれか，次の**ア**～**エ**から選び，記号で答えなさい。
ア　ピカソ　**イ**　マネ　**ウ**　ダ・ヴィンチ　**エ**　ゴッホ

【資料Ⅲ】

問４　下線部③について，江戸時代の中ごろ，輸入した洋書で西洋の学問を学ぶ人々が増えました。その学問を何というか，答えなさい。

問１	A	B	C	D	E
問２		問３	(1)		
問３	(2)	問４			

金光学園中学校入学試験（適性検査型）
令和４年12月４日　（45分）

適性検査Ⅰ－１

※70点満点
（配点非公表）

受験番号	

課題１　太郎《たろう》さんと花子《はなこ》さんは，先日の身体測定をふり返って話をしています。あとの（１）～（４）に答えましょう。

花子：身長が前回よりも伸《の》びていてうれしかったわ。
太郎：２人の身長の変化をグラフにしてみたよ。比べてみよう。

（１）　右のグラフは，太郎さんと花子さんの身長の変化を表したものです。
２人の前回から今回までに，伸びた身長の差を答えましょう。

グラフ　身長の変化

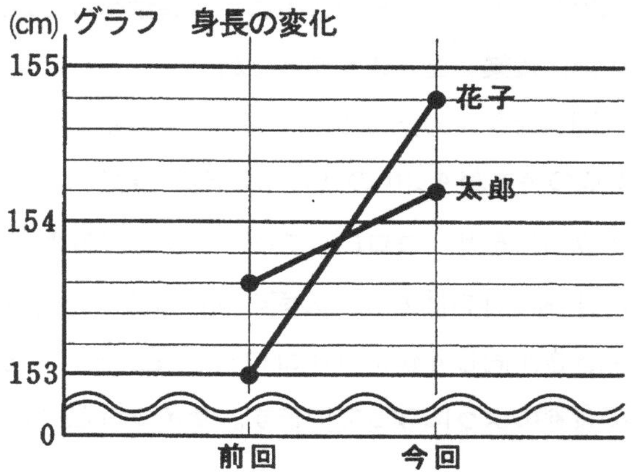

cm

太郎：体重測定の結果を次郎《じろう》さんと三郎《さぶろう》さんと比べてみたよ。
花子：３人の体重の平均はどうだったのかしら。

（２）　太郎さん，次郎さん，三郎さんの３人で体重を測りました。すると，太郎さんは３人の体重の平均よりも1.4 kg 軽く，次郎さんは体重の平均よりも0.3 kg 重く，三郎さんの体重は42.1 kg でした。このとき，３人の体重の平均を答えましょう。また，どのようにして求めたのかも説明しましょう。

説明

kg

太郎：視力検査で使っている「C」のような記号は何だろう。この記号の開いている方向が分かるかどうかで視力を測っているよね。
花子：ランドルト環《かん》というそうよ。視力がどうやって決まっているのかを調べてみましょう。
太郎：図１のランドルト環の開いている部分と目を結んでできる（あ）の角は視角というんだって。
花子：図２を見てよ。ランドルト環が小さくなると，視角の大きさも小さくなるのね。

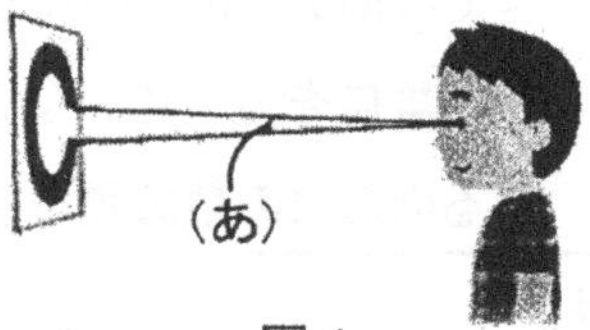

図１

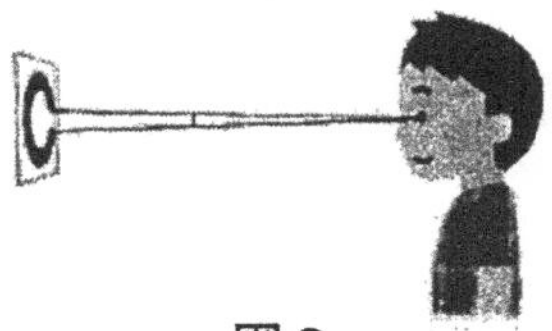

図２

（３）　花子さんは大きさが異なるランドルト環を使い，視角と開いている方向が分かったときの視力を調べて，表１にまとめました。この表を参考にして，視角と視力にはどのような関係があると考えられるか説明しましょう。なお，分は角度を表す単位で，１分は１度の$\frac{1}{60}$の大きさです。

表１

視角(分)	0.5	1	2	5
視力	2.0	1.0	0.5	0.2

説明

花子：そういえば眼科に行った時に，看護師さんがランドルト環のかかれた紙を持って移動しながら視力を測っているところを見かけたわ。
太郎：ランドルト環からの距離《きょり》を変えても測定できるんだね。やってみようよ。

（４）　太郎さんは図３のようにランドルト環からの距離を５ｍとったとき，開いている方向が分からなかったので，0.25 ｍずつ近づいていき，視力を測定した結果，判定は「*C*」でした。
　資料を参考にして，太郎さんが開いている方向が分かったときのランドルト環からの距離は何ｍから何ｍの間と考えられるか答えましょう。

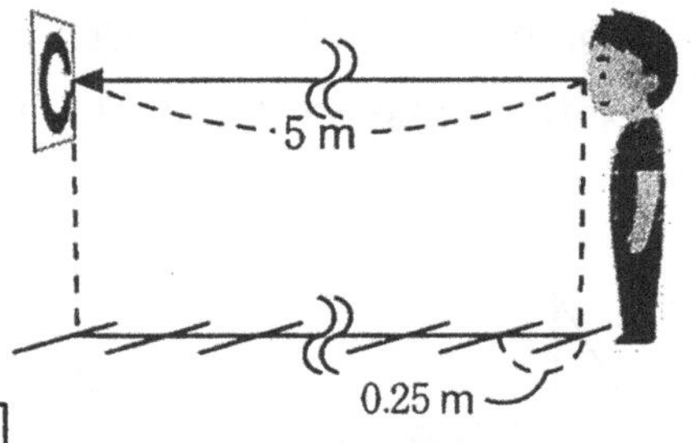

図３

資料
- このランドルト環からの距離を５ｍとり，開いている方向が分かるときの視力は1.5である。
- 視力とランドルト環からの距離には比例の関係がある。
- 表２は視力の判定の基準を示している。

表２

判定	*A*	*B*	*C*	*D*
視力	1.0 以上	0.7 以上 1.0 未満	0.3 以上 0.7 未満	0.3 未満

ｍから　　　　ｍの間

金光学園中学校入学試験（適性検査型）

適性検査Ⅰ－２

受験番号	

令和４年12月４日

課題２　太郎さんと花子さんが次のような会話をしています。あとの（１）～（４）に答えましょう。

太郎：この前，授業で立方体を作ったね。

花子：私は同じ大きさの立方体を４個作ってみたよ。

（１）　１辺の長さが４cmの立方体の表面積は何cm^2になるか答えましょう。

（解答らん）　cm^2

太郎：この立方体をサイコロにしてゲームをしてみよう。

花子：この４個の立方体の６つの面に異なる数字を書いてサイコロを作ってみたよ。

（２）　大きさが同じ４個のサイコロ①，②，③，④があり，これらのサイコロの目の数（面にかかれた数字）は，次の資料のようになっています。サイコロ②の６つの面の目の数のうち一番小さな数を答えましょう。

資料

①…向かい合う面の目の数の和は全て７です。　目の数は，1，2，3，4，5，6です。
②…向かい合う面の目の数の和は全て11です。目の数は，いちばん小さい目の数から１ずつ大きくなる整数です。
③…向かい合う面の目の数の和は全て12です。目の数は，いちばん小さい目の数から２ずつ大きくなる整数です。
④…向かい合う面の目の数の和は全て17です。目の数は，いちばん小さい目の数から３ずつ大きくなる整数です。

花子：この４個のサイコロでどんなゲームをするの。

太郎：４個のサイコロを積み重ねたときの目の数の和を考えてみるのはどうかな。

（３）　資料のサイコロ４個を図１のように，台の上に置きました。まわりから見える全ての面の目の数の和が最も大きくなるように置いたとき，色をつけた位置にくるサイコロを①，②，③，④のうちからどれか選び，そのサイコロのまわりから見えている面の目の数の和を答えましょう。また，どのようにして求めたのかも説明しましょう。

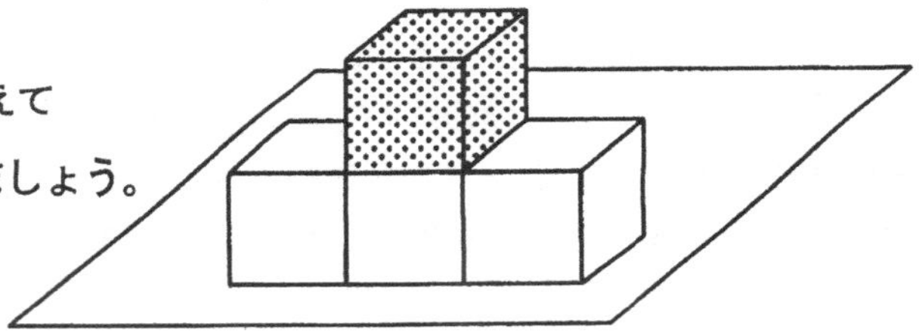

図１

説明

色をつけた位置にくるサイコロ	
見えている面の目の数の和	

花子：私は同じ大きさの立方体を箱に入れるゲームを考えてみたよ。

太郎：おもしろそう。それはどんなルールでやるの。

（４）　図２は真ん中に１個の立方体が固定されている合計24個の立方体が入る箱です。解答らんの図はそれを真上から見たものです。また，同じ大きさの立方体４個を面にそってつなげ，７種類の形を作りました。図３はそれらを真上から見たものです。図３の形のうち，６個を使って図２の箱をすきまなくうめるとき，うめ方を解答らんにかきましょう。ただし，同じ形のものは２個まで使え，使わない形があってもよいとし，向きを変えてうめてもかまいません。

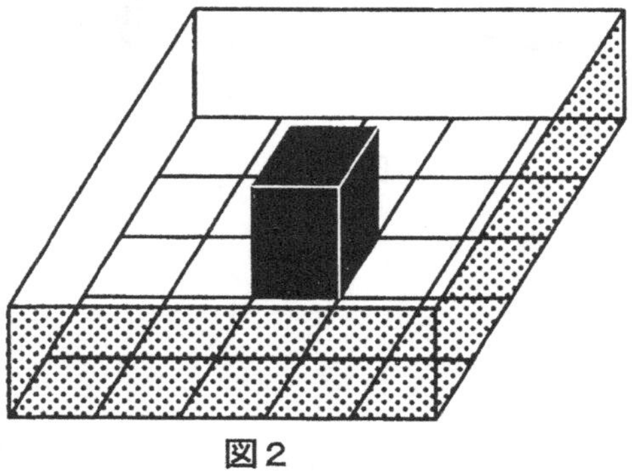

図２

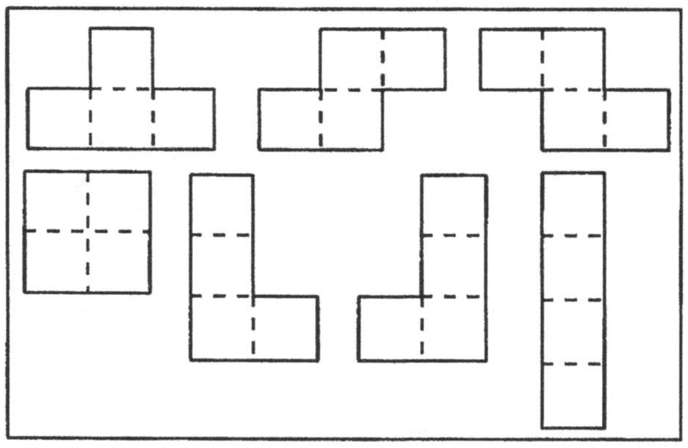

図３

解答らん

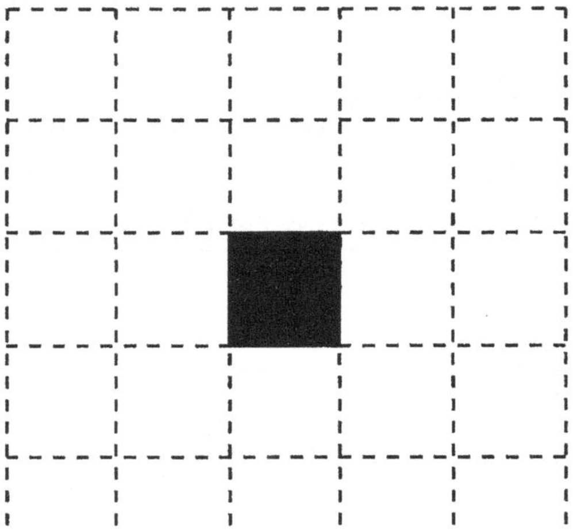

金光学園中学校入学試験（適性検査型）
令和４年12月４日

適性検査Ｉ－３

受験番号	

課題３　太郎さんと花子さんは次のような会話をしています。あとの（１）～（４）に答えましょう。

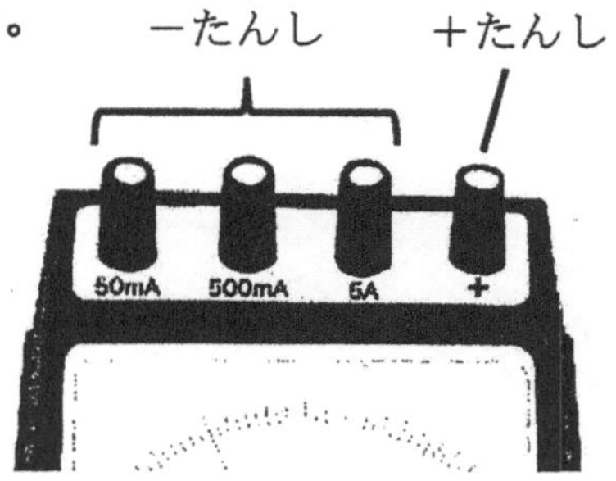

図１

太郎：図１のような電流計を使うと，電流の大きさをはかることができるね。
花子：「＋たんし」は＋極側につなげるとして，－極側につなげる「－たんし」は３種類あるね。どうすればいいのかなあ。

（１）　最初につなげる「－たんし」として当てはまるものをア～ウから選び，記号で答えましょう。また，選んだ理由を説明しましょう。
ア．５〔Ａ〕の「－たんし」につなぐ。　　イ．500〔ｍＡ〕の「－たんし」につなぐ。
ウ．50〔ｍＡ〕の「－たんし」につなぐ。

〔記号〕	〔説明〕

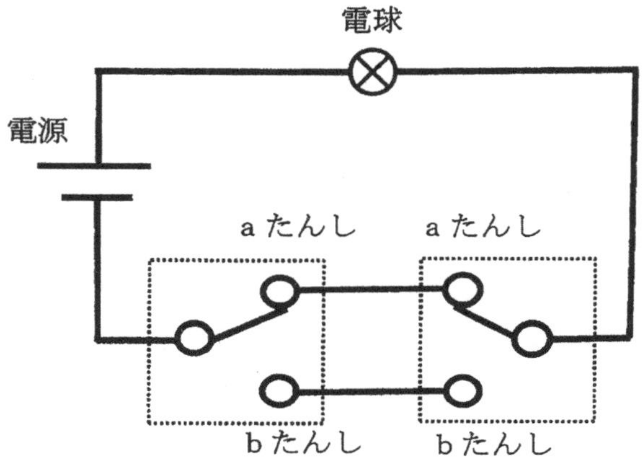

図２

太郎：次に，図２のようにスイッチを２個（ の部分）使って電球をつけたり消したりする回路を考えてみよう。
花子：これらのスイッチは，いつもたんしにつながっているのね。
太郎：そうなんだ。これらのスイッチは，ａたんし，もしくはｂたんしのどちらかにつながるようになっているよ。
花子：今はどちらのスイッチもａたんしにつながっているから，電球がついているのね。
太郎：例えば，左にあるスイッチをｂたんしにつなげると（　①　）。次に，右にあるスイッチをｂたんしにつなげると（　②　）。

（２）　会話文の（　①　），（　②　）に入ることばとして当てはまるものをア～エから選び，記号で答えましょう。また，図２の回路は家庭や学校のどこで利用されていますか。具体例を１つあげて説明しましょう。
ア．電球はついたままだよ　　　　イ．電球は消えたままだよ
ウ．電球はつくよ　　　　　　　　エ．電球は消えるよ

①	②	〔具体例とその説明〕

花子：わたしは動物の中で一番ラッコが好きなの。おなかの上で貝などを割って食べるしぐさがとてもかわいいわ。
太郎：ラッコがすむ北太平洋の島々の周辺の海には，海そうが生いしげっていて，そこには多くの生き物が生活しているよ。次の資料を読んでみよう。

資料

- **魚は海そうをすみかとして生活している。**
- **海そうはおもにウニに食べられる。**
- **ウニはおもにラッコに食べられる。**
- **近年，この海では，しん入してきたシャチにラッコが食べられ，ラッコの数が減った。**

（３）　資料を読み，今後，魚の数はどのように変化すると考えられますか。魚の数について，「増える」，「減る」，「変わらない」のいずれかに〇をつけ，そのように考えた理由を書きましょう。

	〔理由〕
増える　・　減る　・　変わらない	

花子：わたしは鳥の中で一番スズメが好きなの。チュンチュンと鳴く声がかわいいわ。スズメは，雑草の種子や虫を食べて生活しているけれど，夏から秋にかけてお米を食べるので，農家の人が困ることがあるらしいわ。
太郎：ある国では，スズメを退治することによって，それまでスズメに食べられていた虫の数が増えて，イネの葉が食べられてしまい，米の収かく量が減ってしまったという言い伝えがあるそうだよ。
花子：スズメを大切にしないといけないわね。お米ができる時期にだけ，スズメが田んぼに近づかないようにできないかしら。

（４）　米ができる時期にだけ，スズメが田んぼに近づかないようにするためには，どうすればよいかを考えて書きましょう。

金光学園中学校入学試験（適性検査型）
令和４年12月４日

適性検査Ⅱ―１

（45分）

※70点満点
（配点非公表）

受験番号

課題１　次の文章を読んで、あとの⑴から⑷に答えましょう。

お詫び
著作権上の都合により、文章は掲載しておりません。
ご不便をおかけし、誠に申し訳ございません。
教英出版

お詫び
著作権上の都合により、文章は掲載しておりません。
ご不便をおかけし、誠に申し訳ございません。
教英出版

（森村泰昌著『「美しい」ってなんだろう？』）

＊１　フェルメール…十七世紀のオランダの画家。
＊２　ドラマティック…劇を見ているように、きん張・感激させられる様子。

⑴　――線「目をまわしました」とありますが、「目をまわす」という慣用句を使って短い文を作りましょう。

金光学園中学校入学試験（適性検査型）
令和４年12月４日

適性検査Ⅱ―２

受験番号

(2) ――線①「自分をアピールしないといけません」とありますが、あなた自身が自分をアピールした経験を、「アピールしたこと」と「その結果」がそれぞれわかるように三十字以上五十字以内で書きましょう。（、や。や「　」も一字に数えます。）

(3) ――線②「そんなふうに感じつつあった私」とありますが、私はどのようなことを感じていたのですか。文中の語句を用いて二十五字以内で書きましょう。（、や。や「　」も一字に数えます。）

(4) 〰〰線「フェルメールが好きになってきた」とありますが、筆者はなぜフェルメールが好きになってきたのですか。文中の語句を用いて八十字以内で書きましょう。（、や。や「　」も一字に数えます。）

課題２　次の意見について、あなたは賛成ですか。反対ですか。理由もふくめて、二百字以内で自分の考えを書きましょう。（、や。や「　」も一字に数えます。段落分けはしなくてよろしい。一マス目から書き始めましょう。）

意見：小学生や中学生などの学生にとって制服は必要である。

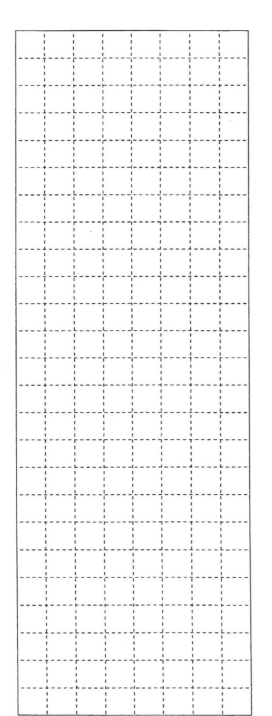

適性検査Ⅱ－３

受験番号	

課題３　れんさんとひまりさんが，最近のニュースについて会話をしています。その文を読んで，あとの（１）～（３）に答えましょう。

れ　ん：最近のニュースで，20数年ぶりに１ドルが140円くらいになっていることを見たけど，ひまりさん知ってた？

ひまり：知ってるよ。うちのお母さんは，毎日のこんだてを考えて買い物をするのがこれまで以上に大変になりそうだって言ってたよ。

れ　ん：そうなんだ，そういえば昔は１ドルが360円と固定されていて今よりもずいぶん円安だったから，日本の製品をどんどん輸出できたことが高度経済成長につながったって学校の先生が言っていたね。

ひまり：でも，右の**資料１**を見ると，過去20年くらいの１ドルの値段は今よりもずいぶん円高の傾向《けいこう》で推移していたことが分かるね。

れ　ん：じゃあ，ここ20年で見ると現在は［　A　］の傾向で輸入品の値段が上がって，輸入には不利だから，①私たちの生活にも大きな影響《えいきょう》がありそうだね。

ひまり：あらためて考えてみると，私たちの生活は世界の国々との関わりの中で，今だけでなく，昔も大きな影響を受けたんだろうね。

れ　ん：そうそう，そういえば教科書に②東京《とうきょう》の日本橋《にほんばし》付近を描《えが》いた江戸時代と明治時代の絵があって，見た目だけでもずいぶん変化があったのを覚えているよ。

ひまり：明治時代の初めごろは，いわゆる文明開化の時代だから，当時の人々の生活も大きく変化したんだろうね。

れ　ん：たしかにそうだね。時代の変化といえば，お父さんが1990年代後半からの③インターネットの普及《ふきゅう》によって，生活が大きく変化したと言ってたよ。私たちは，インターネットが普及した後のことしか分からないけど，大きな変化があったことは間違《ちが》いないね。

資料１

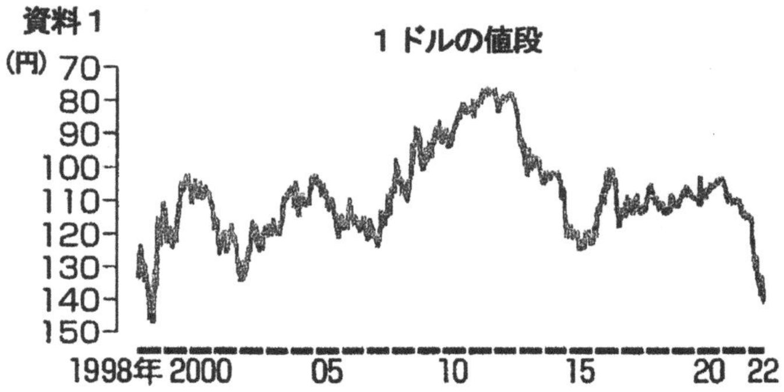

※北國新聞デジタルの資料より

資料２

品目別自給率（いずれもカロリーベース）

コメ	98%	野菜	76%
魚介類《ぎょかい》	54%	果実	32%
大豆	22%	小麦	17%
畜産類《ちくさん》	15%	油脂類《ゆし》	3%

※NHK おうちで学ぼう！ for school の資料より

資料３　江戸時代の日本橋付近

資料４　明治時代初めの日本橋付近

資料５

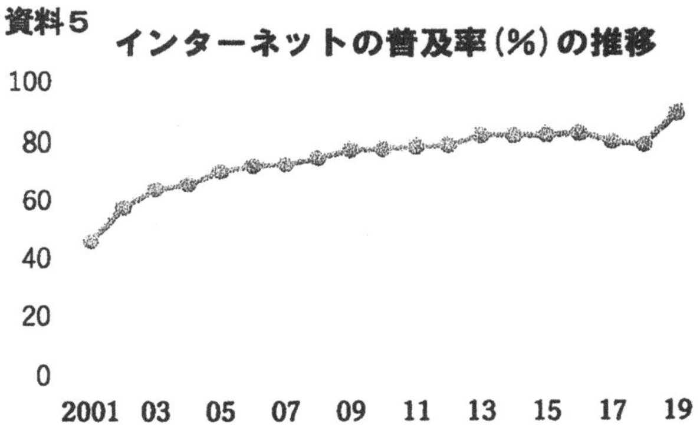

※総務省「通信利用動向調査」より

（１）　文中の［　A　］にあてはまる語句を，文中より探して答えましょう。また，下線部①について，私たちの生活がどのような影響を受けるのか，資料２をもとにして答えましょう。

A	影響

（２）　下線部②について，資料３と資料４を見比べて変化が見られる生活の様子について２つ答えましょう。また，資料には見えない明治時代初めの生活の変化を考えて，１つ答えましょう。

変化１	変化２
資料には見えない変化	

（３）　下線部③について，資料５を見るとここ数年のインターネット普及率は非常に高いことが分かります。しかし，インターネットの利用には問題点もあります。あなたが考えるインターネットを利用する時の問題点を３つ答え，どのように注意して利用すればよいか，それぞれ答えましょう。

問題点１	注意すること１
問題点２	注意すること２
問題点３	注意すること３

金光学園中学校入学試験（教科型）
令和６年１月４日

国語（１）

（60分）

＊出題の都合上、本文の一部に改変を行ったところがあります。

※100点満点
（配点非公表）

受験番号

一 次の文章を読んで、あとの問いに答えなさい。

お詫び
著作権上の都合により、文章は掲載しておりません。
ご不便をおかけし、誠に申し訳ございません。
教英出版

（金田一秀穂著『15歳の日本語上達法』）

（注）
※1 代名詞…代表例。
※2 リンパ液…動物の身体組織の間にある液。
※3 興じ…そのことの楽しさに夢中になる。
※4 定期券…一定の期間や区間に限り使える乗り物の割引乗車券。
※5 オブラート…飲みにくい粉薬などを包むのに使うもの。

金光学園中学校入学試験（教科型）
令和６年１月４日

国語　（２）

受験番号

問１　文中の（　A　）～（　C　）に入る言葉として最も適当なものを次の中からそれぞれ選んで、記号で答えなさい。

ア　つまり　　イ　なぜなら　　ウ　では　　エ　でも　　オ　たとえば

問２　――線①「これって、おかしくありませんか？」とあるが、何がおかしいのか。文中の言葉を用いて五十字以内で書きなさい。

問３　――線②「似たような例」とあるが、「肉料理」の場合に、「刺身」と「死んだ魚」に当たる言葉を、それぞれ文中から五字以内でぬき出しなさい。

問４　――線③「これはどういうことなのか？」とあるが、その説明として最も適当なものを次の中から選んで、記号で答えなさい。

ア　説明する順序によっては、同じものでも相手にあたえる印象が変わってしまうということ。
イ　どのような言葉で表現するかによって、同じものでも感じ方が変わってくるということ。
ウ　どのような言葉を選んで表現するかは、話し方以上に重要なものであるということ。
エ　同じものを表しているのに表現の仕方で受け取り方が変わるのはおかしいということ。

問５　――線④「みなさんは『言葉』を使って何をしていますか？」とあるが、「何をしているか」を説明している部分を、「～こと。」に続くように、文中から二十字でぬき出しなさい。

こと。

問６　――線⑤「もうひとつ大切な役割があるんですね」とあるが、「大切な役割」とは何か。文中の言葉を用いて十五字以内で書きなさい。

問７　――線⑥「それ」の指している内容を文中の言葉を用いて二十五字以内で書きなさい。

問８　本文の内容として正しいものを次の中から一つ選んで、記号で答えなさい。

ア　人が独り言を言ってしまうのは、自分の不安やストレスを発散するためである。
イ　人は目に映ったものの中で、もっとも目立つ部分を言葉に置き換えて考えている。
ウ　人は言葉によって目の前にあるものの良い悪いを見分けて、物事を理解している。
エ　言葉の意味をきちんと理解することは、世の中を正確に理解することにつながる。

二　次の①～⑤の――線の漢字をひらがなに直し、⑥～⑮の――線のひらがなを漢字に直しなさい。

①　木造家屋（　　）　②　果物がおいしい季節（　　）　③　要求を退ける（　　）　④　絶賛をあびる（　　）　⑤　存続の危機（　　）

⑥　クッキーを皿にもる　⑦　月がこめんに映る　⑧　えんどうの桜が満開だ　⑨　おうちゃくな態度を取る
⑩　仏像をおがむ　⑪　成功をおさめる　⑫　赤みをおびた土　⑬　命令にさからう
⑭　ゴミをすてる　⑮　実力をはっきする

受験番号

三　次の文章を読んで、あとの問いに答えなさい。

小学六年生の「ぼく（桃井《ももい》）」は、ふざけて遊んでいる時に、左手にギプスをするほどの大きなけがをしてしまった。その反省として、夏休み期間中、同級生の「栗田《くりた》」とプールそうじをすることになった。

午後、ぼくらは、軍手をはめたおやじ先生につれられて、プールの裏の土手に行き、半日、そこで草をむしった。道路に面した、その土手は、ちょうど南をむいていて、植物たちのすみかとしては、もともと都合がいいんだけれど、とくに今年は、梅雨の時期から水と光をたっぷりすって、坂の形がわからないくらい雑草が育ちすぎていた。

「あんまりみっともないからな。端《はし》から、どんどん抜《ぬ》いちゃってくれ」

おやじ先生は、日よけのためにタオルを頭に巻いていて、もう完全に生活指導の先生らしくなくなっていた。右手に握《にぎ》った草刈《か》りガマで、しゅっしゅっと音をたてながら、背の高い草を刈り取る姿は、どこから見ても農家の人だ。

「あったりまえだろ、先生んちは先祖代々農家だからな。土にさわると血が騒《さわ》ぐ。緑を見ると、ほっとする。だいたいな、おまえらだって、仕事は部屋の中でするもの、野菜は店で買うもの、なんて決めつけちゃってるふうだけど、①ニッポンジンなら三代前は、たいてい農家をしていたはずだ。田んぼに出ってコメを作って、そのコメ食って生きてきたんだぞ」

「そうなんですか」

「そうだよ、だって、名字がいい証拠《しょうこ》だろ。鈴木さんとか佐々木《ささき》さんとか田中さんとか山田さんとか、名字に［木］と［田］がつく名前って、クラスにごろごろいるもんな。ちなみに、先生んちの名字は［多い田んぼ］で多田さんだ。おまえらだって［桃］と［栗］だから、ちゃんと植物と関係がある」

先生はやけに力をこめて、そんな話をぼくらにすると、刈り取った草を足でたばねて、坂を器用に転がした。それにしたって、世界でもっとも草刈りガマの似合う男は、おやじ先生以外にはいないだろうな、と、ぼくは思った。

それで、だいたい、草の背たけが五センチぐらいにそろえられると、ぼくらは草の根っこをほじくるコテを、それぞれ持たされた。コテはケーキをもりつけるときの三角形のナイフに似ていて、するどくとがった先っぽを土にぐいっとさしこみながら、ヘリのところで根っこを切って、持ち上げるようにして使う。かわいた土の奥《おく》の奥まで、スポンジみたいに（　Ａ　）つまった、白くてかたい草の根っこは、思ったよりも※1強情《ごうじょう》で、つきさしたコテを強くひねると、ぶちぶちっという手ごたえのあと、いかにも「やられた！」みたいな感じで、土ごと根っこがずぼっと抜けた。

「草むしりっていうけどさ。上だけ※2ちまちまむしってたって、根っこを取らなきゃダメなんだ。とにかく、こいつら、しぶといからな。クスリをまいて、焼きはらっても、土に根っこがある限り、雑草はすぐに生えてくる」

おやじ先生は、ぼくらにいった。

「でも、雑草も、いちおう草で、花だんの草とも仲間ですよね。なんで大切にされないのかな」

といって、栗田は首をかしげた。

「花がキレイじゃないからな、花だんの花はキレイだろ。見て楽しめる花が咲《さ》くから、花だんの草は大事にされる」

「なんだ、それだけ」

と、これはぼく。

「②すごいサベツだ」

と、栗田もいった。花がキレイじゃないだけで、「雑草」なんて勝手によんで、せっかく必死に生きているものを、ひっこ抜くなんて、※3残酷《ざんこく》だ。

「そういわれると、そうだよなぁ」

先生は、③少し困った顔で、暑さにむれて（　Ｂ　）している雑草のたばを、いじくった。

「うん、栗田のいうとおり、これは立派なサベツだな。先生も、いま、はじめて知った。人間だったら大問題だ。でも、④草はなぁ、いま、おまえたちが思っているほど弱かぁないぞ。でなきゃこんなに、そこいらじゅうに草が生えてるわけがない」

「あっ、そうか」

ぼくらはいって、あたりをぐるりと見わたした。歩道に並ぶ街路樹の下。網《あみ》で囲ったゴミ置き場。土にかぶせたコンクリートのあちこちにできた、こまかなつぎめ。ふだんは気にもしていなかった、見なれた街のそこいらじゅうで、ほんのひとつまみの土を見つけて、草は、（　Ｃ　）生えていた。

「それにくらべると、花だんや鉢《はち》で育った花は、ひよわだよ。かわいがられて育ったぶんだけ、みかけはすらりとかっこがいいけど、あまったれてて根性なしで、病気や虫で、すぐ枯《か》れる。これは人にもいえることだな。⑤楽して生きると損をする。いきものってのは、いためつけられて、だんだん強くなるものなんだ」

「いいなぁ」

ぼくは、いまの話が、なんだかすごく気にいった。やっぱ人間、カホゴでひょろひょろ育っちゃダメだ。タフでなきゃ。

「⑥闘《たたか》ってるって感じだもんな」

栗田は、手もとをみつめていった。踏《ふ》みつけられても、へし折られても、必ずどこかでまた芽を出して、日夜サベツと闘っている、白い根っこが、そこにはあった。

おやじ先生とぼくらの会話は、それから先も、ずっと続いた。話をしながら手も動かして、雑草を全部むしり終わると、そのころには、もう、プールで泳ぐ子どもの数もずいぶん減って、おやじ先生の頭のタオルは、首すじまで、ずり落ちていた。

「よし、終わり。ごくろうさん。ずいぶん残業させちゃったなぁ。今度、ラーメンおごってやるぞ」

いわれて、ぼくは立ち上がり、草が流したぎとぎとの汁《しる》で黒くよごれたギプスをはたいた。

「大変だな」

栗田が横目でギプスをちらりと見て、いった。

「んなことないよ。どうせ、もうじき取れるんだから」

と、ぼくはいい、⑦痛くもかゆくもなくなってきた左手をグーの形にすると、空の西側で、まだ燃えている赤い太陽に※4パンチをくれた。

（笹生陽子著『ぼくらのサイテーの夏』）

（注）
※１　強情…意地が強く、一度こうと決めたらそれを守り通す態度・様子。
※２　ちまちま…少しずつ。
※３　残酷…人や動物に苦しみをあたえて平気なこと。むごいこと。
※４　パンチをくれた…「パンチをした」と同じ意味。

国語（4）

受験番号

問1　文中の（　A　）～（　C　）に入る言葉として最も適当なものを次の中からそれぞれ選んで、記号で答えなさい。

ア　ちゃっかり　　イ　すっきり　　ウ　ぎっしり　　エ　がっかり　　オ　ぐったり

A	B	C

問2　――線①「ニッポンジンなら三代前は、たいてい農家をしていたはずだ」とあるが、おやじ先生は何を証拠にこのようなことを言ったのか。「～ということ。」に続くように、三十字以内で書きなさい。

ということ。

問3　――線②「すごいサベツだ」とあるが、どういった点が「サベツ」なのか。「～点。」に続くように、文中の言葉を用いて五十字以内で書きなさい。

点。

問4　――線③「少し困った顔」とあるが、この時おやじ先生が困っていた理由として最も適当なものを次の中から選んで、記号で答えなさい。

ア　自分の意見がまちがっていると言われて、何がまちがっているのか見当がつかなかったから。
イ　今まで考えてもいなかったことを指てきされて、確かにその通りだと納得してしまったから。
ウ　自分がひっこ抜いてしまった雑草を、どうやって元にもどせば良いか分からなかったから。
エ　生徒に正しいことを言われ、先生としての信らいがなくなってしまったのではとあせったから。

問5　――線④「草はなぁ、いま、おまえたちが思っているほど弱かぁないぞ」とあるが、その様子をくわしく述べている部分をこれよりも前の文中から四十字以内でぬき出し、最初と最後の三字を書きなさい。

～

問6　――線⑤「楽して生きる」とあるが、楽して生きているものの具体例を、文中から十字でぬき出しなさい。

問7　――線⑥「栗田は、手もとをみつめていった」とあるが、この時の栗田の説明として最も適当なものを次の中から選んで、記号で答えなさい。

ア　草むしりでよごれた手を見て、自分も暑い中での草むしりという闘いを終えたことに満足している。
イ　力強く生きている雑草を、先生に言われるがまま何も考えずにむしり取って申し訳なくなっている。
ウ　雑草でさえ強く生きているのに、自分は草むしり一つで面どうくさがっていてはずかしくなっている。
エ　自分もこの雑草のように、何があっても強くたくましく生きていきたいと勇気をもらっている。

問8　――線⑦「痛くもかゆくもなくなってきた……赤い太陽にパンチをくれた」とあるが、この時のぼくの気持ちの説明として最も適当なものを次の中から選んで、記号で答えなさい。

ア　ギプスの不便さを知らずにのんきなことを言う栗田を、早くけがを治して見返してやりたい。
イ　じゃまだったギプスがもうすぐとれて、もう一度プールで泳げることがうれしくてたまらない。
ウ　どんなかん境でも生き抜く雑草の強さを見習い、自分も何事にもめげずにがんばっていきたい。
エ　先生の手伝いをしたごほうびのラーメンを早く食べたくて、その日が来ることが待ち遠しい。

四

次の文章は、「小学校で一番の思い出」というテーマのAさんのスピーチです。これを読んで、あとの問いに答えなさい。

私の小学校での一番の思い出は、六年生の時の運動会です。（　A　）、リレーで一位になれたからです。一位でゴールした時のクラスメイトの喜ぶ顔や声は、今でもはっきりと覚えています。【①バトンパスがうまくいかなくて、くじけそうなときもありました。②一位になるために、メンバーとたくさん練習を重ね、その努力が実ったからです。③また、ほかのクラスの練習が順調なことも聞いて、あせりもしました。④しかし、一番の思い出になっている理由は、一位になれてうれしかったからではありません。】そんなとき、担任の先生が「練習はうそをつかない。必ず努力は報われるよ。」と言いました。それで、あきらめることなく練習をすることができました。（　B　）、一位をとることができました。このことを忘れずに、これからも努力していこうと思います。

問1　文中の（　A　）、（　B　）に入る言葉として最も適当なものを次の中からそれぞれ選んで、記号で答えなさい。

ア　だから　　イ　しかし
ウ　つまり　　エ　なぜなら

A	B

問2　【　】内が意味の通る文になるように、①～④の文を正しく並べかえなさい。

→　→　→

問3　＝＝線「言いました」を、適切な敬語に直しなさい。

受験番号

五　次の文章を読んで、あとの問いに答えなさい。

昨日、近所の少女が遊びに来た。二人とも小学校六年生である。私は彼女たちに尋《たず》ねた。

「きびしい先生と、優しい先生と、どっちが好き？」

彼女たちは、「優しい先生」と答えた。

「ではね、あなたたちが何かまちがった時、きびしく注意してくれる先生と、何も言わない先生と、どっちが好き？」

彼女たちは答えた。

「きびしく注意してくれる先生」

きびしい先生がきらいでありながら、きびしく注意してくれる先生が好き、というのは※1矛盾《むじゅん》のようで矛盾でないと、私は思った。優しさを望む気持ちと、きびしく注意してくれることを望む気持ちとは、心の底で一つなのだ。自分を正しく導いてくれる先生──そんな先生が少女たちは好きなのだ。そしてこれは、何十年も年を重ねた①私の気持ちでもある。

少女時代、私は谷地《やち》先生という英語の教師が好きだった。授業時間に一分といえども先生は遅《おく》れることはなかった。始業ベルと共に、ただちに授業は始まっていた。少しもたるみのないきびしい授業でありながら、それは本当に楽しい時間だった。先生が一生懸《けん》命なのがよくわかっていた。

もう一人、藤界雄《ふじくにお》という忘れられない教師がいる。この教師は常に、前の授業の復習から始めた。真っ先に、前に教えたことをどしどし質問する。忘れたでは許されない。それは※2小気味《こぎみ》よいほどにきびしかった。授業もおもしろかった。私はこの先生のあり方に、人生に対するきびしさを学んだ。

小学校五年生の時であったか、六年生の時であったか、リヤ王物語を国語で習った。リヤ王には三人の娘《むすめ》がいた。ある時リヤ王は、三人の娘に自分の領土を分けようと思って、自分をどのように好きか、と質問をした。上の娘二人は、「お砂糖のように好きでございます」と答えた。リヤ王は喜んだ。三番目の娘はしかしこう答えた。

「お塩のように好きでございます」

リヤ王の顔色は変わった。自分をあの塩のように塩からいものにたとえたと言っておこった。結局、末娘には何も与《あた》えず城から追い出し、上の娘二人に領土を分けた。

やがてリヤ王は年老いて、上の娘を頼《たよ》りにしたが、相手にされず、二番目の娘を訪ねたが、同様に手ひどく扱《あつか》われた。そのうわさを聞いて、三番目の娘が王を引き取りに来た。彼女は立派な王子と結婚《けっこん》して、幸せに暮らしていたのである。王の夕食に、娘は砂糖で味つけた夕食を出した。塩は使わなかった。

「塩が欲しい」と目を上げた時、娘は言った。

「お父さま、お塩がおきらいなのではなかったでしょうか」

リヤ王は、上の娘二人の甘《あま》い言葉に※3眩惑《げんわく》され、②末娘の言葉の※4真意がわからなかったことに気づいて、心から詫《わ》びた。

私の※5おぼろげな記憶《きおく》をたどると、そんな話だった。

ところで私たちは、自分がどんな人間を好きか、静かに思いうかべてみることも、時には必要なのではなかろうか。その中に、いつでも自分の耳に快いことしか言ってくれない人がいるとしたら、私たちはリヤ王の仲間ということになる。

「　　　を言ってくれる人を、ありがたく思わねばいけないよ」と母はよく言っていたが、それにしても、人間いくつになっても、③甘い言葉には弱いものだ。

（三浦綾子著『明日のあなたへ』）

（注）
※1　矛盾…つじつまが合わないこと。
※2　小気味よい…快い感じを受ける。
※3　眩惑…目がくらんでまどうこと。
※4　真意…本当の意味。
※5　おぼろげな…はっきりしない。

問1　──線①「私の気持ち」を「～という気持ち。」に続くように文中の言葉を用いて二十字以内で書きなさい。

という気持ち。

問2　──線②「末娘の言葉の真意がわからなかった」とあるが、リヤ王は最初「末娘の言葉」でどのような気持ちになったか。文中の言葉を用いて二十字以内で書きなさい。

問3　文中の　　　に入る言葉として最も適当なものを次の中から選んで、記号で答えなさい。

ア　やる気にさせること　　イ　まよわせること
ウ　おだてるようなこと　　エ　言いにくいこと

問4　──線③「甘い言葉」について、次の各問いに答えなさい。

（1）「甘い言葉」とはどのような言葉か。「～言葉。」に続くように文中から七字でぬき出しなさい。

言葉。

（2）「甘い言葉」の具体例を文中から十五字以内でぬき出しなさい。

算　数　（１）

※100点満点
（配点非公表）

受験番号	

※□には，あてはまる数や記号を書き入れ，考え方の□には，その答えが出た理由を，式や表や図などで表しなさい。

1　次の計算をしなさい。

（１）$24\div(3+5)\times2=$ □

（２）$\frac{3}{5}\times$ □ $+3=5$

（３）$130-(46-45\div9)\times3=$ □

（４）$\left(1-\frac{1}{2}\right)+\left(\frac{1}{2}-\frac{1}{3}\right)+\left(\frac{1}{3}-\frac{1}{4}\right)=$ □

2　次の□にあてはまる数を書き入れなさい。

（１）15と35の最小公倍数は，□です。

（２）時速60 kmで走る自動車が２時間９分走ると，□km進みます。

（３）$\frac{2}{3}:\frac{4}{5}$をできるだけ小さい整数の比で表すと，□：□です。

（４）消費税が10％のとき，ある商品の消費税は184円です。この商品を買うときに支払《はら》う金額は，□円です。

（５）ある日の午前９時10分から午前10時10分までの間に時計の短針は，□°動きます。

（６）電卓《たく》で11から20までの10個の数を順番に足して合計を計算しようとしたら，１つだけまちがえて引いてしまい，合計が121になりました。このときまちがえて引いた数は，□です。

（７）右の【図１】のマスに縦，横，ななめの３つの数の和がどれも等しくなるように，数を入れていくとき，㋐に入る数は，□です。

【図１】

12		11
	8	9
㋐		

（８）下の【図２】のように長方形の紙を折り曲げてできる角①の大きさは，□°で，角②の大きさは，□°です。

（９）下の【図３】のように半径５cmの円の内側に円周上の点A，B，Cを頂点とする三角形があります。色のついた部分の面積が50.5 cm^2，辺ABの長さが７cmのとき，辺CDの長さは，□cmです。ただし，円周率は3.14とします。

(10) 下の【図４】は円柱の一部を切り取った立体です。この立体の体積は，□cm^3です。ただし，円周率は3.14とします。

【図２】

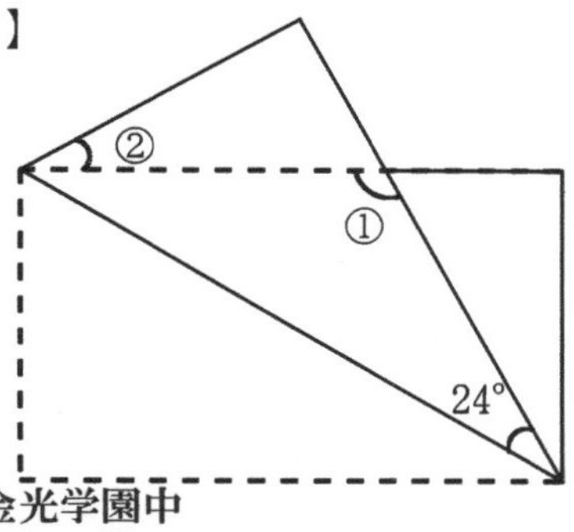

【図３】

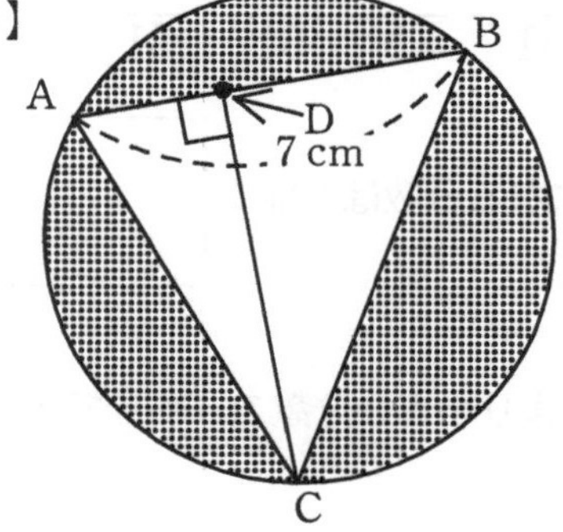

【図４】

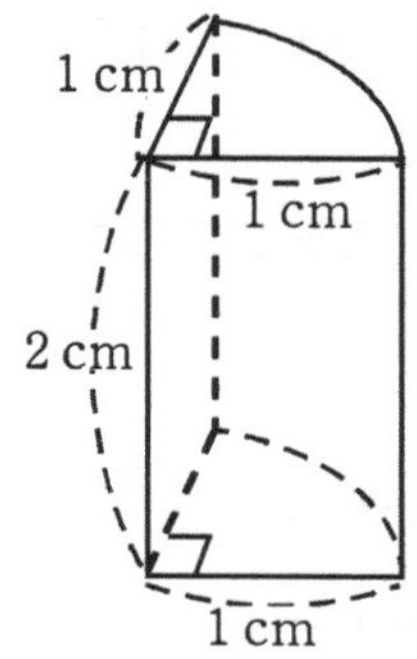

算　数　（２）

受験番号	

3　Aさんと Bさんが同じコースをランニングした後の会話文を読んで，ア～エにあてはまる数を答えなさい。
答えは右の解答らんに書き入れなさい。

Aさん：今日は 20 分間ランニングしたよ。最初の 10 分は毎分（ア）m の速さで走ってみたよ。
その 10 分間で 2.4 km 進んだよ。

Bさん：10 分経過したあとは走る速さを遅《おそ》くしていたのかな。

Aさん：そうだよ。10 分経過したあとの 5 分間は最初の速さの半分の速さで走ったけど，最後の 5 分間はまた最初の速さで走ってゴールしたんだよ。

Bさん：そうだったんだね！　だから Aさんと私は同時にゴールできたんだね。私は Aさんと同じ時刻にスタートしてからゴールまで一定の速さで走ったから追いつけるはずがないと思っていたんだ。

Aさん：ということは，Bさんは毎分（イ）m の速さで走っていたよね。

Bさん：そう！　それで私がスタートして（ウ）分（エ）秒後に Aさんに追いついたね。

Aさん：明日もがんばるぞ！

ア	
イ	
ウ	
エ	

4　底面が 1 辺 18 cm の正方形で，直方体の形をした箱があります。次の図のように，この箱に十字に交わるようにリボンをかけました。
ちょう結びの部分には 30 cm 使いました。この箱の体積は 7776 cm^3 です。これについて，次の問いに答えなさい。

（1）この箱の高さは，［　　　］cm です。

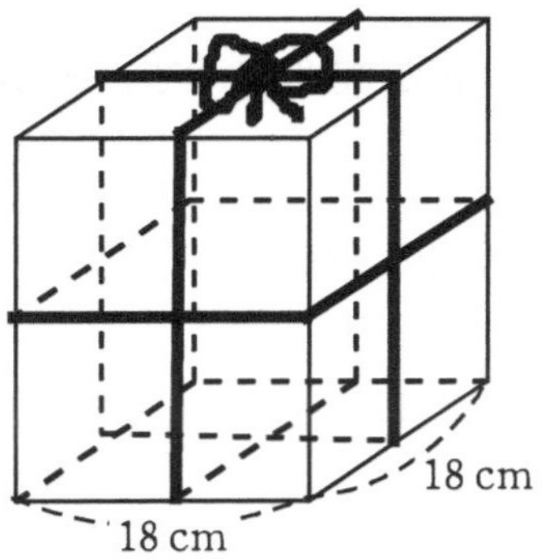

（2）ちょう結びの部分に使った長さも入れて全部で何 cm のリボンを使いましたか。

考え方

答［　　　］cm

5　Aさん，Bさん，Cさんはクッキーとプリンを次の表に書いてある数だけ，箱につめて買いました。Cさんの代金はいくらですか。
ただし，箱の値段はどれも同じです。

考え方

	クッキー	プリン	代金
Aさん	5 枚	4 個	960 円
Bさん	9 枚	6 個	1580 円
Cさん	15 枚	9 個	

答［　　　］円

6　次のように，分母が 51 で，分子が 1 以上 50 以下である分数が 50 個ならんでいます。

$$\frac{1}{51},\ \frac{2}{51},\ \frac{3}{51},\ \frac{4}{51},\ \cdots\ ,\ \frac{47}{51},\ \frac{48}{51},\ \frac{49}{51},\ \frac{50}{51}$$

（1）ならんでいる分数のうち，約分すると分母が 3 になる分数は全部で［　　　］個です。

（2）ならんでいる分数のうち，$\frac{1}{17}$ より大きく，$\frac{2}{3}$ より小さい分数で，約分できる分数は全部で［　　　］個です。

金光学園中学校入学試験（教科型）
令和６年１月４日　（30分）

理　科　（1）

※50点満点
（配点非公表）

受験番号	

1　動物のからだのはたらきについて，次の問いに答えなさい。

問１　図１は，ヒトのからだのつくりを表しています。
A，Cの名前を答えなさい。

問２　食べ物の通り道をA～Dから選び，食べ物が通る順に記号を並べなさい。

問３　次のア～エは，図１のAのはたらきを説明したものです。正しいものはどれですか。ア～エから１つ選び，記号で答えなさい。

ア．吸収した養分を胃に送り出す。
イ．吸収した養分を小腸に送り出す。
ウ．胃から運ばれた養分をたくわえる。
エ．小腸から運ばれた養分をたくわえる。

問４　図２は，じん臓，小腸，肺を通る前と，通った後での血液にふくまれるものの量の変化を表しています。図中の矢印は血液の流れを表し，○ ● ▲ □は血液の中にふくまれるものを表しています。○ ● ▲ □はそれぞれ何を表していますか。最も適当なものを下のア～エから１つずつ選び，記号で答えなさい。

図１

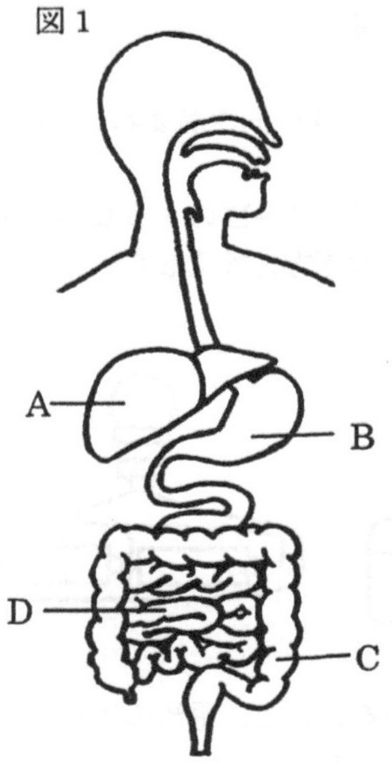

図２

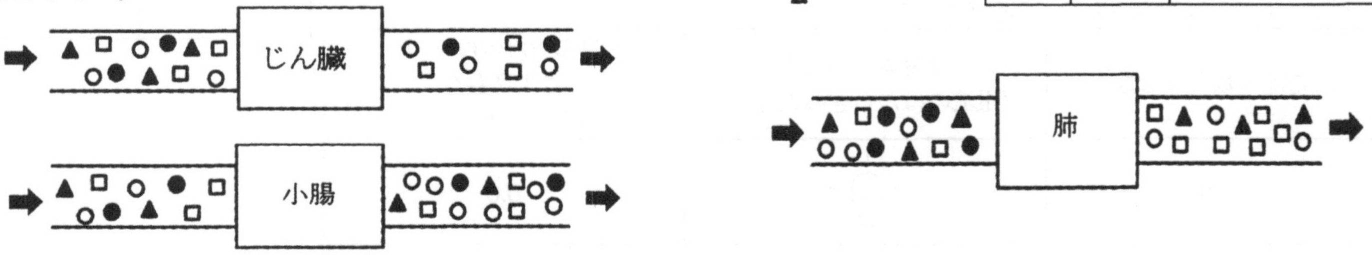

ア．養分　　イ．二酸化炭素　　ウ．酸素　　エ．いらなくなった物

問１	A	
	C	
問２	口《くち》 → 　→ 　→	
問３		
問４	○	
	●	
	▲	
	□	

2　天気の変化について，次の問いに答えなさい。

問１　次のア～エは気温のはかり方について説明したものです。まちがっているものはどれですか。ア～エから１つ選び，記号で答えなさい。

ア．温度計に日光が直接当たらないようにする。
イ．地面から1.2～1.5mの高さではかる。
ウ．建物の北側のかべに温度計をとりつける。
エ．目を目もりの高さに合わせて温度を読み取る。

問２　次の文は，図１の雲について説明したものです。最も適当なものをア～エから１つ選び，記号で答えなさい。

ア．岡山では冬に見られることが多い。
イ．広いはん囲に弱い雨を降らせることが多い。
ウ．かみなりが鳴ることがある。
エ．雲の中心は晴れている。

図１

図２　（日本気象協会ウェブページより）

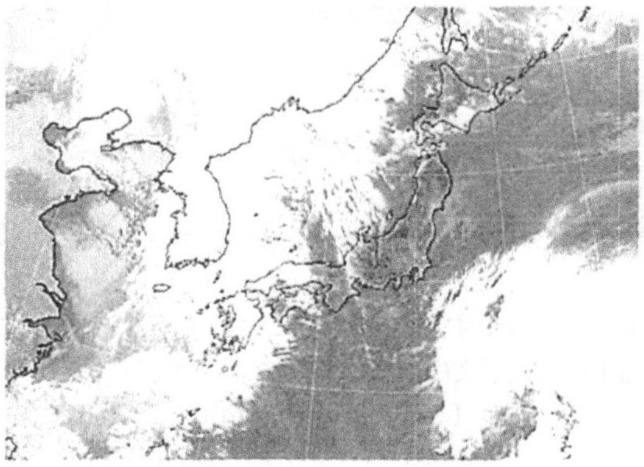

問３　図２は１１月のある日の午前１０時の雲画像です。次の問いに答えなさい。

（１）図３は図２と同じ日の，東京と岡山の気温の変化を表しています。東京の気温のグラフはア，イのどちらですか。記号で答えなさい。

（２）このあと，東京の天気はどのように変化すると予想しますか。

（３）（２）のように考えた理由を，方角を表す言葉を使って説明しなさい。

図３

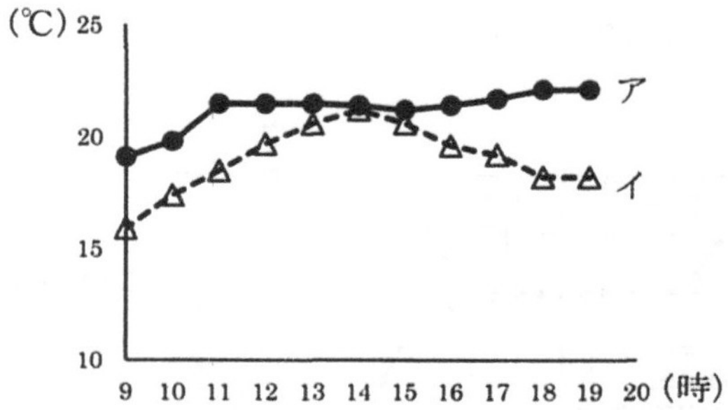

問４　大雨による災害について書かれた文を読み，次の問いに答えなさい。

数時間にわたって，同じ場所で大量の雨が降ることを（　①　）といい，こう水やがけくずれなどの災害を引き起こすことがあります。そのような場合には，A気象庁のウェブページなどで配信されている雨量情報に注意する必要があります。また，あらかじめ，B地域に住む人のためにつくられた災害に備えるための地図でどのような災害が起こるかを確認しておくことが大切です。

（１）（　①　）に当てはまる言葉を答えなさい。

（２）下線部Aを提供するためにある，雨量などのデータを自動的に計測しまとめるシステムをカタカナ４文字で答えなさい。

（３）下線部Bを何といいますか。

問１		
問２		
問３	（１）	
	（２）	
	（３）	
問４	（１）	
	（２）	
	（３）	

金光学園中学校入学試験（教科型）
令和６年１月４日

理　科　（2）

受験番号	

3　電流のはたらきについて，次の問いに答えなさい。

問１　下の文の（　　）に，当てはまる言葉を答えなさい。

かん電池の向きを変えると回路に流れる（　　）の向きが変わり，モーターの回る向きが変わる。

問２　豆電球と２個のかん電池を使って，下の図のＡ～Ｄのような回路をつくりました。
それぞれの回路について，かん電池のつなぎ方を答えなさい。

A　　B　　C　　D

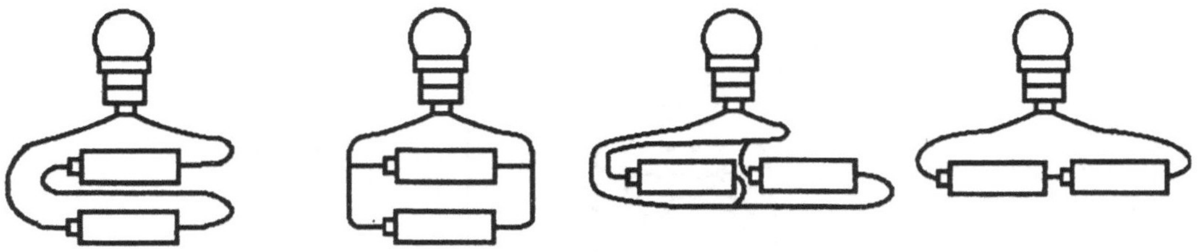

問３　豆電球につなぐかん電池の数とつなぎ方を変えて，電流のはたらきの大きさを比べる実験をしました。下の表はその結果の一部をまとめたものです。

かん電池の数とつなぎ方	豆電球の明るさ（電流のはたらきの大きさ）	けん流計のはりのさす目もり（電流の大きさ）
１個		0.6
２個を直列		1.2

（1）下の文は実験の結果をまとめた表からわかることを書いたものです。文の（　①　）と（　②　）に，当てはまる言葉をそれぞれ答えなさい。

かん電池２個を直列につなぐと，１個のときに比べて，回路に流れる電流の大きさが（　①　）なり，電流のはたらきが（　②　）なる。

（2）かん電池２個をへい列につないだとき，けん流計のはりのさす目もりはいくつになるでしょうか。数字で答えなさい。

問１			
問２	A		
	B		
	C		
	D		
問３	（1）	①	
		②	
	（2）		

4　水のすがたと温度について，次の問いに答えなさい。

問１　下の文は温度によって水がすがたを変えていくようすをまとめたものです。
文の（　①　）～（　④　）に当てはまる数字と言葉をそれぞれ答えなさい。

水は熱せられると（　①　）℃でふっとうする。また，冷やされると（　②　）℃でこおる。
このように水は温度によって（　③　），液体，（　④　）にすがたを変える。

問２　水の温度の下がり方をあらわしたグラフとして正しいものを下のア～ウから１つ選び，記号で答えなさい。また，そのように考えた理由を説明しなさい。

ア

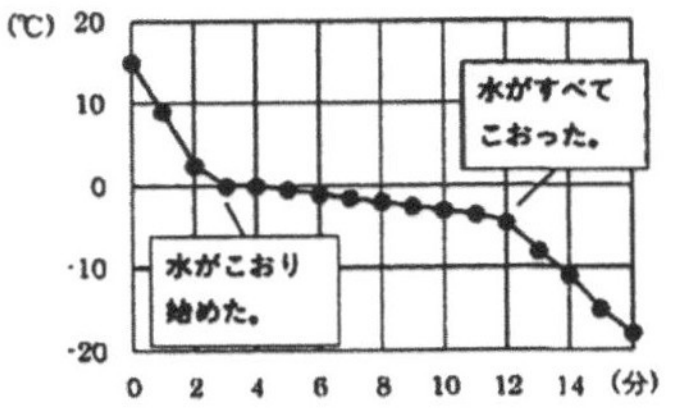

イ

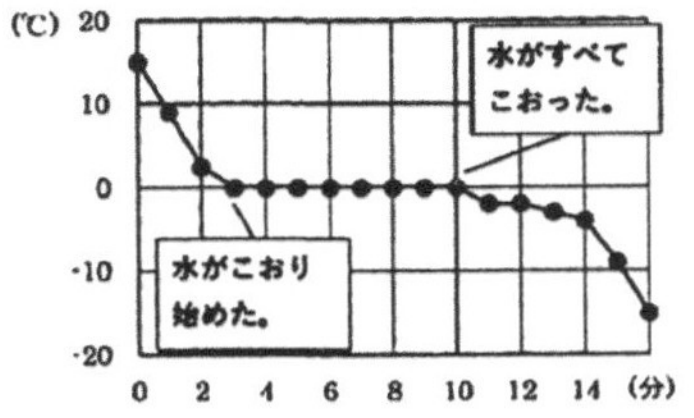

ウ

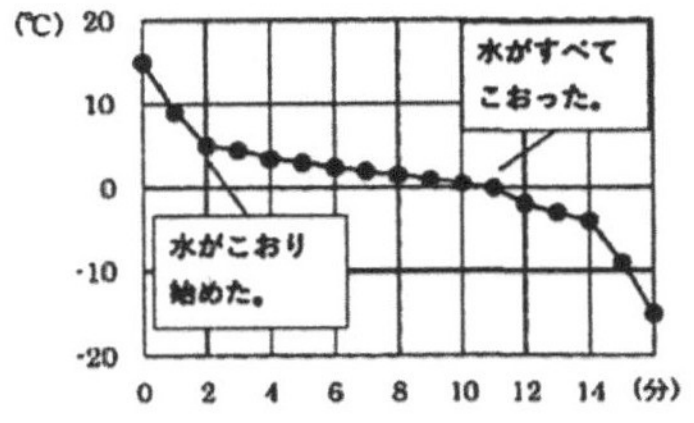

問３　下の文は自然のなかでの水のすがたについて説明したものです。
文の（　①　）～（　③　）に当てはまる言葉を答えなさい。

水はふっとうしなくても，その表面から（　①　）となって（　②　）中に出ていく。
このことを（　③　）という。

問１	①	
	②	
	③	
	④	
問２	記号	
	理由	
問３	①	
	②	
	③	

社　会　(1)

※50点満点
(配点非公表)

受験番号	

1　次の二人の会話文や図を見て，下の問いに答えなさい。

たろう：2023年は東京《とうきょう》ディズニーランド開園40周年で大いに盛り上がっていたね。
はなこ：私も昨年は①千葉県《ちばけん》にある東京ディズニーランドに行ったよ。楽しかったわ。
たろう：世界中には全部で６か所ディズニーランドがあるみたいだよ。
はなこ：②アメリカのカリフォルニア州にある最初にできたディズニーランドに行ってみたいな。
たろう：そうだね。ぼくも行ってみたいなぁ。
はなこ：2023年は他にも関東大震災《かんとうだいしんさい》から100年が経ったことでも話題になったね。
たろう：10万人以上の人が亡くなった，とても大きな災害だったみたいだよ。
はなこ：関東大震災が発生した９月１日は防災の日として，今でも多くのイベントが行われているね。③大きな災害を忘れないようにしているんだね。
たろう：そういえば災害ではなかったけど，2023年の夏はとても暑かったね。④各地の気候は例年と違《ちが》っていたね。温暖化が進んでいる気がしてとても心配になったよ。

資料１

漁港名	水あげ量	とれる魚の種類
ア	28万トン	マイワシ，サバ，ブリ
イ	20万トン	マイワシ，スケトウダラ
ウ	14万トン	カツオ，マグロ，サバ

(産地物流調査〔農水省〕より作成)

資料２

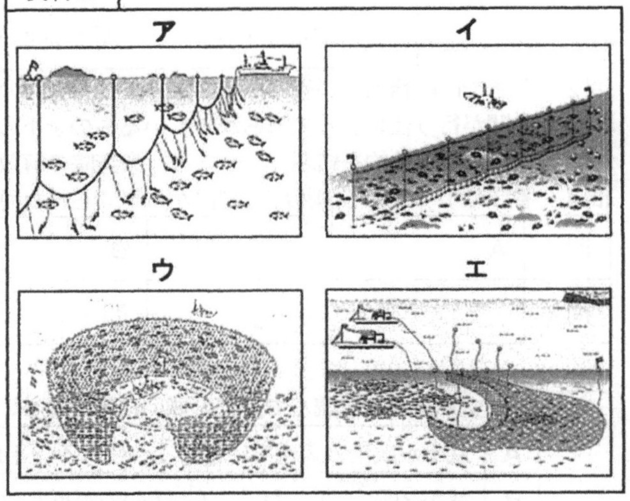

資料３

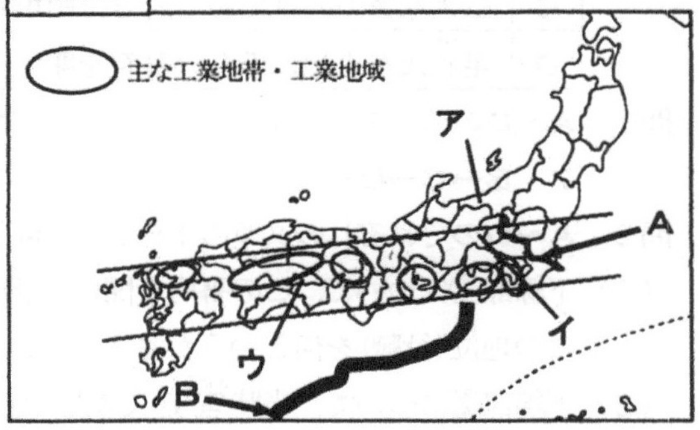

資料４

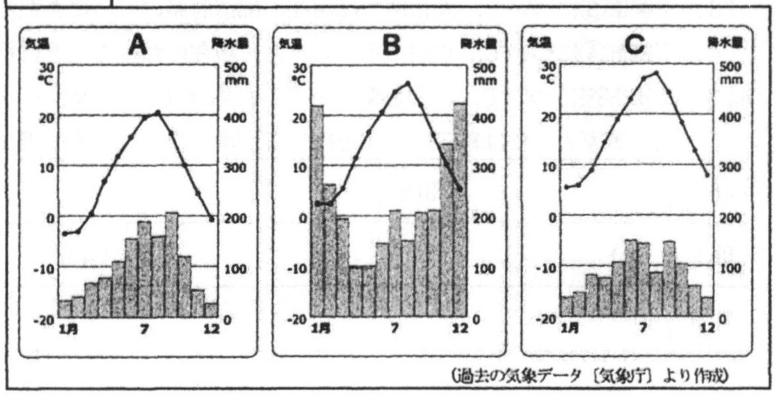

(過去の気象データ〔気象庁〕より作成)

問１　下線部①について，下の問いに答えなさい。

（１）右上の資料１は全国の有名な漁港の2022年度の水あげ量ととれた魚の種類です。**ア～ウ**の中から銚子漁港のものを１つ選び，記号で答えなさい。

（２）銚子漁港の沖合には優れた漁場が広がり，豊富な種類の魚をとることができます。優れた漁場が広がっている理由を簡単に説明しなさい。

（３）銚子漁港ではまきあみ漁でとった魚が多く水あげされています。まきあみ漁の漁法の説明として正しいものを右の資料２の絵**ア～エ**の中から１つ選び，記号で答えなさい。

（４）右の資料３の矢印**A**が指す，関東平野を形成した千葉県などを流れる川の名前を答えなさい。

（５）右の資料３の二本の線で囲まれた地域は京葉《けいよう》工業地域もふくまれています。海沿いの地域に多くの工業地帯が連なっていることを表す言葉を答えなさい。

問２　下線部②について，1980年代に日本の工業製品がアメリカへ大量輸出されました。このことでアメリカと日本との間で起きた貿易に関する争いごとを何というか答えなさい。

問３　下線部③について，右の資料３の矢印**B**が指す線の付近で巨大地震《きょだいじしん》が起こることが心配されています。予想されている地震名を答えなさい。

問４　下線部④について，右の資料４にある**A～C**の雨温図は資料３の地図の**ア～ウ**のどの地域のものですか。それぞれ選び，記号で答えなさい。

問１	（１）	（２）			
問１	（３）	（４）	（５）	問２	
問３	地震	問４	A	B	C

2　次の①～⑤の下線部が**正しければ○と答え，まちがっていれば正しい答えを書き入れなさい。**

①人間に代わって知的な活動をコンピューターに行わせる技術やコンピュータープログラムのことを人工知能(LAN)という。
②海に面している平地のことを平野といい，山に囲まれている平地のことを台地という。
③食品がいつ，どこで，どのように生産され，どのような経路で店に並んだかをさかのぼり確かめられるしくみをフェアトレードという。
④近年，日本が鉄鉱石をもっとも多く輸入している国は，オーストラリアである。
⑤2010年以降，日本国内でコメの年間生産量がもっとも多い都道府県は北海道《ほっかいどう》である。

①	②	
③	④	⑤

社　会　(2)

受験番号	

3　内閣について，下の問いに答えなさい。

問1　右の表の記号**A〜D**の説明に当てはまる省庁を下の中から選び，それぞれ答えなさい。

環境省《かんきょうしょう》　財務省《ざいむしょう》　金融庁《きんゆうちょう》　総務省《そうむしょう》
文部科学省《もんぶかがくしょう》　厚生労働省《こうせいろうどうしょう》　国土交通省《こくどこうつうしょう》

記号	説明
A	国民の健康や労働などに関すること
B	教育や科学・文化・スポーツ等に関すること
C	予算や財政などに関すること
D	国土の整備や交通に関すること

問2　各省では国務大臣が省のトップとして仕事を行います。内閣総理大臣と国務大臣らで行う内閣の会議のことを何というか答えなさい。

問3　内閣が行う仕事として**まちがっているもの**を下の**ア〜エ**の中から１つ選び，記号で答えなさい。

ア　外国と条約を結ぶ　　**イ**　衆議院の解散を決める　　**ウ**　国のきまり(法律)を決める　　**エ**　最高裁判所の長官を指名する

問4　省庁の１つである国税庁は国民から集められた税金を管理しています。その税金の中で，個人の収入にかかる税金は何か答えなさい。

問1	A	B		C	D
問2		問3		問4	

4　下の文章**A〜D**を読んで，下の問いに答えなさい。

A	武士が政治の実権をにぎるようになる。平氏《へいし》をたおした①源氏《げんじ》が幕府を開く。※モンゴル(元)からの襲撃《しゅうげき》もあった。
B	都が②平安京《へいあんきょう》に移る。朝廷《ちょうてい》の力が東北地方にまで広がる。
C	巨大《きょだい》な権力の証である前方後円墳《ぜんぽうこうえんふん》がつくられ始め，③大和《やまと》地方を中心に各地に広がっていった。
D	足利氏《あしかがし》が京都《きょうと》に新しい幕府を開く。金閣《きんかく》や④銀閣《ぎんかく》もこの時代に建てられた。

問1　**A〜D**の時代を古い順に並べたものとして正しいものを下の**ア〜エ**の中から１つ選び，記号で答えなさい。

ア　B→C→D→A　　イ　B→C→A→D　　ウ　C→B→A→D　　エ　C→B→D→A

問2　**A〜D**のそれぞれの文章の下線部①〜④について，下の問いに答えなさい。

（1）下線部①について，この幕府を開いた源頼朝《みなもとのよりとも》は，武士を従える最高の地位(役職)に就きました。
この地位(役職)を何というか答えなさい。

（2）下線部②について，当時宮廷《きゅうてい》で女性の正装として着ていた右の写真のような服装を何というか答えなさい。

（3）下線部③について，大和地方は現在の都道府県のどこにあたるか，都道府県名を答えなさい。

（4）下線部④について，銀閣に用いられた，現在の和室のもとになった建築様式を何というか，**漢字３字**で答えなさい。

問3　下線部※について，この襲撃で御家人《ごけにん》たちは命がけで戦い，元軍は２度も大損害を受けて大陸に引きあげていきました。しかし，この戦いの後，御家人からは幕府へ不満を持つ者が増えました。その理由を簡単に説明しなさい。

問1		問2	(1)	(2)
問2	(3)		(4)	
問3				

5　安土桃山《あづちももやま》時代以降の外国との関わりについて，下の問いに答えなさい。

問1　江戸幕府は日本人が外国に行くことを禁止し，貿易を制限するなどの政策を行っていました。この政策を何というか，**漢字２字**で答えなさい。

問2　貿易を制限する中，オランダとの貿易のために長崎湾《ながさきわん》内に作られた人工の島を何というか答えなさい。

問3　問１の政策を行うことになった理由の１つであるキリスト教について，下の問いに答えなさい。

（1）1549年，スペインの宣教師によって日本にキリスト教が伝えられました。キリスト教を日本に伝えた，右の人物名を答えなさい。

（2）江戸時代，幕府のキリスト教禁止政策ののち，九州(長崎県《ながさきけん》・熊本県《くまもとけん》)で益田時貞《ますだときさだ》を中心とする，キリスト教信者や百姓《ひゃくしょう》などが起こした大規模な一揆《いっき》を何というか答えなさい。

（3）キリスト教が禁止されている中，ヨーロッパの学問を研究する蘭学《らんがく》が生まれました。その中でも，杉田《すぎた》玄白《げんぱく》らは，オランダ語で書かれた人体解ぼう書の正確さにおどろき，３年半ほどかけて日本語にほん訳しました。この杉田玄白らが出版した書物を何というか答えなさい。

問4　1867年，江戸幕府が政権を天皇に返し，新しい時代になりました。欧米《おうべい》の国々の知識や制度，生活様式が日本に取り入れられました。
このような世の中の動きや変化のことを何というか，**漢字４字**で答えなさい。

問1		問2		問3	(1)
問3	(2)	(3)		問4	

金光学園中学校入学試験（適性検査型）
令和５年12月３日　（45分）

適性検査Ⅰ－１

※70点満点
（配点非公表）

受験番号	

課題１　太郎《たろう》さん，花子《はなこ》さん，次郎《じろう》さんの３人がすごろくをします。あとの（１）～（３）に答えましょう。

太郎：すごろくに使うサイコロをつくろうと思うんだ。このサイコロは，１から６までの数が１つずつ使われ，どの面も裏側の面との和が７になるように作られているね。

花子：そうね。じゃあ，数字の向きに気をつけて私もサイコロを作ってみるよ。

（１）**図１の展開図を組み立てて，図２のようなサイコロを作りました。**
図３の解答らんの展開図を組み立てたとき，図２のサイコロと同じになるように向きを考えて数字をかきましょう。

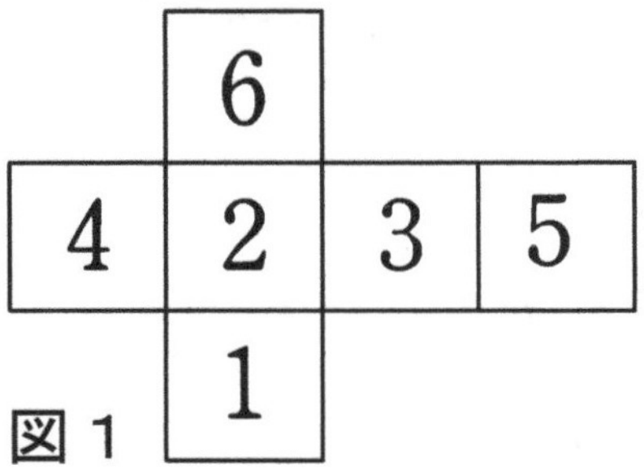

図１

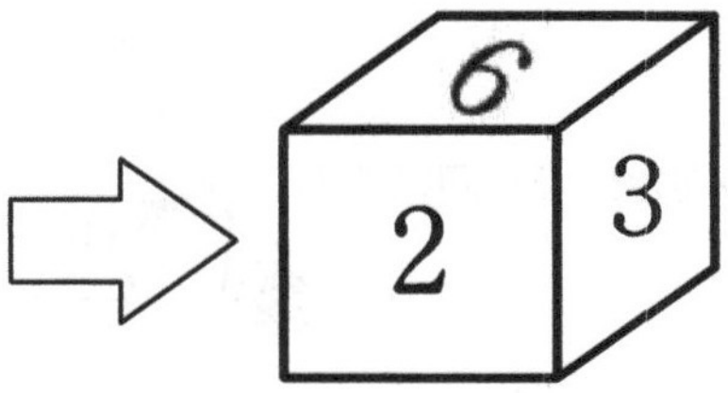

図２

解答らん

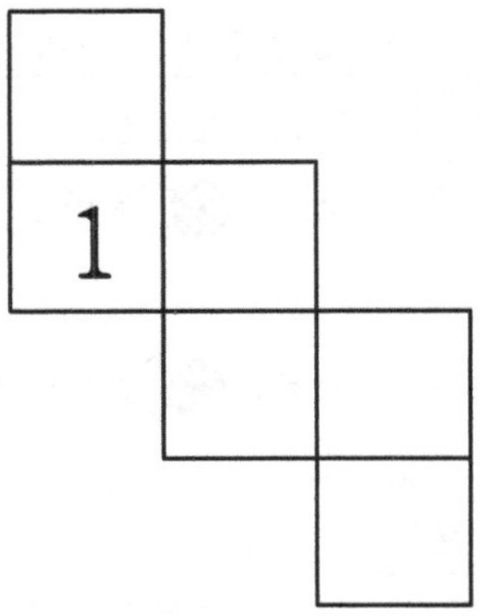

図３

（２）**太郎さん，花子さん，次郎さんの３人のこまは，最初スタートと書かれたマスの上にあります。サイコロをふって目の数だけ進んでいき，３回目が終わったときの３人のこまは，下の絵のA，B，Cのようになりました。**
３人は，出たサイコロの目について，下のようにいっています。3人のこまは，それぞれ，どのこまだと考えられますか。

※スタートから２マス目，６マス目，13マス目にとまったときは，そのマスに書かれた指示に従います。

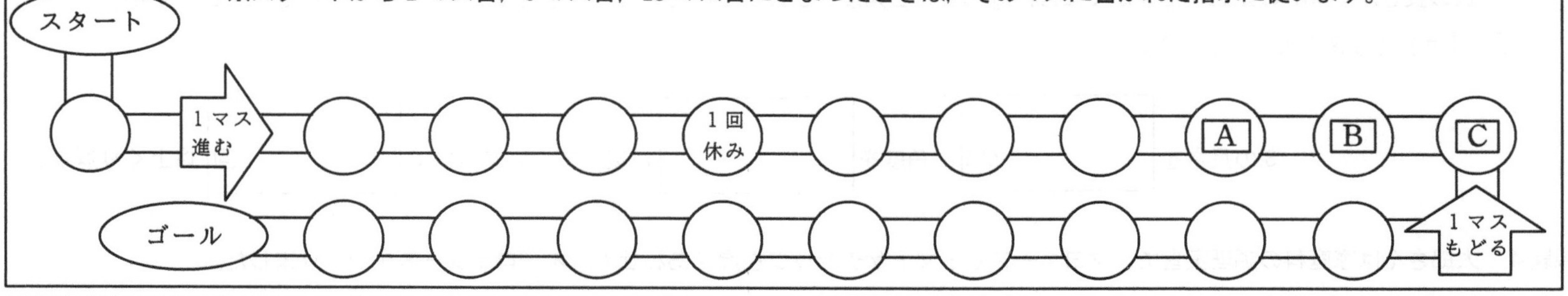

太郎：３回とも奇数《きすう》の目が出ました。
花子：最初に６の目が出て，１回休んで，その次は偶数《ぐうすう》の目が出ました。
次郎：３回とも同じ目が出ました。

A	さん	B	さん	C	さん

（３）**岡山《おかやま》さんと金光《こんこう》さんが，３人のゴールのマスに到着《とうちゃく》する順位を，次のように予想しました。**

岡山さんの予想	金光さんの予想
１位 次郎さん	１位 花子さん
２位 花子さん	２位 太郎さん
３位 太郎さん	３位 次郎さん

結果を見ると，どちらの予想も１つの順位だけあっていて，１位はどちらの予想ともあっていませんでした。正しい順位をかきましょう。

１位	さん	２位	さん	３位	さん

適性検査Ⅰ－２

受験番号	

課題２　図のように，ある長方形の紙から，短い辺を１辺とする正方形を切り取ります。

次に，残った長方形から短い辺を１辺とする正方形を切り取ります。

６回切り取ると，最後に残った紙は，６回目に切り取った正方形と同じ大きさの正方形で，全部で７個の正方形ができました。

ただし，同じ大きさの正方形は，２つだけでした。

最後に切り取った正方形の１辺の長さが１cm であるとき，もとの長方形の長い辺の長さを求めましょう。

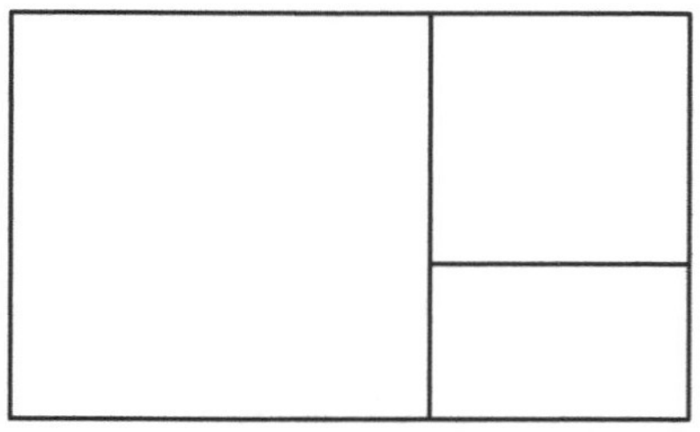

[　　　　] cm

課題３　コンピュータは，いろいろな命令を順序よく組み合わせて動かすことができます。この命令の組み合わせを「プログラム」といいます。

花子さんたちは，プログラムをつくり，いろいろな図形をかこうとしています。

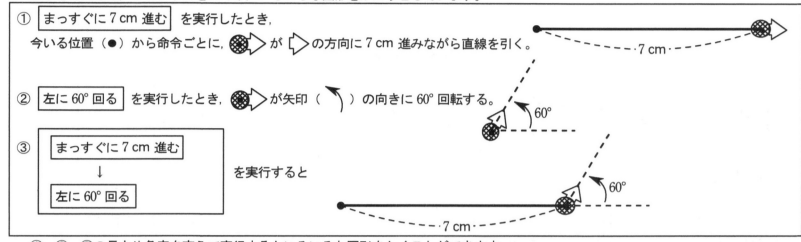

① [まっすぐに７cm 進む] を実行したとき，
今いる位置（●）から命令ごとに， が  の方向に７cm 進みながら直線を引く。

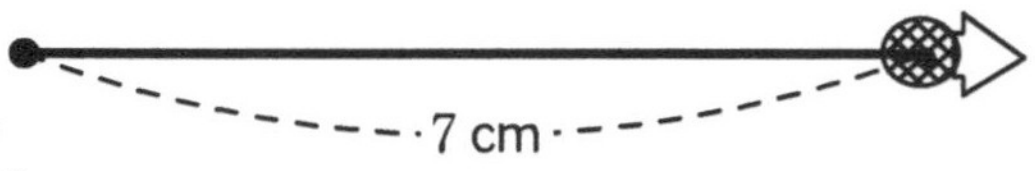

② [左に 60° 回る] を実行したとき， が矢印（）の向きに 60° 回転する。

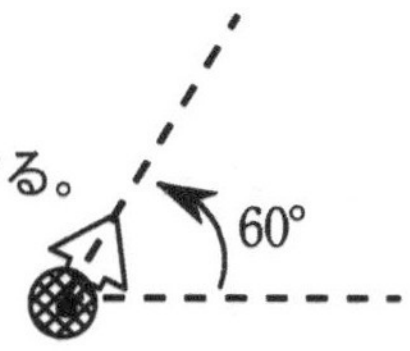

③ [まっすぐに７cm 進む] ↓ [左に 60° 回る] を実行すると

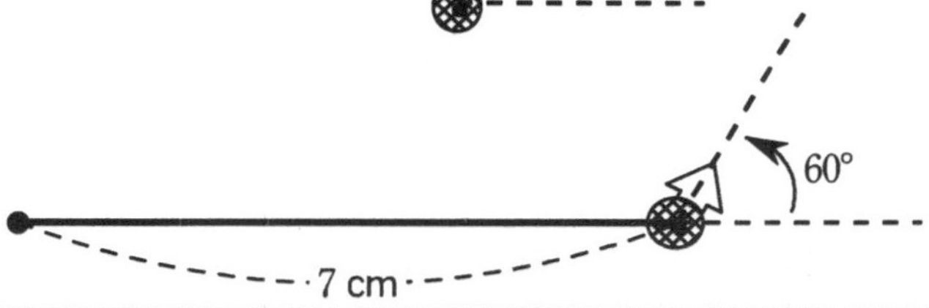

①，②，③の長さや角度を変えて実行するといろいろな図形をかくことができます。

例えば③の長さを３cm，角度を 90° に変えて，③を続けて４回以上くり返すと１辺の長さが３cm の正方形がかけます。

１辺の長さが５cm の正五角形をかくには，③の長さと角度をどのように変えて，③を続けて何回以上くり返せばよいですか。

[　　] にあてはまる数字を求めましょう。

③の長さを [　　　　] cm，角度を [　　　　] °に変えて，③を続けて [　　　　] 回 以上くり返す。

課題４　太郎さんは家庭科の調理実習で，マヨネーズとトマトケチャップを混ぜあわせて，オーロラソースをつくりました。

ある店では，マヨネーズは１本 200ｇ で 270 円，トマトケチャップ は１本 300ｇ で 220 円で売っています。

また，同じ商品を５本以上まとめて買うと，それぞれ 10％引きになります。

このオーロラソースを 150 人分作るとき，マヨネーズとトマトケチャップは少なくとも何本ずつ買えばよいですか。

また，これらを買うために必要な金額は合わせて何円でしょうか。考え方もかきましょう。

<オーロラソース４人分>
マヨネーズ…………………… 30ｇ（大さじ２はい）
トマトケチャップ ……… 25ｇ（小さじ５はい）

考え方

マヨネーズ	本	トマトケチャップ	本	必要な金額	円

金光学園中学校入学試験（適性検査型）
令和５年12月３日

適性検査Ⅰ－３

受験番号	

課題５　太郎さんと花子さんは次のような会話をしました。あとの（１）～（６）に答えましょう。

太郎：物を動かしたり，モーターを回したり，光を出したり，音を出したり。そんな風にいろいろなことを起こすことができるはたらきを「エネルギー」というんだ。
花子：「エネルギー」についていろいろ調べてみると面白そう。
太郎：じつは「エネルギー」の大きさについて調べるためにこんな実験を考えたんだ。

図

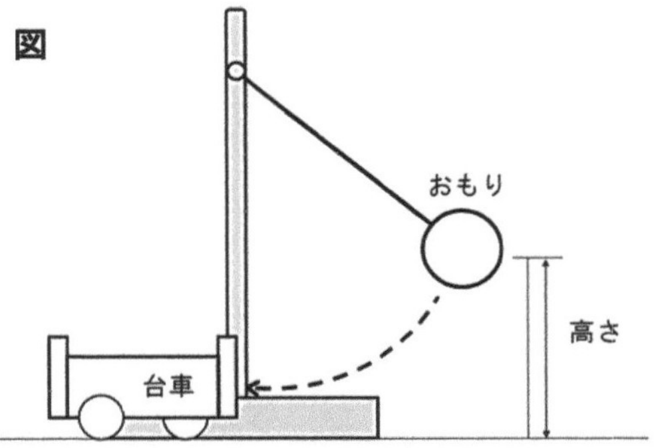

＜実験１＞図のようなふりこに250ｇのおもりをつけて，高さ10cm・20cm・30cmで手をはなして台車にぶつける。このとき台車が移動するきょりを定規ではかる。同じ実験を３回行い，きょりの平均を求める。
＜実験２＞ふりこのおもりを500ｇに変えて，実験１と同じ実験を行う。

花子：おもしろそうね。やってみましょう。
太郎：そうだね，やってみよう。

結果

＜実験１＞

高さ	10cm	20cm	30cm
きょりの平均	25.2cm	51.0cm	74.9cm

＜実験２＞

高さ	10cm	20cm	30cm
きょりの平均	51.4cm	102.0cm	152.1cm

（１）結果に関する文中の空欄《くうらん》［ア］～［オ］にあてはまる数字や言葉を書きましょう。同じ数字や文字を繰《く》り返《かえ》し用いてもよい。
実験１の結果から，おもりの高さを２倍にすると台車の移動するきょりはおよそ［ア］倍，３倍にするとおよそ［イ］倍になっている。おもりのもつエネルギーで台車を動かしていると考えると，おもりの高さとエネルギーは［ウ］していると考えられる。また，実験１と実験２の同じ高さからのきょりの平均を比べると，すべてがおよそ［エ］倍になっているので，おもりの重さとエネルギーは［オ］していると考えられる。

ア	イ	ウ	エ	オ

（２）おもりの高さを25cm，おもりの重さを200ｇに変えた場合，台車の移動するきょりはおよそ何cmになると考えられますか。十分の一の位（小数第一位）を四捨五入し，整数で答えましょう。

cm

（３）実験１，２で同じ実験を３回行う理由を簡単に説明しましょう。

太郎：雑木林で生き物を探したら，ヒキガエル，アゲハ，ジョロウグモ，エンマコオロギ，オカダンゴムシを見つけたよ。
花子：たくさん見つけることができたんだね。それらの生き物は，いろいろ仲間分けができそうだね。

（４）太郎さんが見つけた生き物の中で，こん虫はどれですか。すべて答えましょう。

太郎：雑木林の中でエンマコオロギの声がよく聞こえたよ。雑木林全体でエンマコオロギは何匹《ひき》くらいいるのかな。

（５）雑木林全体にすむエンマコオロギの総数は，次の手順によっておよその数を求めることができます。
１．雑木林のあちこちにわなを仕かけ，エンマコオロギを捕《つか》まえる。捕まえたエンマコオロギすべてに印をつけて，再び放す。
２．数日後に同じようにして，エンマコオロギを捕まえる。
３．２回目に捕まえたエンマコオロギの中に，印をつけたエンマコオロギ（２回連続で捕まえたエンマコオロギ）が何匹いるかをもとに総数を次の式を用いて計算する。

$$\text{総数}=\frac{\text{最初に捕まえたエンマコオロギの数}\times\text{２回目に捕まえたエンマコオロギの数}}{\text{印をつけたエンマコオロギの数（２回連続で捕まえたエンマコオロギ）}}$$

雑木林でエンマコオロギを捕まえたところ，40匹でした。すべてのエンマコオロギに印をつけて放し，３日後に28匹を捕まえました。その中に印をつけたエンマコオロギが５匹まざっていました。この雑木林全体にすむエンマコオロギの総数はおよそ何匹だと考えられますか。

匹

花子：この前，図書館で「わくわくこん虫料理」という本を見つけたよ。
太郎：え～。僕はこん虫なんて絶対食べたくないよ。
花子：こん虫は栄養豊富で環境《かんきょう》にもやさしい食材なんだって。毒を持つこん虫もいるから，何でも食べられるわけじゃないけどね。

（６）こん虫食は，2050年に世界人口が90億人をこえる規模に増加したとき食りょう危機の解決策の１つとして注目を集めています。表の成分と飼育する場合の生産条件からわかるこん虫食の良い点をそれぞれ答えましょう。

表　食材別成分と生産条件　［参照］成分：EatGrub社報告書　生産条件：国際連合食りょう農業機関報告書をもとに作成

	成分			生産条件		
	タンパク質（100ｇ当たり）	鉄分（100ｇ当たり）	カルシウム（100ｇ当たり）	必要なエサの量（体重1kg当たり）	必要な水の量（タンパク質１ｇ当たり）	必要な土地の広さ（タンパク質１kg当たり）
こん虫	69g	9.5mg	76mg	1.7kg	18L	23m²
ウシ	19g	2.0mg	12mg	10.0kg	112L	254m²
ブタ	17g	0.9mg	7mg	5.0kg	57L	63m²
ニワトリ	20g	0.9mg	14mg	2.5kg	34L	51m²

成分
生産条件

適性検査Ⅱ―１

（45分）

受験番号

※70点満点
（配点非公表）

課題１　次の文章を読んで、あとの⑴から⑷に答えましょう。（出題の都合上、本文の一部に改変を行ったところがあります。）

やったことがないことをためすと失敗します。

でも「失敗しそうだから」は、やめる理由にはなりません。「失敗したらどうするの？」という言葉には負けてはいけないし、こんな言葉を使ってもいけません。これはなんの意味もない、くだらない言葉だからです。こんな言葉は無視です。

大事なのは「失敗したらどうするか、いっぱい考えてみる」ということです。

頭の中でいっぱい失敗してみればいいんです。そうすれば準備ができます。

たとえば旅行にいく前に「雨が降るかもしれないから、旅行は中止しよう」はおかしいですよね。雨が降る可能性があるなら、雨具《あまぐ》を用意できます。屋根がある場所もあります。そもそもスケジュールじたいを変えられるかもしれません。

人生も一緒《いっしょ》なんです。「これからどうなるんだろう？」と悩《なや》んでいても、なんにもなりません。「まあ、なんとかなるでしょう」と、自分に都合のいい未来だけを見てはいけません。

①いやな、ネガティブ＊1な未来を見つめるんです。そうしたら、どういうことが起こりそうか考えられます。どういうことが起こりそうかわかったら、どうすればいいかの準備ができます。準備ができれば心配はありません。

ただ残念なことに、どれだけ準備をしても失敗するんです。

そのとき「失敗」そのものに罰《ばつ》を与《あた》えてはいけません。なぜなら、罰はいやですね。罰がいやで失敗をさけるようになったら……なにもできなくなります。もしくは、失敗を隠《かく》すようになってしまうこともあります。

その結果、いろんな場所で、恐《おそ》ろしい事故が起きているじゃないですか。その大半は、失敗に対して罰を与えるから起きるともいわれています。

失敗を自分のせいにしてはいけません。自分をいくら責めてもなんにもならないし、もちろん誰《だれ》かを責めても、運の悪さを呪《のろ》ってもなんにもなりません。

もちろん、失敗すればまわりから「なにやってんの！」「誰のせい！」「どうすんの！」という声が聞こえてくることもあります。ぼくもさんざんいわれました。これも意味がない言葉だから無視していいです。

大事なのは「なんで失敗したんだろう」「だったら次はこうしてみよう」という言葉をかけ合うことです。

たったそれだけのことで、失敗は階段の一段となり、ぼくたちを未来に運んでいってくれます。

＊2ロケットエンジンが爆発《ばくはつ》したある日、その破片を見つめている子がいました。

そのロケットエンジンを組み立てた子でした。きっと（自分のせいだ）と自分を責めていたのです。

そこへぼくが現れて「おまえなにやってんだよ！　これ誰のせいよ！　どうすんのよ！」と怒鳴《どな》ったら、どうなったでしょう。きっと、その子をつぶしておしまいだと思いました。

だからぼくはそのときふと、「なんでだろうね？」「だったら次はこうしてみたら？」と声をかけました。するとうちの工場の人たちみんなが、誰かが失敗するたびに「なんでだろうね？」「だったら次はこうしてみたら？」と声をかけ合うようになりました。

この二言《ふたこと》の力はすごいです。みんな放っておいても、自分でなんでもできるようになりました。

②失敗は無駄《むだ》ではありません。〝せっかくしてしまった〟貴重なこと。次をより良くするために必要なデータです。

だから自分が失敗したときも、誰かが失敗したときも、人を責めずに考えてみてください。

「なんで、失敗したんだろう？」「だったら、次はどうすればいいんだろう？」と。

失敗は必要なのです。だから「失敗は許されない」なんていわないでください。

かっこいい言葉だから、つい口にしたくなる気持ちもわかりますが、この言葉にとらわれるとなにもできなくなります。

それよりも「より成功率をあげよう」と考えてください。そうすれば、これからできることが山ほど増えていきます。

（植松努著『好奇心を〝天職〟に変える　空想教室』）

＊１　ネガティブ…消極的。

＊２　ロケットエンジンが爆発した…筆者は自分の工場でロケットの開発を行っている。

⑴　＝＝＝線「じたい」は、漢字で書くと「自体」になりますが、他にも「事態」「字体」「辞退」などの同じ読み方をする漢字がたくさんあります。例のように、同じ読み方をする違う漢字を使った文を二つ書きましょう。（ただし、「じたい」「さいかい」は使わないようにしましょう。）

（例）　読み方（さいかい）
十年ぶりにおさななじみと再会した。
十分の休けいの後、試合は再開された。

（　読み方　）

金光学園中学校入学試験（適性検査型）
令和５年12月３日

適性検査Ⅱ—２

受験番号

(2) ——線①「いやな、ネガティブな未来を見つめるんです」とありますが、このようなことをするのは何のためですか。文中の語句を用いて三十字以内で書きましょう。（、や。や「　」も一字に数えます。）

(3) ——線②「失敗は無駄ではありません」とありますが、あなた自身の「失敗が無駄ではなかった」という経験を、失敗したことを明らかにして、三十字以上五十字以内で書きましょう。（、や。や「　」も一字に数えます。）

(4) 〰〰線「失敗したらどうするの？」とありますが、筆者は「失敗」したときに、失敗をどのようにとらえ、どう考えていけばよいと述べていますか。文中の語句を用いて八十字以内で書きましょう。（、や。や「　」も一字に数えます。）

課題２　花子《はなこ》さんと太郎《たろう》さんの会話文を読んで、環《かん》境問題についての自分の考えを、二百字以内で書きましょう。（、や。や「　」も一字に数えます。段落分けはしなくてよろしい。一マス目から書き始めましょう。）

花子「今年はとても暑かったね」
太郎「そうだね。最近、異常気象が問題になっているよね」
花子「原因の一つが人間による環境破壊《かい》だって言われているらしいよ」
太郎「最近多い、大雨による洪《こう》水被《ひ》害も環境破壊と関係があるのかなあ」
花子「そうだと思うな。環境破壊と一言でいっても、他にもいろいろとありそうだね」
太郎「ぼくたちでもできる環境問題への取り組みって何かあるかなあ」
花子「わたしの家で気をつけているのはゴミの出し方かな」
太郎「それなら、ぼくの家でも気をつけているよ」
花子「他にもわたしたちにできることはいろいろありそうだね」

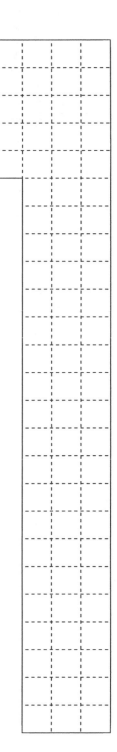

適性検査Ⅱ－３

受験番号	

課題３　太郎さんと花子さんが会話をしています。その文を読んで，あとの（１）～（４）に答えましょう。

花子：ねえ，新しい紙幣《しへい》が来年の夏に発行されるって知ってた？
太郎：うん。一万円札に描《えが》かれる人物が変わるって，話題になっていたね。
花子：福沢諭吉《ふくざわゆきち》さんから渋沢栄一《しぶさわえいいち》さんに変わるって聞いたけど，誰《だれ》だろう？
太郎：気になったから調べてみたんだ。**資料１**にまとめてみたよ。
花子：すごい人なんだね。でも，なんで彼《かれ》が新しい紙幣にのるんだろう？
太郎：僕は，［　　　　　］ことが評価されたからだと思うよ。
花子：他に新しい紙幣になって変わることはあるのかな？
太郎：新しい紙幣は，①年齢《ねんれい》や国籍《こくせき》を問わず誰にでも使いやすいようにつくられているんだ。実際に見本を見てみよう。

資料１　渋沢栄一のあゆみ　※学校法人東京女学館の資料をもとに作成

1840年	現在の埼玉《さいたま》県深谷《ふかや》市に生まれる。
1869年(29才)	明治《めいじ》政府に仕え，民部省《みんぶしょう》で働く。
1873年(33才)	政府を辞《や》め，第一国立銀行《だいいちこくりつぎんこう》(現在のみずほ銀行)を設立。抄紙会社《しょうしがいしゃ》(現在の王子製紙《おうじせいし》)を設立。
1876年(36才)	第一国立銀行の頭取《とうどり》に就任。
1883年(43才)	大阪紡績《ぼうせき》会社(現在の東洋紡)を設立。
1885年(45才)	日本郵船《ゆうせん》会社を設立。 東京瓦斯《がす》株式会社(現在の東京ガス)を設立。
1886年(46才)	東京電灯会社(現在の東京電力)を設立。
1909年(69才)	多くの企業《きぎょう》・団体の役員を辞任。 設立に関わった企業は約500社だった。
1931年(91才)	永眠《みん》

資料２　現在発行されている紙幣（見本）

資料３　新しく発行される紙幣（見本）

※国立印刷局「新しい日本銀行券特設サイト」より。資料中の「SPECIMEN」は「見本」を意味する英語。

資料４　国債《こくさい》の発行額《はっこうがく》と残高《ざんだか》の推移《すいい》

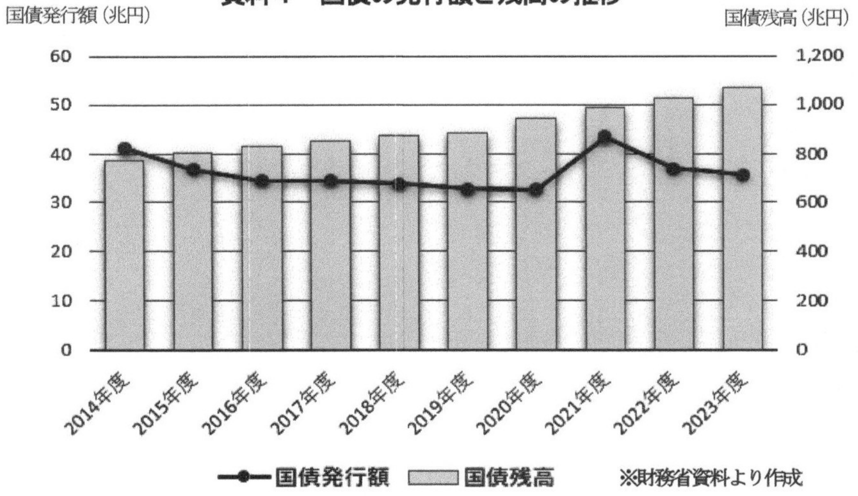

※財務省資料より作成

花子：こうして比べてみると，人物だけでなく，色々な点で変わっているんだね。新しい紙幣の発行をきっかけに，景気が良くなったり，②国の借金が減ったりするような明るいニュースが増えるといいなあ。
太郎：最近は③電子マネーを利用することが増えたから，紙幣や硬《こう》貨を使う機会は減っているけど，新しい紙幣を見るのが楽しみだよ。

（１）文中の［　　　　］には渋沢栄一がどのような人物だったのかをのべた言葉が入ります。あてはまる言葉を，資料１をもとに答えましょう。

（２）下線部①について，外国籍の方が使いやすいようにするための工夫を，資料２・３をもとに答えましょう。

（３）下線部②について，資料４は「国の借金」ともよばれる国債の毎年の発行額と，国債残高（国が返さないといけないお金の合計）をまとめたものです。国債で集めたお金は，医療《いりょう》や，経済的に困った人を助けるためにも使われています。2021年度は前年度に比べて，国債の発行額が増えていますが，その理由を考えて答えましょう。

（４）下線部③について，電子マネーはあらかじめ入金したＩＣカードやクレジットカード，スマートフォンなどで，現金の代わりに支払《はら》いをすることができる電子のお金です。その使い方には，注意すべき点もありますが，良い点も多くあります。この電子マネーの良い点を考えて２つ答えましょう。

良い点①	良い点②